中外人文精神研究

第十二辑

主　编　杜丽燕

副主编　程倩春

执行主编　孙　伟　王双洪　王玉峰　王　杰

人民出版社

责任编辑:杜文丽

封面设计:汪 莹

图书在版编目(CIP)数据

中外人文精神研究.第十二辑/杜丽燕 主编. —北京:人民出版社,2019.9
ISBN 978－7－01－021732－1

Ⅰ.①中… Ⅱ.①杜… Ⅲ.①人文科学－世界－文集 Ⅳ.①C53

中国版本图书馆 CIP 数据核字(2017)第 271900 号

中外人文精神研究

ZHONGWAI RENWEN JINGSHEN YANJIU

第十二辑

杜丽燕 主编 程倩春 副主编

孙 伟 王双洪 王玉峰 王 杰 执行主编

人民出版社 出版发行

(100706 北京市东城区隆福寺街 99 号)

中煤(北京)印务有限公司印刷 新华书店经销

2019 年 9 月第 1 版 2019 年 9 月北京第 1 次印刷
开本:787 毫米×1092 毫米 1/16 印张:11.25
字数:233 千字 印数:0,001－3,000 册

ISBN 978－7－01－021732－1 定价:60.00 元

邮购地址 100706 北京市东城区隆福寺街 99 号
人民东方图书销售中心 电话 (010)65250042 65289539

目　录

中华精气神

西洋精华

永远的马克思

社会视野

中华精气神

老子思想中的生死哲学

王 杰①

　　老子思想通常被视为政治哲学来解读。这样的解读尽管不违背老子思想本意，却没有完全道出老子的真正用意。笔者认为老子的真正用意是想让人了解生命的真谛，进而为人类揭示出一条回归生命源头的道路。为此，笔者在本文试图从生死的角度，解读老子对人生、生命的阐述，由此剖析出生死的本质、生命存在的真相，以及"道"的内涵与生死的终极意义。

一、生

　　"生"根据《古汉语常用字字典》解释，有活着、生存、生命、本性、天性等意。在老子思想中，"生"亦含有以上多重含义。首先，老子在《道德经》八十章揭示出了人之生的应有状态：

　　　　虽有舟舆，无所乘之；虽有甲兵，无所陈之；使人复结绳而用之。甘其食，美其
　　服，安其居，乐其俗。邻国相望，鸡犬之声相闻，民至老死不相往来。

自然质朴，宁静祥和，人民各安其居，各乐其俗，只闻鸡犬声却互不往来。这样的状态，从外相看似乎生命被固化于一个相对封闭自守的环境中，宁静如无波之水。实际上却并非如此，"甘""美""安""乐"的字眼显示出人内在生命能量的流动之态是顺畅、自在无碍的；生命是舒展、绽放的。老子认为这样的存在才是生命本然状态的展现，才是人类真正的生命之路。

　　但是，人作为个体生命降临到物质世界，长大成人后就要面对如何生存的问题。并且，对大多数人而言，生存意味着向物质世界的不断攫取，甚至掠夺。而攫取、掠夺作为一种索取，是人不断被感官欲望侵袭、奴役的过程，也是使人的内在不断趋于匮乏的过程。智慧的老子显然看到了存在于人类的这个普遍问题，因而又指出：

　　　　五色令人目盲，五音令人耳聋，五味令人口爽，驰骋畋猎令人心发狂，难得之货

① 作者系北京社会科院哲学所助理研究员，大阪市立大学文学博士。

令人行妨。是以圣人为腹不为目,故去彼取此。(《道德经》十二章)

老子告诫世人:对外在声色的追逐会扰乱视听,破坏内心的宁静;沉迷于打猎会激发人的杀夺之心,从而使人陷入兽性的攻击劫掠中;难得之财宝等会使人利令智昏,忘失其该行之正路。因而圣人以物养己,而不以物役己。这也就是说,老子希望人明白"物"与"人"的相互关系,"物"是用来"养人"的,而非用来控制人的。

不过,世俗之人往往背道而驰,在不知不觉中被物所役,沦为物欲的奴隶。更甚者,成为奴隶还不自知,还以"富贵而骄"。这明显是本末倒置,让财富代替了人自身价值的存在,成为人自身存在的符号代言人,并使人以此傲视群生,忘记了知足感恩。不懂得知足,就意味着可能会不断追逐名利,从而生起欲杀、欲夺之心,引来祸患。因而,老子警醒世人:"祸莫大于不知足,咎莫大于欲得,故知足之足,常足矣。"(《道德经》四十六章)所以,对人来说,知道何为"足",何为"止"很重要。

又,"企者不立,跨者不行,自见者不明,自是者不彰,自伐者无功,自矜者不长。"(《道德经》二十四章)如果人好高骛远、自以为是、高傲自大,把自己视为世界的中心;那么就是不懂得知足、知止。不仅如此,也没有看清他人以及与他人之间的关系,故很难行世、立世。因而,对人而言,在懂得知足、知止之前,首先要看清自己,战胜自己。故老子又指出:"知人者智,自知者明。胜人者有力,自胜者强,知足者富。"(《道德经》三十三章)唯有自知才是有智慧的表现;唯有能战胜自己才是真正强大的表现;唯有在此基础上的知足而安才是真正的富有。如不若此,虽富甲天下,却每天活在算计、得失、不安之中,使身心疲惫,甚至被病魔所侵扰,成为别人攻击、掠夺的对象;那么,拥有财富到底有何意义?难道不该认真思考一下"名"与"身"、"身"与"货"究竟哪个更重要吗?

> 名与身孰亲?身与货孰多?得与亡孰病?是故甚爱必大费,多藏必厚亡。
>
> (《道德经》四十四章)

这几句话根据王弼的注释:

> 尚名好高,其身必疏。食货无厌,其身必少。得多利而亡其身,何者为病也?其爱,不与物通;多藏不与物散。求之者多,攻之者众,为物所病,故大费、厚亡也。①

无论在老子的原话中,还是王弼的注释中,"身"的概念都被着重提出。这里的"身"显然是生命之意。老子质问世人,"名""货"与生命相比,哪个更亲。对此,王弼在注释中给出了详尽的解答:贪于名利,对生命无益。不止如此,多利还会丧"身"。言下之意无非是说:名非不可求,而是要懂得"名遂身退";财物非不可有,而是不要私藏,

---

① 《老子道德经注校释》,王弼注,楼宇烈校释,中华书局2008年版,第123页。

要懂得分享。进一步言之,人如果为了满足私欲而争夺、劫掠的话,不仅不会带来真正的富足,还会"为物所病",进而"厚亡"。当然,所谓的"厚亡"不仅仅是指物质性生命即身体的丧失,还包含有丧失本真生命之意。也就是说,老子所言之"生命"含有双重含义。那么,什么是本真生命,在此暂不赘述,在后文的论述中,答案自然会水落石出。

在老子指出"名""货"与"身"的相互关系后,接着指出:"知足不辱,知止不殆,可以长久。"(《道德经》四十四章)关于此句,可借助河上公的注释来理解:"知足之人,绝利去欲,不辱于身。知可止则止,财利不累于身心,声色不乱于耳目,则终身不危殆也。人能知止知足,则福禄在己,治身者神不劳,治国者民不扰,故可长久。"①在此,何谓知足、知止,有了明确答案:能绝利去欲之人就是知足,懂得知足不为声色名利所控、所累就是知止。能做到知足、知止,就会终身没有危险,从而使物质性生命、本真生命皆得以保全。当然,在此句行文中,其意更偏重于对物质性生命的保护。因为,如果物质性生命不存在了,本真生命也无法彰显。所以,需要保身、护身。

同时,保身、护身其实就是延生、护生。毕竟,"飘风不终朝,骤雨不终日。孰为此者?天地。天地尚不能久,而况人乎?"(《道德经》二十三章)天地都有坏灭之时,何况生于天地之间的人类呢?即使人生百年,也是倏忽而已,人作为身体性的存在很短暂。如果再一生唯利是从、唯欲所向,而不懂得知足、屈己从人、谦卑处下、无物为怀;那么就如上文业已论述的那样,物质性生命可能会更早完结。为何除了要懂得知足之外,还要谦卑处下呢?因为,"曲则全,枉则直,洼则盈,敝则新,少则得,多则惑"(《道德经》二十二章)。人活于世间,只有适时与世俯仰,"挫其锐,解其纷",才能"和其光,同其尘"(《道德经》四章)。

不止如此,人只有柔弱若水,才能百战不殆,才能久存:"天下柔弱莫过于水,而攻坚强者莫之能胜,其无以易之。"(《道德经》七十八章)"柔弱者生之徒"(《道德经》七十六章)。水是天下最柔弱的,最谦卑的,却也是最具变通性的:遇圆则圆,遇方则方,能怀山襄陵,磨铁消铜,消解一切坚硬之物。因而,也是最强大的,生命力最强的。同时,还是最无己利他的:"上善若水。水善利万物而不争,处众人之所恶,故几于道。"(《道德经》八章)反言之,水因无己而柔弱、谦卑,而能于不争中无所不胜,而能于境无有拣择中久存,成为众流之所归:"江海所以能为百谷王者,以其善下之,故能为百谷王。"(《道德经》六十六章)

成为百谷之王意味着以众流之生命体为生命体,意味着成为生命的源头,成为一个

---

① 《老子河上公章句》,王卡点校,中华书局1993年版,第176页。

更为广阔、无垠的存在,而不会再有枯竭、干涸的危险。因而,人如水那样谦卑处下,意味着个体生命从"有"消解于"无",使"生"存在于"有无"之间。这即是最好的延生、护生之法,也是本真生命的彻底彰显。这说明,当人消解了个体性存在,以无我而足,以不自生而生,就是真正的知足,真正到达了止境,真正的"生"。既然如此,在此情境下的"死"在老子的思想中又意味着什么呢?

二、死

根据前文所述,老子提倡保身、护身,希望人避开物欲对人的奴役,使物质性生命得以延展,使本真生命得以彰显。同时,为使本真生命真正彰显出来,亦需要物质性生命的存在。因而,如何避开物质性生命的不必要死亡成为老子关注的必然焦点。对此,老子首先不主张以武力荼毒生灵:"以道佐人主者,不以兵强天下,其事好还,师之所处,荆棘生焉。大军之后,必有凶年……果而勿强。"(《道德经》三十章)争战会使无辜的人因战乱或饥荒丧失掉物质性生命。故在老子看来:

> 兵者不祥之器,非君子之器,不得已而用之。恬淡为上,胜而不美。而美之者,是乐杀人。夫乐杀人者,则不可以得志于天下矣。(《道德经》三十一章)
> 强梁者必不得其死,吾将以为教父。(《道德经》四十二章)

乐杀人、强暴蛮横之人,不会全天命而死。反意是说,人若想寿终正寝,得志于天下,就要恬淡为上,去刚为柔,谦卑处下,不以武力降伏他人。这也就是上节所言的水因善下,而为百谷王。

如前文所言,为百谷王意味着个体性存在的消融。也就是私心,即人心的死亡。因而,在老子思想中,其所言之"死"亦含有双重含义:其一是物质性生命的死亡;其二是人心的死亡。因此缘由,老子指出:"民之轻死,以其求生之厚,是以轻死。夫唯无以生为者,是贤于贵生。"(《道德经》七十五章)人因人心的活跃,唯名利是图,而轻易陷入死地。反之,如果不以生为生、清心寡欲,则是真正的贵生。会贵生,则可以规避"身"的非自然死亡。故老子又言:

> 出生入死。生之徒十有三,死之徒十有三。人之生动之死地,亦十有三。夫何故?以其生生之厚。盖闻善摄生者,陆行不遇兕虎,入军不被甲兵,兕无所投其角,虎无所措其爪,兵无所容其刃。夫何故?以其无死地。(《道德经》五十章)

对老子此段话的理解,可借助王弼的注释来理解:

> 十有三,犹云十分有三分。取其生道,全生之极,十分有三耳;取死之道,全死之极,亦十分有三耳。而民生之厚,更之无生之地焉。善摄生者,无以生为生,故无

死地也。器之害者,莫不甚乎兵戈;兽之害者,莫甚乎兕虎。而令兵戈无所容其锋刃,虎兕无所措其爪角,斯诚不以欲累其身者也,何死地之有乎! 夫蚖蟺以渊为浅,而凿穴其中,鹰鹯以山为卑,而增巢其上。矰缴不能及,网罟不能到,可谓处于无死地矣。然而卒以甘饵,乃入于无生之地,岂非生生之厚乎? 故物,苟不以求离其本,不以欲渝其真,虽入军而不害,陆行而不犯也。赤子之可则而贵,信矣。①

因有所欲而陷入无生之地。如果不以欲望遮蔽生命的本真,则即使猛兽、兵戈亦无法伤害其存在。这再次说明因人心的活跃不仅遮蔽了生命的本真,还对物质性生命造成了危害。为了避免这样的危害,老子告诫世人要以"慈""俭""不敢为天下先"为人身三宝:

> 我有三宝,持而保之。一曰慈,二曰俭,三曰不敢为天下先。慈,故能勇;俭,故能广;不敢为天下先,故能成器长。今舍慈且勇,舍俭且广,舍后且先,死矣! 夫慈,以战则胜,以守则固,天将救之,以慈卫之。(《道德经》六十七章)

仁慈则于物无害,物亦不以之为害;因节俭故能广;因外其身,故能为物所归,成其长。所以,人若如天外其身,"以其不自生,故能长生"(《道德经》七章),则会因其善利万物的仁慈之性,而得到天的庇佑,从而长生。反之,则动入死地。

又,"勇于敢则杀,勇于不敢则活……天网恢恢,疏而不失"。(《道德经》七十三章)

老子认为天在某种程度上掌控着人的命运。如果人为所欲为,与天"不自生""生而不有,为而不恃,长而不宰"(《道德经》十章)的仁慈、无我之性背道而驰的话,则会天不容其活。反之,则可全其天命。不过,这一切均是天的权利,而非人的权利。即使贵为天子,若与天意背道而驰,不仁慈爱民,而先重刑罚的话,也不会得到天的庇佑。岂止如此,有时还会自伤:

> 民不畏死,奈何以死惧之? 若使民常畏死,而为奇者,吾得执而杀之,孰敢? 常有司杀者。夫代司杀者,是谓代大匠斫。夫代大匠斫者,希有不伤手矣。(《道德经》七十四章)

简而言之,老子认为人之物质性生命的生灭应该是一个自然的过程,人是不能以己力任意伤害、夺取他人生命的。如果人无天德而以替天行道的名义杀、害他人的话,则会伤人伤己。因为,作用力与反作用力是宇宙间平衡法则的显现。也就是说,"天网恢恢,疏而不失"的因果律是宇宙间不变的平衡法则。人若有所得,必有所失:伤人必然伤己;人若只求自生,则难以生。在万物的生灭运动中,唯有执天之行,才能得到天的庇

---

① 《老子道德经注校释》,王弼注,楼宇烈校释,中华书局 2008 年版,第 135 页。

佑,使物质性生命无有障碍的延续。在此延续过程中,如果再达至人心尽亡、如天以不自生而生之境地的话,则是真正的德与天通,与道合,从而真正达到"道乃久,没身不殆(《道德经》十六章)"的境界。如果达到了这样的境界,即使物质性生命消亡了,因其德与道合,也会死而不亡,永远与道长存。因此,老子言"死",其实是为了引人入不死之地,以舍己(人心)从道,最终与道相通相融,永生不灭。既然如此,老子所言之道又是什么? 从道的层面言,"生"与"死"的终极意义又是什么呢?

三、道

在老子思想中,第一章、六章、十四章、二十一章、二十五章是对"道"的专门论述。例如第一章言:

> 道可道,非常道;名可名,非常名。无名天地之始,有名万物之母。故常无欲,以观其妙;常有欲,以观其徼。此两者同出而异名,同谓之玄,玄之又玄,众妙之门。

"道"不可言说,不可以名称之,其显现玄妙圆通,化生万象,先天地而生,为天下母:

> 有物混成,先天地生,寂兮寥兮,独立不改,周行而不殆,可以为天下母。吾所不知其名,字之曰道,强为之名曰大。大曰逝,逝曰远,远曰反。故道大,天大,地大,王亦大。域中有四大,而王居其一焉。人法地,地法天,天法道,道法自然。
> (《道德经》二十五章)

虽贵为天下母,却寂静无声、空而无形、独立不改,通行天下,布精气育养万物。这说明,"道"虽虚无,却能化生万有,是万有生命的源头。并且,万有生命的成毁、生命皆是自然而为。也就是说,即使天地是因果律的掌控者,与因相应之果的出现,也仅是宇宙平衡法则的自然显现。"天地不仁,以万物为刍狗"(《道德经》第五章)。天地对于万物无造无为,无有偏私,一切只是自然运化,天不会作意示现与"因"相应之"果"。如果宇宙的平衡法发生紊乱,则其本身会自行调整。这就意味着禀道性而生的人类亦应与宇宙的平衡法则相应,自然而生,自然而灭。在物质性生命生灭的反复过程中,在"种瓜得瓜,种豆得豆"因果律的作用中,维持宇宙的平衡。因而,与"道"的运化相违的人为自然会伤己。

同时,道力即精气的存在是维持物质性生命的潜在生命能量。"生"意味着生命能量的凝聚,"死"意味着生命能量的消散,彻底回归本源。又因"道""行不言之教,万物作焉而不辞,生而不有,为而不恃,功成而弗居。"(《道德经》二章)故万物虽因"道"而化生,但"道"却不求回报,功成事就即退避不居其位。这意味着"道"无己,无为而为,故万物虽有生灭,对"道"而言实无生灭,只是那样似有若存。在这层意义上言,人所谓的"生死",只是万物表相的更迭。

但是,人类习惯将有形之物视为真实。所以认为有形之身是真实的存在,不惜为身体的欲望攫取、掠夺。在这样的过程中,精气日消,道性日蔽,人沦为欲望的奴隶。为此,老子才一再主张人要远离声色,要"见素抱朴,少私寡欲"(《道德经》十九章)。"素"指本然的纯洁性,"朴"指本质、本性。也就是说,禀道性而生之人本然素朴、纯洁,无有染污、欲求。但后天的私欲染污了本具的纯洁性,故老子主张要"少私寡欲"。同时也说明"素""朴"是"道"的质性:

> 视之不见名曰夷,听之不闻名曰希,搏之不得名曰微。此三者不可致诘,故混而为一。

> 其上不皦,其下不昧,绳绳不可名,复归于无物,是谓无状之状,无物之象。是谓惚恍。迎之不见其首,随之不见其后。执古之道,以御今之有,能知古始,是谓道纪。(《道德经》十四章)

道无色、无声、无形,非明非暗,动行无穷极而不可名状,若存若亡。素朴而存,从不彰显自己的存在,亦无法捕捉到它的存在。然而,它却无所不在。因"道"而生之人亦应如此存在,返朴归真,"和其光,同其尘,湛兮似若存"(《道德经》)。人虽具有人的形体却非具体的某个人,与万物相通相应,既可以是花朵,也可以是雨露;人从有形之体上看存在,实际却存而非存,有而非有,超越了所有的二元对立而存于恍惚间。

道以精气布施万物,无形无象,绵绵若存,体性柔弱。故老子主张人要如水,善利万物而不争。由此可知,老子所言之"生"实质是由人性回归至道性的过程。同时,这个过程即是自然归根复命的过程:

> 致虚极,守静笃,万物并作,吾以观复。夫物芸芸,各复归其根。归根曰静,是谓复命。(《道德经》十六章)

万物在清虚、寂静的"道"中萌动、生长,然后又回归至生命的源头——"道"。因回归而安然,故寂静无声;因回归而不会再枯竭、干涸,故得以永生。因而,"归根复命"是对生命本质的回归,是人以"道"生的极致,是道性在人身上具现为"上德"的表现。又,

> 上德不德,是以有德;下德不失德,是以无德。上德无为而无以为,下德为之而有以为。(《道德经》三十八章)

关于此段,可借助王弼精辟的注释来理解:

> 德者,得也。常得而无丧,利而无害,故以德为名焉。何以得德?由乎道也。何以尽德?以无为用,则莫不载也……是以上德之人,唯道是用,不德其德,无执无用,故能有德而无不为。不求而得,不为而成,故虽有德而无德名也。下德求而得之,为而成之,则立善以治物,故德名有焉。求而得之,必有失焉;为而成之,必有败焉。善名生,则有

不善应焉。故下德为之而有以为也。无以为者,无所偏为也。凡不能无为而为之者,皆下德也,仁义礼节是也。①

真正有德之人,不以德示人、治人,而是无执无用,无所求,亦无所为,而无所不为,如婴儿般自然自在,安然于无穷极的道中:

> 知其雄,守其雌,为天下谿。为天下谿,常德不离,复归于婴儿。知其白,守其
> 黑,为天下式。为天下式,常德不忒,复归于无极。(《道德经》二十八章)

尽管以有形体的方式存在,实际上却无形无相,虚静归无。"无"没有边界,没有穷尽,却不是一团死气,时刻在运动化生中,是诞生万有的源头。因而,虽虚静,却又生动、活泼;虽无却不可称之无,亦不可称之有。所以,在显相世界虽然万象丛生,实际却无一象。万象本如万花筒,皆是虚幻不实的存在。然虽虚幻不实万有生命的实相却蕴藏其中,永恒不灭。故虽论生死,实本无生死,有的只是本真生命的存在。不过,虽言存在,却又捕捉不到它的存在。这即是"道"的特质,生命的实相。

结　　语

老子在五千言的《道德经》中,为人类揭示了生死的真谛,为在物质世界漂泊的人类指出一条超越物质性生死的道路。这条路以"道"为指归,以私心寡欲、绝情去欲、返朴归真为方法。但是,虽言方法,其实毋须一法。因为生命的本质就是素朴、纯洁的。人只要不以己身为己,无为利他,自然会返朴归真,重归生命的源头。而"道"就是那个源头。

同时,"为有源头活水来"。回归到了那个源头,生命能量就会源源不断地输送到物质性生命的内在,以"天"活、"道"活,而非再以"人"活。以"人"活就像一潭死水,生命会很快枯竭、干涸。以"天"活、"道"活,则像源源不断流动的河水,恒生恒在,永不干涸。笔者认为,这是老子最想向人类传达的讯息。

---

① 《老子道德经注校释》,王弼注,楼宇烈校释,中华书局 2008 年版,第 94 页。

灵魂的"神性"何以实现？
——从柏拉图、亚里士多德到阿奎那

孙 伟[①]

在古希腊哲学中，人以及围绕人本身提出的哲学问题始终是哲学中的核心问题。人的灵魂和肉体的关系是怎样的？人的肉体消逝之后，灵魂是否仍然存在？人的灵魂能否摆脱自我的束缚，实现永恒不朽？如果能够的话，又是通过何种方式和途径呢？这些问题都是人在思考人本身以及人和宇宙自然之间的关系时自然发生的，而对这些问题的解答就体现了人类对于永恒理性乃至于神性的不懈追求。

一、柏拉图的"宇宙灵魂"和"人类灵魂"

柏拉图的回忆说提出，认识乃是出于回忆。人心中原有关于各种事物的理念（Ideen），但在出生以后就消失了，因此必须通过后天的学习和对事物的感觉，来恢复我们以前的知识，也就是 Ideen。在《蒂迈欧篇》35a 中，柏拉图提到了"宇宙灵魂"（world's soul）的概念。柏拉图认为，"宇宙灵魂"由三种不同的元素构成，这就是：同、异和第三种存在（实在）。

> 在不可分且永恒不变的存在和可分的、转瞬即逝的存在之间，他还混合了二者，产生了第三种存在形式。[②]

产生了第三种存在形式之后，造物神又将不可分的永恒存在、可分的有形事物以及第三种存在加以混合，产生出一种形式。然后，他将这一形式分割成许多部分，而每一部分都是同、异和第三种存在的混合体。这样，"宇宙灵魂"就产生了。在柏拉图看来，"宇宙灵魂"是永恒存在的，它自身周而复始地运动。"宇宙灵魂"所包含的存在、同和异就是最高的宇宙法则和条理。当它接触到生灭的或永恒的事物时，它便与它自身之内的元素作比较。它如果遇到现实可感的对象，就会获得"坚定和真实的意见"，而如果遇

---

① 作者系北京市社会科学院哲学所研究员、副所长，主要研究领域为中国儒家哲学与中西比较哲学。
② Plato, *Timaeus*, *Critias*, *Cleitophon*, *Menexenus*, *Epistles*, Cambridge：Harvard University Press, 1929, p.65.

到理智的事物,就会产生"理智与知识"。①

在《蒂迈欧》41d4—42b1 中,柏拉图又谈到了"人类灵魂"。人类灵魂同样是存在、同、异的混合,但这种混合不如"宇宙灵魂"完全,因而属于次一等的类别。

> 他(指造物主——引者注)把剩余的元素又一次倒进原先用来调制宇宙灵魂的钵里,以同样的方式调制,但不再是那样统一、不变的纯净,而是只有第二等或第三等的纯净。②

人类灵魂存在于有限的生命个体内,而这个生命个体有着消歇与增长变动的身体,身体之中还存在着情欲和各种感觉,因此破坏了人类灵魂中同和异的运行和平衡,使之无法认知到与其类似的"宇宙灵魂"。陈康先生认为,柏拉图在这里提到的"人类灵魂",其实只是理性或努斯(nus),不包括感觉和欲望。这种"人类灵魂"与"宇宙灵魂"之间本来只有纯净度上的差别,而在本质上都是一致的。但由于人的情感和欲望使得这种人类灵魂被蒙蔽,运行失常,从而无法认识到"宇宙灵魂"。而如果人类灵魂通过教育等方式去除了遮蔽,恢复了内部同和异的正常运行,那就和"宇宙灵魂"实现了同一,从而能够认识到"宇宙灵魂",即宇宙的最高原理和法则。③

从陈康先生对《蒂迈欧》的分析来看,柏拉图提到的"宇宙灵魂"乃是宇宙的最高存在和法则。普通的人只有通过去除身体带来的情欲的遮蔽,才能使自己的"人类灵魂"(陈康先生所言的"个别心")得以呈现,从而与"宇宙灵魂"保持一致。

对于柏拉图来说,人需要追求的就是要如何使得灵魂的不朽部分(理性)摆脱可朽部分(比如情感和欲望)的影响,上升成为具有不朽的灵魂乃至"宇宙灵魂"之中。

> 热忱地喜爱学习与真正思想的人,并且使用这些品质超出使用身体其他部分的人,必定认为思想是不朽和神圣的。如果是这样,他就能掌握真理,并且就人性能够分有不朽的可能范围内,他必然不会缺少;假如他要将自己的神性部分延伸并且扩大自己身上带有的灵性,他必须要得到至高的祝福。每个人照料自己身体每一部分的方式都是一致的—这就是,用适宜的食物和运动来供给所需,并且对于内在于我们的神性部分而言,运动就是宇宙的智力活动和旋转。我们每个人都应该通过学习宇宙的和谐和旋转运动来矫正我们头脑的运动过程,这个过程在我们出生时就遭到歪曲,我们要使思想与思想的对象在原初本质的意义上保持同一,在实现这种同一后最终达到人类生活的目标,这一目标就是诸神摆在人类面前的最好

---

① Plato, *Timaeus*, *Critias*, *Cleitophon*, *Menexenus*, *Epistles*, Cambridge: Harvard University Press, 1929, p.75.
② Plato, *Timaeus*, *Critias*, *Cleitophon*, *Menexenus*, *Epistles*, Cambridge: Harvard University Press, 1929, p.91.
③ 参见陈康:《论古希腊哲学》,汪子嵩、王太庆编,商务印书馆 2011 年版,第46—55页。

的生活,既为人类的当前,也为人类的未来。①

在这里,柏拉图提出人内在就有神性,但在出生的时候遭到歪曲,所以需要通过学习宇宙的和谐运动来重新实现这种神性。那么,什么是宇宙的和谐运动? 柏拉图在之前说过,

> 神发明了视觉并且将它赐予我们,其目的在于让我们能够看到天上的理智运动,并把它应用到我们自身的理智运动上来,这两种运动的性质是相似的,不过前者稳定有序而后者则易受干扰,我们通过学习和共享本质上正确的计算,可以模仿神的绝对无误的运动,对我们自身变化多端的运动进行规范。②

事实上,柏拉图并没有明确地说明什么是宇宙的和谐运动,但这种运动一定是由理智支配的,是一种理智的运动。人所要做的就是要将这种天上的理智运动转化为人的理智运动。这不禁让人联想到《中庸》里所说的"诚者"和"诚之者"的关系。《中庸》中说:"诚者,天之道也。诚之者,人之道也。诚者,不勉而中不思而得:从容中道,圣人也。诚之者,择善而固执之者也。"朱熹在《中庸章句》中说:

> 诚者,真实无妄之谓,天理之本然也。诚之者,未能真实无妄,而欲其真实无妄之谓,人事之当然也。圣人之德,浑然天理,真实无妄,不待思勉而从容中道,则亦天之道也。未至于圣,则不能无人欲之私,而其为德不能皆实。故未能不思而得,则必择善,然后可以明善;未能不勉而中,则必固执,然后可以诚身,此则所谓人之道也。(《四书章句集注》)

这其实就是说,天道的本然状态就是"诚",是"真实无妄"、自然而然,不依赖于任何人和事物的本体。圣人能够自然达到这种最高的"诚"之境界,而普通人则必须要通过自己的"择善"而为,逐渐修身而达到这一境界。这一过程其实就是"诚之者"的成长过程,是一个不断破除妄见、接近真实的过程。这非常类似于柏拉图所说的通过学习天上的理智运动,从而破除人的情感和欲望的遮蔽,从而形成人的理智运动的意思。同时,柏拉图在这段话里似乎也暗示了视觉对于认识真理的重要性。柏拉图说:

> 在我看来,视觉乃是我们最大利益的源泉,因为我们若是从来不曾见过星辰、太阳、月亮,那么我们有关宇宙的谈论一句也说不出来。……从这一源泉中,我们又获得了哲学,诸神已赐予或将赐予凡人的恩惠中没有比这更大的了。③

---

① Plato, *Timaeus*, *Critias*, *Cleitophon*, *Menexenus*, *Epistles*, Cambridge:Harvard University Press, 1929, p.247.

② Plato, *Timaeus*, *Critias*, *Cleitophon*, *Menexenus*, *Epistles*, Cambridge: Harvard University Press, 1929, pp. 107 – 109.

③ Plato, *Timaeus*, *Critias*, *Cleitophon*, *Menexenus*, *Epistles*, Cambridge:Harvard University Press, 1929, p.107.

在《国家篇》中,柏拉图也认为,

> 知识是每个人灵魂里都有的一种能力,而每个人用以学习的器官就像眼睛。……作为整体的灵魂必须转离变化世界,直至它的"眼睛"得以正面观看实在,观看所有实在中最明亮者,即我们所说的善者。①

这其实就是说,视觉不仅仅在感觉的意义上给予我们关于宇宙的一切可感事物,更重要的是,通过从视觉上升到心灵的"观照"过程中,人获得了关于世界本体的理智认知。

二、亚里士多德的"实践理性"与"理论理性"

对于亚里士多德来说,灵魂分成了三个部分,即情感、潜能和品质。

> 下面我们必须要考虑一下品德是什么了。由于在灵魂中有三种类型的东西——情感,潜能和品质(State of Character),品德就必然是这三者之一。对于情感,我认为是欲望,愤怒,恐惧,自信,嫉妒,喜悦,友好,憎恨,想念,仿效(emulation),同情,而一般来说是伴随着快乐或痛苦的感觉;对于潜能,是那些我们能够借以感受这些,即变得愤怒或痛苦和同情的那种东西;对于品质,是指我们借以对情感处理得好坏的东西,比方说对于愤怒,如果我们强烈地或太微弱地感受它,那就处理得比较坏;这对其他的情感也是如此。无论是品德还是邪恶都不是情感,因为我们并不会由于我们的情感而被称为善的或恶的……我们在感觉愤怒和恐惧时并没有选择,但是品德是选择或者包含了选择的模式。②

亚里士多德认为情感就是愤怒、恐惧、自信、嫉妒、喜悦、友爱等,情感本身并没有善恶之分,我们不能认为一个愤怒的人是不道德的,或者一个喜悦的人是道德的。而潜能则是那种能够让人产生愤怒、恐惧、喜悦等情感的能力,这种能力本身也并无善恶之分,也不能使我们变成善或恶。这样,剩下的品质才是品德。也就是说,品德既不是情感,也不是潜能,而是一种品质。那么,这种品德究竟是什么呢? 它从何而来呢?

亚里士多德认为,人的伦理品德是通过实践和培养内化到人的本性之中的,因此,社会的习俗影响了一个人的道德化进程。亚里士多德说:

> 理智的品德是由于教导而生成和培养起来的,所以需要时间和经验。伦理品德则由风俗习惯沿袭而成,所以"伦理"这个名称是由"习惯"这个词略加改动而产生的。……所以我们的伦理品德既不是处于自然本性的,也不是违反自然本性的,

---

① 柏拉图:《理想国》,郭斌和、张竹明译,商务印书馆1986年版,第277页。

② Aristotle, *Ethica Nicomache*, translated by W. D. Ross, in *The Basic Works of Aristotle*, edited by Richard McKeon, New York:The Modern Library, pp.956-957.

而是我们自然地接受了它们,又通过习惯使它们完善的。①

因此,人的伦理品德是通过个体不断的实践和培养形成的,日久天长的习惯导致了最终品德的形成和完善。这也就是说,品德本身并不是天赋就具有的,而是通过外在的教导和习俗培养而成的。既然人的品德并不是天赋就有的,那为什么人能够接受那种外在的教导和习俗养成呢？人为什么愿意"选择"品德呢？亚里士多德说:

> 那么这种(人类)功能究竟是什么？生命活动也为植物所有,而我们所探究的是人的特殊功能。所以我们必须把生命的营养和生长功能放在一边。下一个是感受的功能。但是这似乎也为马、牛和一般动物所共有。剩下的是那个有理性部分的生命。②

对亚里士多德来说,人所独具的理性决定了人具有接受外在教导和习俗养成的能力和意愿。人的理性使得人意识到,人必须要采用某种社会组织形式和交往形式才能正常地生活,否则社会就会变得无序和混乱。在这种情况下,人就愿意去接受外在的礼仪教导和习俗养成。

亚里士多德认为,人的理性本身也分为了实践理性和理论理性。实践理性最终的目的是要发展成为实践智慧,而这一过程是与伦理德性的内在化过程密切相关的。伦理德性是由外在习俗和规范内在化而形成的,是通过学习和教育不断获得的。亚里士多德说:

> 希望自己有能力学习高尚与公正即学习政治学的人,必须有一个良好的道德德性。因为,一个人对"是什么"的性质的感受本身就是一个始点。如果它对于一个人是足够明白的,他就不需再问"为什么"。而受过良好道德教育的人就已经具有或很容易获得这些始点。③

实践智慧则是实践理性与伦理德性相互助益、共同发展的最后结果。实践理性表现为人的一种能够接受伦理德性的倾向或意愿,通过这种倾向或意愿,人们才会去主动学习,将伦理德性纳为自身的一种品质。

我们可以发现,无论是实践智慧还是伦理德性,亚里士多德所要探讨的中心是围绕人的现实生活而展开的,都是围绕人应该怎样过一种"好的生活"而展开的。这就是

① Aristotle, *Ethica Nicomache*, translated by W. D. Ross, in *The Basic Works of Aristotle*, edited by Richard McKeon, New York: The Modern Library, pp.956—957.

② 英译文参照 *Ethica Nicomachea* 1097b33~98a3, translated by W.D.Ross, in *The Basic Works of Aristotle*, edited by Richard McKeon, New York: The Modern Library, p.942.中文译文沿用余纪元先生译法,见余纪元:《德性之镜:孔子与亚里士多德的伦理学》,中国人民大学出版社 2009 年版,第 101 页。

③ 英译文参照 *Ethica Nicomachea* 1095b2~8, translated by W.D.Ross, in *The Basic Works of Aristotle*, edited by Richard McKeon, New York: The Modern Library, p.942.见余纪元:《德性之镜:孔子与亚里士多德的伦理学》,中国人民大学出版社 2009 年版,第 233 页。

说,人的灵魂中所拥有的理性和在此基础上形成的实践智慧是人在现实层面所能做出的最完美的展现。然而,在此之上,在人的实践智慧和现实生活之上,还有一个更高的、需要用理论理性和"沉思"(contemplation)来把握的世界。对于前者来说,所有围绕实践智慧的过程都有特定的外在目标,如一个符合德性的生活等等。而对于后者来说,人的沉思则超越了主客之间的对立,是对世界本体和人自身最终目的的终极追问。这一区别充分地反映在亚里士多德对"实践心识"和"理想心识"的论述中。

在亚里士多德《灵魂论》的第三卷第1—10章(3.1-10)中,亚里士多德说:

> 这里所说的心识,须是备有计算功能的"实用(实践)心识(practical thought)",实用心识所顾虑的,专在如何获致所企求的客体(目标,或终极),"理想心识(speculative thought)"则没有自己的终极(无所企求)……①

从这里我们可以看出,"理论心识"和"实践心识"在最终目的上是不同的。因而,亚里士多德将灵魂中的心识(理性)分成了两个部分,实践心识是与肉体的各种需要结合在一起,而理论心识则是与肉体需要分开的。前者显然是柏拉图所指的寻求事物必然性原因的心识,而后者则是探求事物所蕴含的神圣性原因的心识。

在《灵魂论》3.5章中,亚里士多德提到,

> 心识,可是,只有在它"分离了"以后,才显见其真实的存在。只有在这情况,它才是"不死灭的,永恒的"。既然它不是被动体[而是主动体],所以它不作记忆[于以前的活动无所回想],作为被动体的心识,是要死灭的,而灵魂(理知灵魂)失去了被动心识就再不能思想(理解)任何事物(任何实用思想的外感客体)了。②

对于亚里士多德来说,"理论心识"具有永恒性并且是可以与人的肉体乃至人的"实践心识"相分离的。当然,这种分离只是暂时的,因为作为现实世界中生活的人总会需要物质资料的供养。

> 作为一个人,思辨总要求有外部条件,进行思辨的本性本不是自足的。它要求身体的健康、食物以及物品的供给。③

尽管如此,亚里士多德认为即便我们只是掌握一点关于永恒的理论理性,我们也能够得到比其他事物所能给我们带来的更大快乐,而只是对这些神性知识的匆匆一瞥也会比其他事物的准确认知更能带给我们欢乐。④

---

① 亚里士多德:《灵魂论及其他》,吴寿彭译,北商务印书馆2009年版,第171页。
② 亚里士多德:《灵魂论及其他》,吴寿彭译,商务印书馆2009年版,第158页。
③ 亚里士多德:《尼各马可伦理学》,苗力田译,中国人民大学出版社2003年版,第227—228页。
④ 参见亚里士多德:《论动物部分》,崔延强、苗力田编:《亚里士多德全集》(第五卷),中国人民大学出版社1997年版,第20—21页。

与之相对比,柏拉图似乎将神圣性原则与必然性法则更为贴近。柏拉图说,

> 这个宇宙在其起源上是一个被产生的复合体,是必然性与理性的组合体。理性是主导性的力量,它通过对必然性的劝说把大部分被造的事物引向至善,使必然性服从理性的规劝,并在创世之初以这种方式建构这个宇宙。①

> 至善至美事物的创造主在创造这个自给自足、完美无瑕的神时,委派这些必要的原因作使者来完成他的工作,而他自己则筹措一切生成之物所具有的善。因此我们可以区分两种原因:一种是神圣的原因;一种是必要的原因。我们要依据我们的本能,在一切事物中寻求神圣的原因,以求获得幸福的生活。同时,我们要为了寻求神圣的原因而寻取必要的原因,因为若无必要的原因,就不可能单凭神圣的原因来辨明我们所追求的神圣事物,也不能理解它,或以任何方式享用它。②

这段话其实就是说,万事万物都有其产生的神圣原因,也有其在现实世界存在的必要法则。我们在认识事物的时候,必须先要认识到其产生和存在的必要法则,这属于现实世界的科学范畴之内。另外,我们还必须要探寻其内含的神圣性法则,这就是属于形而上世界的哲学范畴之内。这和儒家的"极高明而道中庸"、"下学而上达"颇有相通之处。正如柏拉图研究者考卡维奇(P.Kalkavage)所指出的,

> 世界源于善和必然这两大原因的冲突与合作;我们同样不该在日常生活中为渴慕神圣而忽视必然的事物;人类的思想周期性地加入无尽的神圣沉思之中;当人类开始研究变易时,他们必须满足于逼真的或仅仅是可能的故事;人类需要平衡、秩序和分寸才能得到快乐;研究自然的真正全面的科学不该漠视人类的善,而应该在为自然世界寻求真正理智的秩序时体现出明智或审慎。③

对于柏拉图来说,人类对于神圣事物的沉思不能离开日常的必然事物,而对于日常必然事物的重视并不意味着要忽视人类对自身的善和不朽灵魂的追求。所以,必然性与神圣性是相辅相成的两样东西,对于人类来说缺一不可。

对亚里士多德来说,从伦理德性到实践智慧的过程也就是人不断积累德行、提升内在道德品质的过程。然而,人如果只停留在这一实践的层面上而不继续向上探寻永恒普遍的真理,那就永远无法获得最高的幸福。因此,在实践之上的层面,就是理论理性的王国。通过思辨的过程,人对宇宙的真理得以明了,从而人与宇宙之间达到了类似于

---

① Plato, *Timaeus*, *Critias*, *Cleitophon*, *Menexenus*, *Epistles*, Cambridge: Harvard University Press, 1929, pp. 109-111.

② Plato, *Timaeus*, *Critias*, *Cleitophon*, *Menexenus*, *Epistles*, Cambridge: Harvard University Press, 1929, pp. 177-179.

③ 考卡维奇:《鸿蒙中的歌声》,朱刚、黄薇薇等译,《鸿蒙中的歌声:柏拉图〈蒂迈欧〉疏证》,华东师范大学出版社 2008 年版,第 61 页。

中国古代哲学中的"天人合一"的境界。无论是柏拉图还是亚里士多德,他们伦理学所要最终追寻的是普遍、永恒的真理,是作为偶然性、短暂性的可朽个体去追寻作为必然性、永恒性的不朽全体的过程。

虽然亚里士多德和柏拉图对于实践理性和理论理性的关系看法不尽一致,但二者都对人类灵魂的永恒不朽确定无疑。正是因为有了人类灵魂的永恒不朽,才会有建立在此基础上的对于永恒理性的不懈追求乃至于逐渐趋近于神性。对于神性的实现方式,柏拉图和亚里士多德都主张通过"沉思"(contemplation)[1]的方式,但关于这种沉思的具体的步骤和环节,二者都没有做出详细的说明。基于此,我们再来看一下中世纪哲学家托马斯·阿奎那关于沉思的观点,看看他能否解决这一理论的难题。

三、阿奎那的"沉思"

与亚里士多德对理性的推崇不同,经院哲学家托马斯·阿奎那认为,人类的理性是有限度的,它所能达到的顶点只是上帝存在、上帝唯一这样的真理。但对于上帝三位一体等更高的真理则是完全超越人的理性能力的。[2] 阿奎那说:"有些事情显而易见属于神的理智范围,完全超越人类理智的本性。……所以,上帝有些事情,人类理性是能够懂的,有些却完全超越人类理性的能力。"[3]因此,在阿奎那看来,人类的理性并不是至高无上的,它也有它自己所使用的范围和限度。在这一前提下,阿奎那就预设了"上帝之城"的存在,并且"上帝之城"的真理并不掌握在人类理性的手中。阿奎那说:"神意规定了人朝向一种更高的善,这种善,由于人性的软弱,人们在现世生活中是无法经验的。所以必须唤起心灵去关注比我们的理性在现世所能把握更高的东西,以利于认识清楚而努力研究和追求那些超越现世生活情况的某些东西。这就是基督宗教的首要任务,唯独它许诺这种属灵的和永恒的善,为此它提出了许多超越人类理解能力的命题。"[4]

同时,他也提出,"受造的理智不可能认识上帝的本质,除非上帝开恩,使自己同受造的理智相吻合,即把自己变成可理解的。"这就说明,人凭借自己的理性是无法认识上帝的本质的。阿奎那说:"人的理性认识信仰的真理,只是思索到某些近似性。这真

---

① 关于亚里士多德"沉思"(contemplation)的详细研究,参见孙伟:《"道"与"幸福":亚里士多德与荀子伦理学之间的另一种对话》,《复旦学报》(社会科学版)2015年第6期。
② 参见赵敦华、傅乐安编:《中世纪哲学》下卷,商务印书馆2013年版,第1447—1448页。
③ 赵敦华、傅乐安编:《中世纪哲学》下卷,商务印书馆2013年版,第1448页。
④ 赵敦华、傅乐安编:《中世纪哲学》下卷,商务印书馆2013年版,第1452—1453页。

理只有对那些目睹神圣实体的人才是最为清楚明白的。而理性所思的这些近似性并不足以使上述真理以证明的方式或在其自身中被理解。"①如果理性并不能实现对于上帝本质的认知，那通过什么样的途径才能实现这一目呢？阿奎那与亚里士多德相似，也提出了"沉思"（contemplation）的概念，但对它进行了更为清晰的界说。

在《圣经评注》（*Commentary on the Sentences*）中，阿奎那将沉思分成了两种：一种是通过理性的思考而实现的并不完美的"沉思"（contemplation），另一种是通过信仰在天国中所观照到的真理——"对于上帝的沉思（contemplation）有两种类型。一种类型是通过一种不完美的方式，即理性的方式，也就是哲学家所使用的沉思方式来实现思辨的幸福和生活的幸福……另外一种类型是对于上帝的沉思，在这种沉思中，上帝通过他的本质被直接观照到，这是一种完美的方式，并且是在天堂中存在，而人也有可能根据信仰来实现它。"②

在《〈以赛亚书〉字义阐释》（*Expositio super Isaiam ad litteram*）一书中，阿奎那又将"沉思"（contemplation）分成了三种类型：一种是理性的哲学家式的沉思，一种是信仰的圣徒式的沉思，最后一种是在天国中对于上帝本质的直接观照——"有一种是通过理性原则对于不可见事物的沉思，哲学家们将这种沉思视为人类最高的幸福。然而，还有一种沉思是通过信仰实现的，这就是圣徒的方式。还有一种在天堂中的神圣的沉思，在这种沉思中，人被荣耀之光提升而能够直接观照到上帝的本质。"③

虽然阿奎那试图解决亚里士多德"沉思"（contemplation）概念所遭遇的困境，但其对"沉思"的解说在某种程度上偏离了亚里士多德的原意。在亚里士多德那里，人虽然只是在很少的时间里可以达到对于"神性"的一瞥，但人毕竟还是可以在理性的范围内实现这种神性的观照。虽然神能够时时刻刻观照自身，但人毕竟还有机会来实现这种观照，因为人也可以在某个瞬间实现神性的观照。但在阿奎那看来，人的理性是不可能对上帝最高实体进行沉思的，只有用基于信仰（faith）的沉思，才能对上帝进行更为高层次的观照和认知。而最高层次的沉思则只有在天堂中才能实现。阿奎那虽在神学与尘世的二元世界意义上来解读实践智慧与理论理性的这一区分，但却未能在二者之间搭设一条完整的桥梁。因此，阿奎那并没有真正解决亚里士多德的"沉思"概念所遇到的问题。

---

① 赵敦华、傅乐安编：《中世纪哲学》下卷，商务印书馆 2013 年版，第 1458—1459 页。

② Thomas Aquinas, *Scriptum Super Sententiis*, Fordham University Press, 1980, q.1 a.1 co.

③ Thomae de Aquino, *Expositio super Isaiam ad litteram*, Roma: Editori di san Tommaso, 1974, I.1.

传承传播创新是
元杂剧发展繁荣的成功之路

傅秋爽①

创新性传承转化与传播手段形式创造性发展是文化不断进步的历史规律。北京开启全国文化中心的八百年航程，与元大都（今北京）杂剧发展繁荣密不可分。而杂剧发展繁荣是中华优秀传统文化传承与传播创新结出的硕果。本文从杂剧传承、传播等方面的创新发展，探讨其繁盛原因。

一

元代文化最大的创新成果就是元杂剧。这种新的文学艺术样式，是集多种文学艺术样式为一体的综合艺术，最大程度地体现了时代文化的通俗性。在思想内容上，大都杂剧反映了广阔的社会生活，元人胡祗遹说："上则朝廷君臣政治之得失，下则闾里市井父子兄弟夫妇朋友之厚薄，以至医药卜筮释道商贾之人情物性，殊方异域风俗语言之不同，无一物不得其情，不穷其态。"得其情、穷其态，实际上是从内容上关注现实，贴近民众。朱权在其《太和正音谱》中将杂剧分为十二科："一曰神仙道化，二曰林泉丘壑，三曰披袍秉笏，四曰忠臣烈士，五曰孝义廉节，六曰叱奸骂谗，七曰逐臣孤子，八曰拔刀赶棒，九曰风花雪月，十曰悲欢离合，十一曰烟花粉黛，十二曰神头鬼面。"大都剧作家们思想活跃，杂剧创作题材广泛，有的直接取材当时社会现实，但更多的是来源于历史记载或者民间传说。它们虽然是传统文化的一部分，但内容庞杂，价值观混乱，其中不乏荒诞、迷信、恐怖、污秽的封建糟粕。但元杂剧作家却善于运用一切题材为现实服务，在思想上对其进行创新性改造和转换，题材内容上能够出于古而不拘泥于古，源自传说却不为传说所局限，在思想上表现出鲜明的现实性和时代特征。如，《窦娥冤》取材于"东海孝妇"的民间故事，《汉宫秋》取材《汉书》，《单刀会》取材《三国志》《三分事略》文学作品，但作者无不对既有题材进行了重新剪裁和改造，使之歌颂人民、主张正义、抨

---

① 作者系北京市社会科学院文化所研究员。

击黑暗的主题更加鲜明突出。在杂剧中,社会地位低下的普通民众成为主角被大力颂扬,贪腐昏庸的统治集团人物成为被抨击、被讽刺的对象。作品揭露黑暗、反抗强权、颂扬英雄、伸张正义,肯定对爱情的忠贞和幸福生活的追求,都充分体现了时代性、人民性、普通民众的心声,维护百姓的利益。这使得即使是数百年之后的我们,依然可以在杂剧中,感受到作家思想跳动的脉搏和作品中蓬勃的时代精神。更值得骄傲的是,杂剧不仅感动着华夏子民,而且远涉重洋,为异国观众所倾倒。能够使得北京文化借助文学的载体,远播国内外的,首先是杂剧在思想内容上的重大突破。关汉卿的代表作《窦娥冤》等抨击黑暗,歌颂英雄,肯定人性,无不彰显出人文关怀的光彩。王实甫《西厢记》歌颂爱情,直率大胆,为人喜爱,影响巨大,甚至受到明代思想家李贽充分肯定。[①] 元代杂剧中每一部优秀的作品都一定是当时社会生活的真实再现,表现了广大人民的理想与追求。它从形式到内容表现出来的人民性、现实性,使之不仅在当时受到民众热烈的欢迎和持久的拥护,而且具有恒久的生命活力。在中国,元代杂剧的许多剧目保留了下来,并不断被其他剧种或者艺术形式移植、改编,如被称为元杂剧"四大悲剧"的《窦娥冤》《汉宫秋》《梧桐雨》《赵氏孤儿》,如喜剧《望江亭》《救风尘》《墙头马上》《西厢记》《李逵负荆》《看钱奴》,如悲喜剧《谢天香》《燕青博鱼》《曲江池》《秋胡戏妻》《两世姻缘》《渔樵记》等,不仅在当时脍炙人口,屡演不衰,而且,几百年后依然活跃在戏剧舞台,继续感动着千千万万的观众。

元杂剧之所以能够走向世界,与其作品内容的民主性、时代性、先进性是密不可分的。除了其情节曲折、故事动人、人物形象丰满等因素使之更易于流传之外,与其思想性和价值观念和审美需求上更符合世界标准也有着非常大的关系。因为它产生、昌盛在一个历史上从未有过的开放的时代,一个国际化的都市,一个文化多元交融并存的环境,它本来就是为那些来自世界四方,有着不同宗教信仰,不同风俗习惯,不同语言和交流方式,共同汇聚在舞台前的观众写的,所以产生时思想文化根基、价值取向、人文观念、审美意趣就已经打上"世界文化"的烙印,它所颂扬的自由、平等、法治、民生以及对国家的爱,对父母的爱,对朋友的爱,男女爱情等,都具有永久的普世价值,而且多层次、多角度反映多姿多彩的社会生活,其思想、情感、审美的丰富性、深厚性,注定它重返世界舞台的脚步异常轻快。而这一切恰是文化通俗性在内容方面的表现。

二

元曲是实践的艺术。依靠口传身授来进行代际的传递与传承。这种传递与传承,

---

① 参见(明)李贽:《焚书·续焚书》,中华书局 1975 年版,第 96 页。

在元代演艺人员中间往往是在教坊司管理之下的家族内或师徒间实现的。钟嗣成《录鬼簿》中有很多这方面的线索。例如

花李郎,刘耍和婿。

红字李二,京兆人,教坊刘耍和婿。

黄德润:……沈和甫同母弟,风流韫藉,不减于兄。

梁园秀:姓刘氏,行第四。歌舞谈谑,为当代称首……其夫丛小乔,乐艺亦超绝。①

南春宴:又有牛四姐,乃元寿之妻,俱擅一时之妙。寿之尤为京师唱社中之巨擘也。②

由此可见,这些演艺人员大多有着比较密切的连带关系,之间或者是血亲,或者是姻亲。这主要是由元朝特殊的管理制度所决定的。元朝规定,在籍的歌舞、戏曲、音乐等艺伎,终身不得脱籍,婚配也只能在籍内进行。在籍者不得与非籍人员通婚,在籍者婚生子女,生下来便自动落籍。这样,自然在家族和姻亲之内形成了翁婿、婆媳、父子、母女、兄弟姊妹皆为同业的特殊现象。技艺的传承除了家庭的传授,师徒相授的情景也很普遍,钟嗣成《录鬼簿》中,珠帘秀之后,有很多以"秀"为艺名的杂剧表演家。书中并没有就此进行解释,以后世梨园规矩揣度,有些可能表明师徒相授的辈分;有些可能就是表示对前辈的尊崇与追随,有类似于后来京剧、豫剧、越剧中"流派"的意思。当然,也有些是标明演出技艺高超,在同业或者观众心目中已经达到了可以和前辈比肩的水平,"赛帘秀"应属后者。

不仅是杂剧或者散曲的表演,后辈在杂剧和散曲的创作方面,也有类似的代际传承痕迹。

《录鬼簿》记载著名的散曲作家以"甜斋"著称的徐再思时写道:

徐再思,字德可,嘉兴人。好食甘饴,号甜斋。嘉兴路吏,多有乐府行于世。为人聪敏秀丽。与小山同时。其子善长,亦有才,颇能继其宗风。③

可见同好散曲,创作技艺上父子相授,乃成家传。

师徒相授的也有,《录鬼簿》载:

杨显之:……王元鼎,师叔敬;

这段是说王元鼎拜著名的杂剧作家杨显之为师。

朱士凯:……王彦中,弓身侍;陈元赞,拱手听;包贤持,拜先生。

---

① (元)夏庭芝:《青楼集》,参见《中国古典戏曲论著集成》(二),中国戏曲出版社1959年版,第17页。
② (元)夏庭芝:《青楼集》,参见《中国古典戏曲论著集成》(二),中国戏曲出版社1959年版,第22页。
③ (元)钟嗣成:《录鬼簿》,参见《中国古典戏曲论著集成》(二),中国戏曲出版社1959年版,第133页。

这段是说王彦中、陈元赞、包贤持都拜元杂剧作家朱凯(字士凯)为师,学习杂剧。

无名氏《录鬼簿续编》也载:

> 贾仲明:……所作传奇、乐府极多,骈丽工巧,有非他人之所及者。一时侪辈,率多拱手敬服以事之。①

这段是说贾仲明的杂剧和散曲创作都有很深的功底,被很多人尊为老师,向他学习。当然这种师徒相授是像后来一样正式拜师学艺,经过几年后出徒单挑,还只是经过老师临时点拨提高技艺,因为缺少相关资料,具体情形也就不得而知了。

这种家传和师徒相授的传授传承形式,是由表演艺术的特殊性和戏曲创作的特殊性所决定的。表演的精髓难以通过其他形式表达,唯有口传身授,才能将多年积累的表演经验和舞台经验一代代传下去。元代乐籍管理制度,限制了人身自由,极不人道。但是对艺术的传承,却有很大的益处。梨园世家子弟,从小耳濡目染,既利于教戏、学戏,也便于搭戏、唱戏,于戏剧表演舞台实践方面有着诸多得天独厚的条件和便利。而戏曲剧本的创作,同样无法单纯依靠书斋内攻读既有书本来完成。因为作为演出脚本的剧本,最终要通过舞台表演与观众见面来实现其价值。只有通过台上台下的紧密互动,才能够完成整个的创作和欣赏的艺术过程。不了解表演、不了解观众,同样难以写出成功的符合舞台表现的好本子。这方面子承父业和师徒相授,同样符合艺术规律。一般来说,当时的剧本创作基本上故事情节的构架及依曲和乐的唱词是由剧本创作者完成的,而宾白则往往由演出者舞台的现场即兴发挥来进行,有很大的灵活性。

三

在戏曲的传播方面,元人也表现出了极大的智慧和创新能力。通过各种各样的形式、多种多样的渠道吸引观众,元人的努力可谓是花样翻新,创意无限。

从元初杜仁杰(1201?—1284?)著名散曲《庄家不识勾栏》以一个不常进城的庄稼汉口吻,叙述了进城赶集偶尔看戏的见闻。

> 【般涉调·耍孩儿】风调雨顺民安乐,都不似俺庄家快活。桑蚕五谷十分收,官司无甚差科。当村许下还心愿,来到城中买些纸火。正打街头过,见吊个花碌碌纸榜,不似那答儿闹穰穰人多。
>
> 【六煞】见一个人手撑着椽做的门,高声的叫请请,道迟来的满了无处停坐。

---

① 参见(元)钟嗣成:《录鬼簿》,《中国古典戏曲论著集成》(二),中国戏曲出版社1959年版,第292页。

说道前截儿院本《调风月》,背后幺末敷演《刘耍和》。高声叫:赶散易得,难得的妆哈。①

在他那幽默诙谐的叙述中,不难看出当时人们已经有了非常强烈的广告宣传意识。通过剧目张贴和大声的招徕,以及对剧情扼要而富有煽动力的介绍,来吸引观众。将本无观剧打算,且无戏剧消费习惯和无基本戏剧常识的路人拦截进入到了剧场,使之完成了最初的观剧体验。

剧场内,他们通过在杂剧表演中的文白,现场发挥,随时把最新的杂剧创作和演出信息以预告的形式,传递给在场的观众。吸引他们再次走入剧场,这是对固定观众群消费意愿的进一步锁定,使得这种文化消费得以持续进行。

一个杂剧的成功,除了自身题材选择吸引人、内容剪裁繁简得当、表达情感丰沛充实、语言凝练精彩,价值观与民众相和一致、舞台表演精美绝伦等因素之外,元人已经非常清晰地意识到了广告宣传的重要性。行内无论是剧本创作还是舞台表演,彼此之间的关系整体来看是非常健康的,既有非常激烈的市场竞争,甚至出现了类似于对台戏形式的竞赛,但是更多的时候是彼此之间的相互帮衬与传扬。马致远杂剧《江州司马青衫湿》第二折:"【三煞】……娘呵,……却下的这拳槌不善,教我空揸那没程限的'窦娥冤'。"孟汉卿《张孔目智勘魔合罗》:"(第三折张鼎宾白)萧令史。我与你说,人命事关天关地,非同小可。古人云:掌刑君子,当以审求。赏罚国之大柄,喜怒人之常情,勿因喜而增赏,勿以怒而加刑。喜而增赏,犹恐追悔,怒而加刑,人命何辜。这的是:霜降始知节妇苦,雪飞方表窦娥冤。"这些杂剧中都提到了"窦娥冤",既说明关汉卿塑造的舞台艺术形象已经深入人心,也是对关汉卿经典剧目《窦娥冤》的最大褒奖传扬。元无名氏杂剧《货郎旦》第四折中"唱货郎"的张三姑唱:"【转调·货郎儿】也不唱韩元帅偷营劫寨,也不唱汉司马陈言献策,也不唱巫娥云雨楚阳台,也不唱梁山伯,也不唱祝英台,只唱那娶小妇的长安李秀才。"唱词提到了"韩元帅偷营劫寨""汉司马陈言献策""巫娥云雨楚阳台""梁山伯""祝英台"都是当时盛行的元杂剧曲目,指的是无名氏《韩元帅暗度陈仓》、关汉卿《升仙桥相如题柱》、杨讷《楚襄王梦会巫娥女》、白朴《祝英台死嫁梁山伯》等情节相关的杂剧剧目。由此可见,民间说唱文学"唱货郎"也有传播元杂剧剧情的情况。② 当时杂剧、说唱、散曲等很多城市民间文学品种形式不仅在题材、故事情节、人物塑造上可以彼此借鉴、借用,而且,充分利用自己独具特色的表演,相互赞誉、互相传扬。杂剧中张三姑作为说唱人的角色出场,脱口而出唱出这么多的剧目,可

---

① 罗宗强、陈洪主编:《中国古代文学作品选》(第三卷,宋辽金元卷),高等教育出版社2004年版,第247页。
② 参见罗斯宁:《元杂剧和元代民俗文化》,广东高等教育出版社2007年版,第27页。

说是现实生活的真实再现,同时也是杂剧对说书人传扬杂剧的一种正面引导。

他们对潜在观众的争取更是不遗余力,通过对这些人文化消费习惯的深入研究,制定针对性非常强的措施,通过不同方式,将他们从潜在观众变为现实观众。

流传下来的剧本中上,常有"新刊""全本""全相"等字样,通过精美的插图、最新的创作、全本的面貌,表明剧本的与众不同,达到赢得读者和观众的目的。刊本虽然是以出售图书获得盈利为目的,但无疑也是要通过剧本,将断文识字有阅读能力的那部分观众吸引进入剧场。

宋元是话本小说通俗文艺盛行的时代,说书人在都市中有很大的市场。当时说讲史平话、小说话本以及说经等,都是最为流行的题材。茶馆和家庭,往往是说书人的场地。杂剧创作很善于"借东风",即抓住说书市场的种种热点,通过题材衔接,进行相应题材或者相关人物形象的创作。使得那些听书人,通过对同类题材中人物命运的密切关注,走进剧场,从而使得杂剧能够与说书者共享文化消费群体。元杂剧中水浒题材、三国题材以及婚姻家庭的社会题材都属于此类,都能在说书史料中找到相互对接和对应的衔接点。当然,这种对应对于说书者而言同样也是受益的,杂剧的观众为了获得更详细、系统和连贯的情结,也许会走入说书人的场地。

杂剧通过图书、全相话本、绘画以及生活日常器用的全面借助,将软性、硬性广告经营得无处不在。当然,作为杂剧作家,最为擅长的还是散曲创作。散曲是他们手到擒来的看家本领。他们当然不会放过这个手到擒来宣传杂剧的机会。

例如无名氏的【越调·柳营曲】《晋王出寨》就借助散曲介绍和宣传秦简夫的《东堂老劝破家子弟》:"东堂老劝着全不听,信人般弄,家私儿掀腾。便似火上弄冬凌,都不到半载期程。担荆筐卖菜为生,逐朝忍冻饿。每日在破窑中,再不见胡子传柳隆卿。"将剧目和故事梗概,通过唱散曲加以传播。

这方面的极致之作是元人孙季昌【正宫·端正好】集杂剧名《咏情》,绝对算得上是这方面的典型代表:

> 鸳鸯被半床闲,蝴蝶梦孤帏静,常则是哭香囊两泪盈盈。若是这姻缘簿上合该定,有一日双驾车把香肩并。
>
> 【滚绣球】常记的曲江池丽日晴,正对着春风细柳营,初相逢在丽春园遣兴,便和他谒浆的崔护留情。曾和他在万花堂讲志诚,锦香亭设誓盟,谁承望下场头半星儿不应,央及杀调风月燕燕莺莺。则被这西厢待月张君瑞,送了这花月东墙董秀英,盼杀君卿。
>
> 【倘秀才】玩江楼山围着画屏,见一只采莲舟斜弯在蓼汀,待和他竹叶传情诉咱闷萦。并头莲分做两下,鸳鸯会不完成,知他是怎生?

【滚绣球】付能的潇湘夜雨晴,早闪出乌林皓月明,正孤雁汉宫秋静,知他是甚情怀月夜闻筝?那时节理残妆对玉镜台,推烧香到拜月亭,则被这伫梅香紧将咱随定,不能够写相思红叶题情。指望似多情双渐怜苏小,到做了薄幸王魁负桂英,撇得我冷冷清清。

【倘秀才】金凤钗斜簪在鬓影,抱妆盒寒侵倦整,想踏雪寻梅路怎行?弄黄昏梅梢月,香正满酷寒亭,伤情对景。

【叨叨令】当日被破连环说哾赚得再成交颈,谁承望错立身的子弟无音信。闪得我似离魂倩女相思病,将一个魔合罗脸儿消磨尽。径不着也么哥,如今这谎郎君一个个传槽病。

【脱布衫】我便似蓝桥驿实志真诚,他便似竹林寺有影无形。受寂寞似越娘背灯,恨别离如乐昌分镜。

【小梁州】他便似柳毅传书住洞庭,千里独行,吹箫伴侣冷清清。我待学孟姜女般真诚性,我则怕啼哭倒了长城。

【幺】京娘怨杀成孤另,怨你个画眉的张敞杂情,揣着窃玉心、偷香性。我则学举案齐眉,贤孝牌上立个清名。

【尾】金钗剪烛人初静,彩扇题诗句未成。后庭花歌残玉树声,琵琶怨凄凉不忍听。比题桥的相如忒寡情,戏妻秋胡不老成。想则想关山远路程,恨则恨衣锦还乡不见影。则不如一纸刘公书缄定,寄与你个三负心的歹才自思省。①

元大都是全国戏曲中心。杂剧和散曲的兴盛,为元大都成为全国文化中心奠定了基础。本套曲中记载的很多剧目,都是元大都作家创作的。

元代创作的杂剧,现存剧目,有五百三十多种。投身剧本创作的作家,仅就《录鬼簿》和《录鬼簿续编》所载,有近百人。元代戏剧的题材极为广阔,包括爱情婚姻、历史、公案、豪侠、神仙道化等多种。涉及的社会生活层面异常广阔,"上则朝廷君臣政治之得失,下则闾里市井负责兄弟夫妻朋友之厚薄,以至医药卜巫释道商贾之人情物性,殊方异域语言之不同,无一物不得其情,不穷其态。"

这个套曲共由10支曲子组成,巧妙地用元杂剧的剧目连缀,完整地表达了青年男女的相思离别之情。

由于全篇皆用当时流行剧目,所以此曲有非常重要的史料价值,成为研究元杂剧名目的重要文献。套曲搜集元杂剧《玉清庵送错鸳鸯被》《包待制三勘蝴蝶梦》、关汉卿的

---

① 参见(元)杨朝英辑:《太平乐府》卷六、明无名氏辑:《盛世新声》子集、明张禄辑:《词林摘艳》卷六、明郭勋辑:《雍熙乐府》卷二、明陈所闻辑:《北宫词纪》卷六。

《唐明皇哭香囊》、白朴的《唐明皇秋夜梧桐雨》《唐明皇游月宫》、岳伯川的《罗光远梦断杨贵妃》、庾天锡的《杨太真霓裳怨》《杨太真华清宫》,关汉卿的《贤孝妇风雪双驾车》、石君宝的《李亚仙花酒曲江池》、郑光祖的《细柳营》、关汉卿《刘夫人书写万花堂》和《诈妮子调风月》等名目50多部,至今有作者可考的二十多人。有些杂剧名目,早已散佚,但是从这首套曲中我们可知其曾经的存在。这套散曲虽是游戏之作,但是当时亦应有很好的广告效应。因为所提皆名家名作,可以给人以"检缺"的线索。哪些剧已经看过,哪些剧还未曾观,什么时候才能看完这些名作,向人夸耀。对当时的杂剧"粉丝"们来说,这套曲子可以算是提供了非常大的帮助。

还有一些类似的集曲名,虽然并不直接地广告剧目和剧情,但是同样也是对杂剧进行宣传。元人王仲元的【中吕·粉蝶儿】《题情》可以视为这方面的代表。"金盏儿里倦饮香醪,盼到那赏花时甚实曾欢笑。别人都喜春来唯我心焦,出得那庆东园,离亭宴,暗伤怀抱。贪看那喜游蜂蝶恋花梢,想起贺新郎不知消耗。"散曲"集调名"的体式,介绍了"金盏儿""赏花时""喜春来""庆东园""离亭宴""蝶恋花""贺新郎"等散曲和杂剧惯常使用的曲牌名。对观众进行杂剧知识的普及,使得观众通过散曲,熟悉并掌握了这些杂剧经常使用的曲牌和曲调。散曲宜记宜唱,不受场地限制,易于流传。在歌舞酒楼、市井村野,随处可以传播。这样,又将那部分忠实的散曲观众吸引到了勾栏剧院当中,为杂剧争取了新的客源。

诸宫调是一种历史较为悠久的文学体式。盛行于北宋、金、元时期,属于大型说唱文学。因集若干套不同宫调的曲子轮递歌唱而得名。诸宫调以说唱为主,又因为它用琵琶等乐器伴奏,所以又称"弹词"或"弦索"。形式上它由韵文和散文两部分组成,演唱时采取歌唱和说白相间的方式,属叙事体。因而有学者认为,诸宫调为后世戏曲发展开辟了道路。元杂剧正是因为吸收借鉴了诸宫调而产生。这个与杂剧有着较为密切的"血缘关系"的诸宫调,在元代并没有被淘汰,而是有人继续创作,也有人继续演唱,例如《青楼集》中所载的赵真真、秦玉莲都是以演唱诸宫调闻名的艺人。胡祗遹在《黄氏诗卷序》中总结的就是诸宫调的演唱经验。可见在元杂剧兴盛的时候,诸宫调依然还保持着很好的听众需求。王伯成是元代早期的杂剧作家,但是也能写作诸宫调。他在《天宝遗事诸宫调·遗事引》中"愁临阻险频搔首,曲到关情也断肠。虽脂妆,不比送君南浦,待月西厢"①之句,抒发了恨别离的情怀。似与王实甫的《崔莺莺待月西厢记》相关。但是王实甫的《西厢记》确实是因为借鉴了金代董解元的《西厢记诸宫调》而完成。王伯成的生卒年不详,他与王实甫谁先谁后难以确认,而王实甫《西厢记》和王伯成《天

---

① 朱平楚校点:《全诸宫调》,甘肃人民出版社1987年版,第178页。

宝遗事诸宫调》的具体写作年代更是难以考订。如果说《天宝遗事诸宫调》是要为王实甫剧作做宣传,实在有些勉强。但是如果说各个门类的通俗文艺之间在思想、故事、情节、人物、艺术表现诸方面相互影响和相互借鉴,却是一个不争的事实。杂剧是调动各种艺术形式进行宣传做得最出色的,也许这与杂剧本身就是综合艺术,需要杂剧作家有很强的综合利用各种资源的能力有关吧。总之,当时杂剧把一切艺术形式都当成了可供利用的传播媒体,进行了跨越体式、了无禁忌、全覆盖式的无缝衔接。

四

元曲的发展、兴盛并非出于创作一端,也非单纯强调艺术家的表演就可以毕成其功。它必是作家、表演艺术家和观众三者的密切互动、共同推进,方能达到繁荣鼎盛。观众才是传承与传播链条的终端,接受与欢迎才是价值实现的标志。

对元曲受欢迎的程度,史料中俯拾即是:

夏庭芝《青楼集》:

梁园秀:歌舞谈谑,为当代称首……所制乐府,……世所共唱之。

张怡云:能诗词,善谈笑,艺绝流辈,名重京师。

曹秀娥:京师名妓也。

李娇儿……姿容姝丽,意度闲雅,时人号为"小天然"。

钟嗣成《录鬼簿》:

关汉卿……驱梨园领袖,总编修师首,捻杂剧班头。

马致远……战文场,曲状元。姓名香,贯满梨园。

王实甫……《西厢记》,天下夺魁。

从以上的零星片段可以判断,当时元大都的杂剧作家和表演艺术家们鹊起的名声并非官府或者是某个个人、组织给加冕的,而是广大观众认可,是在广泛赞誉的基础之上自然产生的。而"梨园领袖""杂剧班头""曲状元"等这样的称谓,不仅是对其成就的肯定,更具有了文化品牌的价值。只是这种名牌来自于民众的广泛欢迎和认可。

由此可见,元曲的繁荣兴盛,是建立在广泛的社会基础之上的。而在其中,宫廷、官府所起到的积极作用不可忽略。虽然民众的文化需求是文化最根本的推动力,文化人才的聚集是文化发展的根本保障,文化创新和领军人物决定了文化发展所能达到的高度和水准。但是,放在中国历代思想文化长期处于严格统治的特定历史事实中进行比对,元朝宫廷与官府对文化创作的宽松、容忍,对帝都公共文化的高度重视,对文化管理方面的创新与宽严有度,对民众文化生活的顺势而为积极促进,都是值得大加肯定与赞美的。《析津志·岁纪》载：

> 二月八日,平则门外三里许,即西镇国寺。寺之两廊买卖富甚太平,皆南北川广精粗之货,最为富饶。于内商贾开张如锦,成于是日。南北二城,行院、社直、杂戏毕集。恭迎帝坐金牌与寺之大佛游于城外,极其华丽。……教坊诸等乐人、社直、鼓板、大乐、北乐、清乐……互相夸耀,于以见京师极天下之丽,于以见圣上兆开太平与民同乐之意。

虽然最高统治者的目的在于向世界夸耀自己统治国度的强盛与富丽,但是客观上确实对文化普及起到了重要推动作用,为民众充分享受文化成果打开了便利之门。这使得包括元杂剧、元散曲之类的文化艺术有了更为广泛的民众基础,从而产生了更加旺盛的文化消费需求。

元大都文化发展的良性循环就是这样产生并往复作用的,这种健康、富有活力的文化生态,是元大都世界城市文化发展建设的基础。

冯友兰的"新理学"与
新实在论和逻辑实证主义

王玉峰①

冯友兰先生把自己的哲学体系命名为"新理学"。他之所以把自己的哲学命名为"新理学",其理由主要有两点。第一点是这种"新理学"虽然承接了宋明以后的"理学",但是这种承接不是"照着"宋明以来的理学讲的,而是"接着"讲的。第二点是理学就是讲理之学,但是"新理学"和普通人所谓的"讲理"虽然不必有种类上的不同,但是却有深浅的区别。"我们所说之理,究竟是什么?现在我们不论。我们现在只是说:理学即是讲我们所说之理之学。若理学即是讲我们所说之理之学,则理学可以说是最哲学底哲学。但这或非以前所谓理学之意义,所以我们自号我们的系统为新理学。"②

冯友兰先生认为他自己的"新理学"是"最哲学底哲学",它既超越了中国传统的旧理学,也超越了西方传统的形而上学。"新理学"作为"最哲学底哲学"充分说明了冯友兰先生的思想抱负,他虽然因循了传统的中国思想资源和西方哲学思想,但是他要在吸收和批判中西哲学思想基础上进行一种伟大的创新,能提出前人所未发的新思想、新道理。

下面我们就主要考察一下冯友兰先生的新理学与新实在论的关系,以及他对现代西方逻辑实证主义和西方传统形而上学的批评和改造。

一、"旧瓶装新酒"的"新理学"

按照冯友兰先生的看法,他的"新理学"或"真正的形而上学"包括四组命题。这四组命题分别是,第一组:凡事物必都是甚么事物。是甚么事物必都是某种事物。有某种事物,涵蕴有某种事物之所以为某种事物者。借用旧日中国哲学家的话说:"有物必有则。"③

---

① 作者系北京市社会科学院哲学所副所长副研究员。
② 冯友兰:《新理学》,《三松堂全集》第5卷,中华书局2016年版,第11—12页。
③ 冯友兰:《中国哲学史补二集》下,《三松堂全集》第7卷,中华书局2016年版,第486页。

第二组命题是:事物必都存在。存在底事物必都能存在。能存在底事物必都有其所以能存在者。借用中国旧日哲学家的话说,"有理必有气。"①

第三组主要命题是:存在是一流行。凡存在都是事物的存在。事物的存在,是其气实现某种理或某种理的流行。实际的存在是无极实现太极的流行。总所有底流行,谓之道体。一切流行涵蕴动。一切流行所涵蕴底动,谓之乾元。借用中国旧日哲学家的话说:"无极而太极"。又曰:"乾道变化,各正性命。"②

第四组主要命题是:总一切底有,谓之大全,大全就是一切底有。借用中国旧日哲学家的话说:"一即一切,一切即一。"③

冯友兰先生自称他的这套"新理学"是"旧瓶装新酒",它一方面运用了传统旧理学的术语和概念,但是又赋予了它们独特的含义,创造性地把传统哲学术语整合成了一个新的哲学系统。朱光潜先生感叹冯友兰先生把传统哲学的一盘散沙变成一个井然有序的整体,这是一个奇迹。陈来认为在这一点上,现代哲学家无人能及冯友兰先生。④

从"旧瓶装新酒"这个表述来看,冯友兰先生显然更看重的是自己所酿"新酒"的独特性。对于冯友兰先生创造出的那一套比较系统的"新理学"体系,朱光潜先生曾做了一个比较简略的概括和总结。

> 粗略地说,他的系统基于"真际"(即"本然")和"实际"的分别。"真际"包涵超时空底一切"理","实际"之最后底不可分析底成因为"气"。比如说,"这是方底","方"的理存于"真际","这"是实际中一个方底物。实际底方底物"依照"真际底方的理而得其方性。只有性不能成物,方底物必有其所"依据"以成为实际底方者,这叫作"料",料近于"物质",不过物质尚有其物质性,讲一切性抽去而单剩一极端混沌底原素,则得"绝对底料",此即"真元之气"(简称为"气")亦即"无极"。真际所有理之全体为"太极"。"极"有二义:一是标准,每理对于依照之之事物为标准;二是极限,事物达到标准亦即达到极限。"太极"理之全,"无极"物之基,由"无极而太极",即由气至理,中间之过程即我们的事实底实际底世界。理为"未然",为"微",为"体",为"形而上底";物为"已发",为"显",为"用",为"形而下底"。形上底理是思之对象,是不可经验底,形下底物是感之对象,可经验底。哲学所研究者为形而上底理。⑤

① 冯友兰:《中国哲学史补二集》下,《三松堂全集》第7卷,中华书局2016年版,第491页。
② 冯友兰:《中国哲学史补二集》下,《三松堂全集》第7卷,中华书局2016年版,第495—496页。
③ 冯友兰:《中国哲学史补二集》下,《三松堂全集》第7卷,中华书局2016年版,第497页。
④ 陈来:《现代中国哲学的追寻:新理学与新心学》,生活·读书·新知三联书店2010年版,第280—281页。
⑤ 冯友兰:《南渡集》,《三松堂全集》第三版第六卷,中华书局2016年版,第303页。

朱光潜先生对冯友兰新理学体系的这个概括和总结基本是准确的。可以看到,冯友兰先生使用了传统旧理学中的"理"、"气"、"无极"、"太极"等概念。但是冯友兰先生却赋予了这些旧概念以新的含义。而这其中的关键则是他对于"真际"与"实际"的划分。

事实上,冯友兰先生"新理学"体系的基本思想框架以"真际""实际"与"实际底事物"的三分为基础的。"实际底事物"就是指经验世界中的各种具体事物,"实际"则是各种"实际底事物"构成的整体,而"真际"则是"凡可称为有者"。它们三者之间是一种涵蕴关系,实际的事物涵蕴了实际,实际又涵蕴了真际。"此所谓涵蕴,即'如果——则'之关系。有实际底事物必有实际;有实际必有真际。但有实际不必有某一实际底事物;有真际不必有实际。"①

按照上面"真际"、"实际""实际底事物"之间的划分,"实际的事物"的"内涵"最大,而"外延"最小,"实际"的"内涵"又大于"真际","真际"的外延则大于"实际"。在冯友兰先生看来,"实际"是科学的对象,而"哲学"主要关注"真际"。哲学主要对"真际"作一种形式的肯定,很少涉及实际或实际的事物。

> 哲学对于真际,只形式地有所肯定,而不事实地有所肯定。换言之,哲学只对于真际有所肯定,而不特别对于实际有所肯定。真际与实际不同,真际是指凡可称为有者,亦可名为本然;实际是指有事实底存在者,亦可名为自然。真者,言其无妄;实者,言其不虚;本然者,本来即然;自然者,自己而然。实际又与实际底事物不同。实际底事物是指有事实底存在底事事物物,例如这个桌子,那个椅子等。实际是指所有底有事实底存在者。有某一件有事实底存在底事物,必有实际,但有实际不必有某一件有事实底存在底事物。属于实际中者亦属于真际中;但属于真际中者不必属于实际中。我们可以说:有实者必有真,但有真者不必有实;是实者必是无妄,但是真者未必不虚。其只属于真际中而不属于实际中者,即只是无妄而不是不虚者,我们说它是属于纯真际中,或是纯真际底。②

既然"真际"的外延比"实际"大,那么肯定了"真际"不就是同时肯定了"实际"吗?冯友兰先生是这样解释的:"就此图所示者说,则对于真际有所肯定者,亦对于实际有所肯定。但其对于实际所肯定者,仅其'是真际底'之方面,而不及于其'是真际底'外之他方面。……我们说哲学对于真际有所肯定,而不特别对于实际有所肯定,特别二字所表示者即此。"③

---

① 冯友兰:《新理学》,《三松堂全集》第5卷,中华书局2016年版,第30页。
② 冯友兰:《新理学》,《三松堂全集》第5卷,中华书局2016年版,第17—18页。
③ 冯友兰:《新理学》,《三松堂全集》第5卷,中华书局2016年版,第18页。

但是他关于"真际"与"实际"的区别,在当时就遭到了朱光潜和孙雄曾等先生的深刻批判。

在朱光潜先生看来,真际与实际应该分属于两个不同阶层的东西,"真际"属于"形而上的",实际属于"形而下的"。但是冯友兰先生却把它们放到了一个层面,并且认为真际范围比实际大,还包括了实际。

> 所以对于真际有所肯定者,对于实际不必有所肯定。所以然者,真际和实际并不在一个平面上,而有一部分范围相叠合,它们并不是一平面上范围大小底分别,而是阶层(order)上下底分别。真际是形而上底,实际是形而下底。实际事物的每一性与真际中一理遥遥对称,如同迷信中每人有一个星宿一样。真际所有之理则不尽在实际中有与之对称或"依照"之者,犹如我们假想天上有些星不照护凡人一样。冯先生自己本来也着重形上形下的分别,而有时却把真际和实际摆在一个平面上说,拿动物和人的范围大小来比拟真际和实际的范围大小。此真所谓"比拟不伦"。就这一层说,冯先生似不免自相矛盾,而这矛盾在冯先生的系统中是不必有底。①

冯友兰先生也回复过朱光潜先生的质疑②,但是从其回复内容来看,他根本没有解决朱光潜先生的疑问。朱光潜先生也根本没有误解他关于真际与实际的区分。朱光潜先生这个批评是非常正确的,冯友兰先生把真际与实际两个不同阶层的事物放到了一个层面,这导致了"形而上"与"形而下"区分的混乱。

孙雄曾先生也对冯友兰《新理学》提出过类似的批评。孙雄曾先生根据西方哲学"感性对象"与"理性对象"的基本区分,认为很多可感的事物并没有一个与之对应的"理"。并不是说"真际"的范围就一定比"实际"更大。由于冯友兰认为"真际"既包括"实际"也包括"纯真际",这样就会导致一些逻辑上的困难。

> 诚如是,则理之有事实底存在底,其在真际中之地位便发生问题。盖理不是实际底事物,当然不属于实际;而现在之理却是有事实底存在底,故又不属于纯真际。然则,理之有事实底存在底,压根儿不能在真际中。这当然不是冯先生的本意,但是依照冯先生的逻辑,却要推到这样底结果。③

孙雄曾先生的看法和朱光潜先生的批评是一致的,真际应该是形而上学的对象,实际应该是科学的对象,它们之间是有着高低层级的区别的,但是冯友兰先生却把它们混为一谈,放到了一个层面来谈,这就不免引起《新理学》内部逻辑上的诸多困难。这些

---

① 冯友兰:《南渡集》,《三松堂全集》第6卷,中华书局2016年版,第305页。
② 参见冯友兰:《南渡集》,《三松堂全集》第6卷,中华书局2016年版,第55—66页。
③ 冯友兰:《南渡集》,《三松堂全集》第6卷,中华书局2016年版,第320页。

批评都是非常中肯而切中要害的。

冯友兰的"新理学"就像批评者们指出的那样,的确存在把"真际"与"实际","形上"与"形下"放到一个层面来处理的问题。但是在一些地方,冯友兰又似乎明确地区分了二者,把它们放到了两个不同层次上来处理。在一般性地谈及"哲学"的时候,他根据的又是一种相当传统的哲学观点,认为哲学就是一种思辨活动。①

而冯友兰认为"思"指的是理性思考,它是与感觉相对的。"感觉"与"理性"的区分无论在古希腊还是中国古代,都是一个非常基本的区别,它们被看作是我们的两种不同认识能力。感觉只能把握可感的对象,而理性则能把握更高的普遍存在。

> 思与感相对。在西洋很早底时候,希腊哲学家已看清楚思与感之分别,在中国哲学家中,孟子说:"心之官则思。"(《孟子·告子上》)他把心与耳目之官相对待。心能思,而耳目则不能思,耳目只能感。孟子说这段话的时候,他说及心,只注重其能思,他说及思,亦只注意于其道德底意义。照我们的看法,思是心之一重要底活动,但心不止能思,心亦能感。不过思与感之对比,就知识方面说,是极重要底。我们的知识之官能可分为两种,即能思者,与能感者。能思者是我们的理智,能感者所谓耳目之官,即其一种。②

在这里,冯友兰根据传统哲学的看法,把"能思"和"能感"明确区分为两种不同的能力。不过我们不能根据冯友兰在这里的一些论述,就把他看作是一个传统的形而上学家。他明确地接受了逻辑实证主义对传统形而上学的批判。这里出现的不一致,只是表明其思想本身包含了某种模糊性。他思想中的这种模糊性,还表现在对哲学知识与经验知识的关系上。他一方面坚持某种理性主义的立场,但是却又肯定经验知识的价值。尽管"经验"似乎对他的哲学作用不大。他认为哲学知识虽然不切实际,但是从哲学认识的来源来讲,仍是以实际事物为出发点的。在具体的认识论方面,他主张由实际而知真际。③

冯友兰先生在这个问题上同样遭到了当时一些学者的批判。朱光潜毫不客气地说:"这显然是放弃他'最哲学底哲学'的立场,而堕入一很浅薄底经验主义。"④朱光潜先生是倾向于唯理论的,在他看来数学和哲学等理论知识,"知真际并不由实际"。⑤ 冯友兰之所以在认识论上"堕入一很浅薄底经验主义",从根本上来说是他对"真际"与

---

① 参见冯友兰:《新理学》,《三松堂全集》第5卷,中华书局2016年版,第13页。
② 冯友兰:《新理学》,《三松堂全集》第5卷,中华书局2016年版,第13—14页。
③ 参见冯友兰:《新理学》,《三松堂全集》第5卷,中华书局2016年版,第19页。
④ 冯友兰:《南渡集》,《三松堂全集》第6卷,中华书局2016年版,第310页。
⑤ 冯友兰:《南渡集》,《三松堂全集》第6卷,中华书局2016年版,第310页。

"实际","可感事物"与"可知事物"之间关系界定上的困难所导致的。他既区分了"心之官则思"与"感觉",又认为"真际"的范围包含了"实际",并把二者放到一个层面上来处理。这就导致他的哲学一方面不需要经验,另一方面似乎又离不开经验的作用。这就使他"对事实作一形式的解释"的哲学既缺乏经验的基础,又缺乏理性的基础,纯粹流为了一种"形式主义"。

另外,"真际"如何与"实际"发生关系呢?"理"与"气"的关系又是什么呢?由于冯友兰先生主张"真际"同时包括了"实际",所以他的"理"的范围是很大的,不仅仅包括实际事物的"所以",还包括"纯真际"。

根据《新理学》中对"理"的界定,理就是事物的"所以"。他举例说:"所谓方之理,即方之所以为方者,亦即一切方底物之所以然之理也。"①实际中的所有事物,都有一个"所以",也就是"理"。他说:"一种(即一类)物有一种物之理。一种事有一种事之理,一种关系有一种关系之理。"②

冯友兰先生对"理"的这种理解跟西方柏拉图主义有明显不同,柏拉图不会认为所有具体事物都有一个"理型"(Eidos),"关系"也是没有"理型"的。他的新理学的"理"也和中国传统程朱理学有所不同。根据陈来先生的看法,冯友兰先生的"理"指的是"类"概念,它是抽象的共相。而传统的理学中之"理"既是指事物的根据,也指事物的法则。它们不必是一类事物抽象的共相。

> "所以"二字在传统理学中也是用来表述理的,但传统理学中的"所以然",在静态上,是个根据的观念;在动态上,是个法则的观念。即既指事物内在深微的原理,又指事物运动的内在原理。而冯先生的理与宋儒之不同在于:一方面,"所以"是类的规定,如后来冯先生说的"一类东西的所以然之理就是那一类东西的共相,其中包括有那一类东西所共同有的规定性",在"新理学"时期,冯先生虽然没有作这样的明确的表述,但是很清楚的,冯先生的理主要指形式的共相,与理学有所差别。另一方面,理学的理是内在于气或事物之中的,而"新理学"则不肯定这一点。③

陈来先生指出的这些都是非常正确的。冯友兰先生在《新理学》中批评明清以来,反对理学的人把"理"看成一"物事光辉辉地在那里",因而是一实际存在的事物的错误观点。"理"作为抽象的共相,属于"真际"而非"实际"。因此,他既反对理在事上,也

---

① 冯友兰:《新理学》,《三松堂全集》第 5 卷,中华书局 2016 年版,第 40 页。
② 冯友兰:《新理学》,《三松堂全集》第 5 卷,中华书局 2016 年版,第 43 页。
③ 陈来:《现代中国哲学的追寻:新理学与新心学》,生活·读书·新知三联书店 2010 年版,第 272—273 页。

反对理在事中。

若所谓在是存在之义，则理是无所在底。理既不能"在"事上，亦不能"在"事中。理对于实际底事，不能有"在上""在中"等关系。真际中有"在上"之理，但"在上"之理并不在上，有"在中"之理，但"在中"之理并不在中。所以理不能在事"上"，亦不能在事"中"。此等误解，皆由于以理为"一物事光辉辉地在那里"。戴东原以为宋儒说理"视之如有物焉"，以理为"如有物焉"，正是以理为"一个物事光辉辉地在那里"，正是用上所说之错误底看法看理。①

冯友兰也批评了宋儒对理的这种误解，"例如宋儒常说'理之在物者为性'，'心具众理而应万物'。此等话是可以解释为以理为'如有物焉'。此错误有时即朱子亦不能免。"②

如果说"理"在传统宋明儒家那里表示一种客观实在的道理，那么在冯友兰这里完全成了一种抽象的形式。同样，新理学中的"气"也完全是一种抽象的，逻辑意义上的观念，不具有任何真实性。冯友兰曾认为他的"气"相当于柏拉图，亚里士多德哲学中的"质料"概念，不同于科学及唯物论中的"质料"。这种抽象的"质料"是没有任何具体规定性的。③

由于"气"是没有任何性质的，所以简直就是不可思议的。"气既无性，故不能对之作任何判断，说任何命题，亦即不能对之有任何思议，任何名状，任何言说。"④冯友兰正是据此而批评传统旧理学未能区分哲学意义上的气和科学意义上的气。

在我们的系统中，气完全是一逻辑底观念，是所指既不是理，亦不是一种实际底事物。一种实际底事物，是我们所谓气依照理而成者。主张所谓理气说者，其所说气，应该是如此。但在中国哲学史中，已往主理气说者，对于气，皆未能有如此清楚底见解。在张横渠哲学中，气完全是以科学底观念，其所说气，如其有之，是一种实际底物。此点我们于以下另有详论。即程朱所谓气，亦不似一完全逻辑底观念。如程朱常说及清气、浊气等。照我们的看法，气之有清浊可说者，即不是气，而是气之依照清之理或浊之理者。究竟程朱说及清气浊气时，他们是说气，或是说气之得清之理或浊之理者，他们均未说明。⑤

"气"既然是一个纯粹逻辑意义上的，没有任何规定性的概念，那么何以实际存在

---

① 冯友兰：《新理学》，《三松堂全集》第5卷，中华书局2016年版，第47页。
② 冯友兰：《新理学》，《三松堂全集》第5卷，中华书局2016年版，第48页。
③ 冯友兰：《新理学》，《三松堂全集》第5卷，中华书局2016年版，第57页。
④ 参见冯友兰：《新理学》，《三松堂全集》第5卷，中华书局2016年版，第58页。
⑤ 冯友兰：《新理学》，《三松堂全集》第5卷，中华书局2016年版，第58页。

的事物还要"依据"它呢？冯友兰先生的新理学并没有给出合理的答案。按照传统的旧理学对"气"的理解，气分清浊，是具有实在性的，因此理可以和气相结合，这种解释显然更合理。

在西方，按照亚里士多德的看法，"质料"本身是运动事物的"基质"，它本身当然是存在的，而不仅仅是一个纯粹逻辑上的概念。"质料"和"形式"是相对的，并非完全抽象的。另外，只有可感的具体事物才需要"质料"做"基质"，超越的"理型"的存在不需要这样的"基质"。冯友兰先生的"气"虽然和"原初质料"有某种相似性，但是不能简单等同于亚里士多德哲学中的"质料"。

在"新理学"中，冯友兰对"理"和"气"都做了一种所谓纯粹逻辑意义上的理解，把它们变成了纯粹形式主义的东西。当他用这种纯粹形式主义的概念来解释"理气"关系时，也必然导致诸多困难。

朱光潜先生曾对新理学"理气"关系，"真际与实际"关系提出了六点疑问，冯友兰先生也对此做出过回应。从其内容来看，朱光潜先生对毫无规定性的"气"是否有所"依照"之"理"的质疑是强有力的。冯友兰回复真元之气无一切性，是在义理上说的，又主张事实上"无无理之气，亦无无气之理"①，这个回答不但不能回应朱光潜的质疑，反而由于"逻辑"和"事实"的区分，导致更进一步的混乱：气为何在逻辑上必定"有"，但是"事实上"却决不能存在呢？但是冯友兰对"理""气"不在时空中，仍然可"有"的回答，至少在其本身体系内是可以说的通的。他对"理世界"是"静"的，"动之理"仍然是"静的"的回答则是相当正确的。只是，他仍然没有足够清楚地说明"无极而太极"中"而"的过程，朱光潜先生的疑惑仍然是现代很多学人追问的问题。

二、新理学与新实在论

学者们普遍注意到冯友兰的"新理学"体系与新实在论和逻辑实证主义的紧密关系。孙道升在谈到中国新实在论学派时认为，金岳霖、张申府和冯友兰等都是新实在论者。冯友兰和金岳霖等人也毫不讳言他们的新实在论立场。②

新实在论是20世纪初英美流行的一个哲学派别，主要人物有霍尔特、沃尔特·T.马文、拉尔夫·巴尔顿·佩里等。这个学派主要是对近代以来认识论转向的一种批判，他们不承认认识论具有对形而上学的优先性，当然他们也并非是要单纯恢复传统形而

---

① 冯友兰：《南渡集》，《三松堂全集》第6卷，中华书局2016年版，第57页。
② 参见胡伟希：《中国本土文化视野下的西方哲学：20世纪西方哲学东渐史》，汤一介主编，首都师范大学出版社2002年版，第198页。

上学在知识论上的某种超越性地位。关于新实在论的历史意义,霍尔特等认为:

> 新实在论的历史意义在它和"素朴实在论""二元论"和"主观论"的关系中显得最为清楚。新实在论主要是研究认识过程和被认识的事物间的关系的学说;就这点来说,它是经历了上述三个阶段的一种思想运动的最后阶段。换句话说,新实在论的目的就是要去处理那曾经引起了"素朴实在论""二元论"和"主观论"的同一问题;并且要从这些学说所犯的错误和所曾经做出的发现中吸取经验教训。①

新实在论立场是明确反对"主观论"和"二元论"的,它虽然也指出了"朴素的实在论"的缺陷,但是它认为可以通过修订常识的实在论,可以在更高的层面回到朴素的或自然的实在论。

> 简言之,所谓新实在论,概括说来,就是回到那种朴素的或自然的实在论,也就是我们的三种典型的知识关系的第一种。②

这种回复当然不是简单的回复,而是在批判基础上的重新回复。在实在论的改革方案中,他们的主张包括"用词严谨""定义清楚""使用精确的分析方法""重视逻辑形式""注重问题的划分""对理论科学和哲学问题要有明确的态度"以及"哲学研究和哲学史研究的分离"等。③

实在论作为一种建设性的哲学,则包括:(1)一个实在论哲学最显著的特点也许是把形而上学从认识论中解放出来。(2)同时,实在论既然摈弃反理智主义,并拥护分析方法,也就必然要摈弃一切神秘哲学。凡依赖直观而认识复杂性的一切哲学都属此类;凡是认为把多归诸一就是一种神秘,并认为这种神秘只能以一种不可言说的直观去领悟的一切哲学,都属此类;(3)由于若干原因,至少在目前知识所处的状态中,新实在论在形而上学方面倾向于多元论,而不是一元论。大多数形而上学一元论的基础是关系的内在性和认识的普遍性。(4)实在论首要的论争点,即它对主观论的摈弃,是有其建设性的意义的。认识不是存在的一般条件,认识有它发生和它的环境。(5)事物在受到意识的作用时本身就变成了意识的内容,因此同一个事物既出现于所谓外在世界中,又出现于内省所显示的集合体中;(6)由于新实在论者把分析和概念作为到达实在界的手段,而不把它们看作对实在界的改变或歪曲,也由于他断定在认识实在的过程中实在界是有其独立性,所以新实在论者同时也是一个柏拉图派的实在论者。他对思想的对象以及感觉的对象,对逻辑实有体以及物理实有体,对潜在体以及存在体,都充分给予本体论上的地位。(7)简要地说,对实在论者而言,认识是在一个独立的环境中起它

---

① 霍尔特等:《新实在论》,伍仁益译,商务印书馆2013年版,第4页。
② 霍尔特等:《新实在论》,伍仁益译,商务印书馆2013年版,第13页。
③ 参见霍尔特等:《新实在论》,伍仁益译,商务印书馆2013年版,第25—35页。

的作用的。①

上述观点可能并不构成对"新实在论"的一个完备定义,但是新实在论者是这样为自己的观点辩护的:"的确,它们既不构成一个完备的哲学,同时,即就它们达到的地步而言,也并不构成一个绝对系统性的哲学。但一种哲学能从一个原则推演出绝对系统,那已经是新实在论者绝不准备采纳的一种哲学学说。而且,至少对新实在论者而言,新实在论者的哲学现在尚未完备,这是一个健康的推动力,而不是一个不快的理由。"②

关于冯友兰先生的"新理学"体系到底具有何种"新实在论"特征,胡伟希指出至少在以下三个方面"新理学"和"新实在论"具有共通之处:首先,新实在论既承认共相也承认殊相,主张多元论;而冯友兰既主张哲学的普遍性,也主张民族哲学的重要性;③其次,新实在论以"外在关系论"反对"内在关系论"。无论是全盘西化论还是保守的现代新儒家在文化上都坚持内在关系论,但是"要真正地承认中西哲学与文化能够彼此沟通,其哲学上就不能借助于'内在关系论',而必须是反'内在关系论'的。而这方面,像金岳霖、冯友兰这样的新实在论者,其哲学观念与他们的文化理念是相当地一致的。"④再次,新实在论对逻辑分析与形而上学并重,冯友兰的新理学也是既注重逻辑分析的方法,也积极肯定形而上学。⑤

胡伟希还指出了冯友兰"新理学"体系与新实在论的重要区别。这些重要区别包括:(1)他们对于"形而上学"的理解有所不同。新实在论的形而上学相当于传统的本体论,而冯友兰的"形上学"不过是一种人生哲学。(2)它们各自依据的哲学传统不同。(3)思考哲学问题的方向以及所利用思想资源的不同。西方的"新实在论"主要继承了柏拉图的思想传统,它针对的主要是近代认识论转向。而冯友兰的新理学则把重点关切放到人生意义问题,其利用的主要哲学资源与其说是柏拉图哲学,不如说是维也纳学派。⑥ 胡伟希的这些看法无疑是十分正确的。冯友兰的"新理学"虽然具有某种"新实在论"的表面特征,但是在一些根本性的问题上则与之存在着重要的区别。

冯友兰的"新理学"虽然也注重逻辑分析的方法,并称之为"正的方法",但是在他

---

① 参见霍尔特等:《新实在论》,伍仁益译,商务印书馆 2013 年版,第 37—41 页。

② 霍尔特等:《新实在论》,伍仁益译,商务印书馆 2013 年版,第 42 页。

③ 参见胡伟希:《中国本土文化视野下的西方哲学:20 世纪西方哲学东渐史》,汤一介主编,首都师范大学出版社 2002 年版,第 198—202 页。

④ 胡伟希:《中国本土文化视野下的西方哲学:20 世纪西方哲学东渐史》,汤一介主编,首都师范大学出版社 2002 年版,第 204 页。

⑤ 参见胡伟希:《中国本土文化视野下的西方哲学:20 世纪西方哲学东渐史》,汤一介主编,首都师范大学出版社 2002 年版,第 207—212 页。

⑥ 参见胡伟希:《中国本土文化视野下的西方哲学:20 世纪西方哲学东渐史》,汤一介主编,首都师范大学出版社 2002 年版,第 210—219 页。

的思想体系里"负的方法"才是更高的,只有通过"负的方法"我们才能真正了解哲学的
真谛。

> 真正形上学的方法有两种:一种是正底方法;一种是负底方法。正底方法是以
> 逻辑分析法讲形上学。负底方法讲形上学不能讲,讲形上学不能讲,亦是一种讲形
> 上学的方法。①

陈来先生认为冯友兰的哲学中,存在着一种"神秘主义"的特征,他强调超越理性
分析的"负的方法",以及利用神秘的"直觉"可以达到不可言说、不可思议之境,也就是
所谓的"天地境界"。② 但是我们可以看到,新实在论明确反对超越理智分析的直觉,认
为它不过是一种神秘主义。③ 虽然说新实在论公开表明自己的哲学是一种柏拉图主
义,但是柏拉图哲学承认"理智直觉"(nous)在我们理性中的至高地位,认为哲学作为
一种辩证法就是一种理智直觉的思辨活动。这是新实在论与柏拉图哲学的一个重要
区别。

另外,在哲学或形而上学与具体科学的关系上,冯友兰的"新理学"和新实在论也
存在重要的区别。

在《新理学在哲学中之地位及其方法》中,冯友兰先生回顾了三种不同的关于形而
上学的看法。一种看法是把形而上学看作"先科学底",这主要是实证主义者孔德的看
法。在孔德看来,人类知识分为神学阶段,形而上学阶段和科学阶段。④

按照这种看法,哲学或者形而上学是不成熟的科学,因此是低于科学的。当科学昌
明后,形而上学也就成为过时的东西,不再具有什么重要的意义了。民国八、九年间发
生的"科玄论战",主张科学高于玄学的人即是以孔德的这个理论为依据的。⑤

还有一种看法认为形而上学是"后科学的","照这一部分人的说法,科学以实验底
方法解释事实。但现在底科学,尚不能以实验底方法,解释所有底事实。科学尚不能从
实验底方法解释底事实,形上学所暂以另一种方法解释之。等到科学进步,形上学所暂
以另一种方法解释底事实,科学亦能以实验底方法解释之。至此时,则科学底解释,即
代替形上学底解释。"⑥在冯友兰先生看来,按照这种看法,哲学和科学的问题是一类
的,也都是以积极地解释事实为目的。

---

① 冯友兰:《新知言》,《三松堂全集》第三版第五卷,中华书局2016年版,第944页。
② 参见陈来:《现代中国哲学的追寻:新理学与新心学》,生活·读书·新知三联书店2010年版,第340—362页。
③ 参见霍尔特等:《新实在论》,伍仁益译,商务印书馆2013年版,第38页。
④ 参见冯友兰:《中国哲学史补二集》下,《三松堂全集》第7卷,中华书局2016年版,第467页。
⑤ 参见冯友兰:《中国哲学史补二集》下,《三松堂全集》第7卷,中华书局2016年版,第468页。
⑥ 冯友兰:《中国哲学史补二集》下,《三松堂全集》第7卷,中华书局2016年版,第468页。

另外一种看法则是把形而上学看作"太上科学"。"照这一部分人的说法,形而上学的目的是求所谓'第一原理'。从这第一原理中,可以推出人的所有底知识。"①这种看法是比较传统的观点,比如古希腊哲学就是寻找世界的"本原"(arche),"本原"就是世界的"第一原理"。从这里我们可以看到,冯友兰先生的新理学跟传统形而上学存在着重要区别。

冯友兰先生对上述三种观点进行了批判,在他看来上述三种观点都是不太哲学的。上述三种观点虽然不同,但是均认为形而上学的目的是积极地解释事实,与科学的目的是一样的。在冯友兰先生看来,这是对真正底哲学的无知。

在冯友兰看来,真正的形而上学或哲学,是并不积极地肯定"实际"的。而凡是肯定实际的哲学,其实是更接近科学。哲学与科学具有种类上的差异。②

在冯友兰先生看来,真正的哲学或形而上学必须是"一片空灵"的。所谓"空灵","空"是指它的对象不是实际或实际的事物,而"灵"则是指它仅仅对事实作"形式"的解释。他认为科学既不空也不灵,逻辑学虽然是空的,但不灵。冯友兰先生曾这样总结了形而上学或真正底哲学与其他知识的区别:

> 人的知识可以分为四种。第一种是逻辑、算学。这一种知识是对于命题套子,或对于概念底分析底知识。第二种是形上学。这种知识是对于一切事实底形式底解释底知识。知识论、伦理学的一部分,亦属此种。第三种是科学。这种知识是对于事实底积极底解释底知识。第四种是历史。此种知识是对于事实底记述底知识。③

但是"新实在论"是不会认同冯友兰对于真际与实际的区分,以及哲学与科学的关系的。新实在论从某种意义上是对朴素实在论的一种回归,它认可思维与存在的同一,也就是我们认识的对象与认识内容的根本一致性。因此,新实在论者不会认同"真际"的范围包含了"实际"的主张。在哲学与科学的关系上,新实在论者批判了传统形而上学,认为形而上学在知识上超越于具体科学乃是一种年轻时的傲慢自负。他们主张哲学和科学虽然存在某种分工,但是并无种类上的区别。

> 哲学家和专业研究者之间的程序方面的某种区别,总会存在的。人们期望哲学家概括的广泛,批判的严密,以及解决与概括和批判范围有特殊联系的问题。但是,即使如此,哲学的任务并非根本地不同于专门知识的任务。它和它们处在同一平面上,或者在同一领域内。这是程度上的区别,而不是种类上的区别;这个区别,

① 冯友兰:《中国哲学史补二集》下,《三松堂全集》第7卷,中华书局2016年版,第469页。
② 参见冯友兰:《新理学》,《三松堂全集》第5卷,中华书局2016年版,第18页。
③ 冯友兰:《中国哲学史补二集》下,《三松堂全集》第7卷,中华书局2016年版,第482页。

正像实验物理学和理论物理学之间、动物学和生物学之间，或是法学和政治学之间的区别。

所以，实在论提出，要哲学永远地放弃那种传统独占真理的自命的权利，这种自命的权利是它初期年轻骄妄时提出的。①

冯友兰先生的新理学体系严格地区分了"哲学"与"科学"在种类上的不同，因此也不可能认同新实在论者们的谦逊的哲学主张。把冯友兰看作是中国的新实在论，这似乎是一个似是而非的判断。不能仅仅从冯友兰的"新理学"注重逻辑分析就得出他是"新实在论者"，这同样也适用于"逻辑实证主义"的情况。冯友兰虽然肯定了逻辑实证主义在逻辑分析方面的贡献，但是他认为逻辑实证主义的批判根本不适用于真正的哲学。

三、新理学和逻辑实证主义

冯友兰的新理学毫无疑问也受到了维也纳学派的深刻影响。维也纳学派和新实在论一样注重逻辑分析的方法，不过它们的重要区别体现在对传统形而上学的态度上。新实在论者更积极地肯定形而上学，他们甚至宣传自己是柏拉图主义。但是维也纳学派则激烈地批判传统的形而上学，认为形而上学并没有提供真正的知识，完全配不上一门科学在逻辑和语言上的严谨性。

在维也纳学派看来，命题分为综合命题与分析命题，并无所谓"先天综合判断"。传统的形而上学既非综合命题，也非分析命题，而是无意义的命题，是"似是而非"的。这些形而上学命题之所以是没有意义的，或者是"似是而非"的，是因为它们在原则上没有可证实性。

维也纳学派说：一个综合命题的意义，在于它的证实方法。分析命题，其是真不待于事实的证明。综合命题，其是真必待于事实的证实。所以照维也纳学派的说法，一个综合命题必有可证实性，然后才有意义。一个无可证实性底综合命题，是无意义的，是个"似是而非"底命题，严格地说，不是命题。此所谓可证实性，是说一个命题可以事实证明其是真或是假。一个命题有可证实性，并不必现在即可以事实证明其是真或是假，只有在原则上有此种可能即算有可证实性。②

在维也纳学派看来，传统形而上学命题是综合的，但都是原则上无可证实的。形而

① 霍尔特等：《新实在论》，伍仁益译，商务印书馆2013年版，第48页。
② 冯友兰：《中国哲学史补二集》下，《三松堂全集》第7卷，中华书局2016年版，第473—474页。

上学之所以是无意义的,其根源在于"语言的误用",未来真正的哲学的作用就是通过分析语言的含义来廓清科学命题的意义。

　　形而上学的问题是"乱用语言"所致,是一个关于意义的问题,因此解决它们的方法不是一般的科学方法,而是语言的逻辑分析方法。他们断言,要把哲学从形而上学中解放出来,必须以"哲学结束传统的哲学(Schulphilosophie)"。这样的"一种哲学"就是指:真正的哲学论题不谈自然或社会,而只谈语言或语言应用,亦即:哲学是以研究语言的有意义和无意义为基础的。哲学的任务不是提出命题或建立命题体系——理论学说,那是科学的任务。哲学的任务是从逻辑的观点分析和阐明科学中的概念、假设和命题的意义,从而使我们因之而引起的形而上学的思想混乱得到澄清。①

逻辑实证主义者虽然认为传统的形而上学不具有知识论的意义,但是却认为具有情感方面的作用。

　　但是,逻辑经验主义者并不认为形而上学完全无意义,只是认为它没有传达实际知识的意义(cognitive–actual meaning),但具有激动情感的意义(expressive emotion meaning),多少像诗歌、艺术和音乐那样。因此他们对形而上学的结论是:"它可以充实我们的生活,但不能丰富我们的知识;它只能作为艺术作品,不能作为真理来评价。形而上学学说所包含的,有时是科学、有时是诗文,但决没有什么形而上学"。②

传统的形而上学曾被柏拉图和亚里士多德看作是"第一哲学",它包含了最高的真理。但是在逻辑实证主义者看来,传统形而上学不过是"概念的诗歌",没有什么真理性可言,最多具有一种表达情感的作用。这是对传统形而上学的一种非常激进的看法和批评。

冯友兰先生一方面认同逻辑经验主义对传统形而上学的批判,另一方面又强调他自己的"新理学"能够避免传统形而上学的这些缺陷。

　　坏底形上学,是可以以维也纳学派的方法取消底。取消此等所谓形上学,是维也纳学派的贡献。但真正底形上学中,并没有如上所举底命题,并不对于实际有所肯定,有所建立。真正形上学中底命题,都是分析命题。③

在冯友兰先生看来,维也纳学派的贡献在于取消了以往"坏底形而上学",但是其

---

①　洪谦:《论逻辑经验主义》,商务印书馆 2012 年版,第 108 页。

②　洪谦:《论逻辑经验主义》,商务印书馆 2012 年版,第 109 页。洪谦先生引文来自《石里克论文集》II(英文版),第 111 页。

③　冯友兰:《中国哲学史补二集》下,《三松堂全集》第 7 卷,中华书局 2016 年版,第 476 页。

弊端在于他们根本不了解真正的形而上学。"取消坏底形上学或坏底科学,这是维也纳学派的贡献。不知道他们所取消底只是坏底形上学或坏底科学,这是维也纳学派底错误。不过这也不专是维也纳学派的错误,因为向来哲学家所讲底形上学,大多是坏底形上学。对于形上学之所以为形上学,向来哲学家都还没有清楚底认识。"①

从上面我们可以看到,冯友兰先生既批判了维也纳学派,也批评了西方传统的形而上学。他直接地把传统形而上学称之为"坏底形上学",充分地表明了他的"新理学"与西方的柏拉图主义和亚里士多德主义的根本性区别。

可以说,冯友兰是在逻辑实证主义的基础上重新建立了新的哲学体系,而他的新的哲学体系一方面不同于传统的柏拉图主义;另一方面则骄傲地宣传可以避免维也纳学派对形而上学的那些攻击。不出意外,冯友兰的这种看法在当时就遭到了中国维也纳学派代表人物洪谦的激烈抨击。

洪谦先生在《论〈新理学〉的哲学方法》一文中首先指出,冯友兰先生对维也纳学派在形而上学方面的观点理解有误。维也纳学派并不是要"取消"形而上学,而只是要将它在哲学中的地位加以确定。维也纳学派肯定传统形而上学具有一种人生哲学方面的价值。② 不过,这点冯友兰先生也是注意到了的,③在这里冯友兰先生并没有误解维也纳学派的观点。

洪谦先生对冯友兰先生真正要害的批评是他的"新理学"不过是一些"重复叙述的命题"。因为在冯友兰先生看来,他的新理学或真正的形而上学仅仅是对实际一种纯形式的肯定。

> 冯先生的"对于事实为形式的解释"的形而上学命题如"山是山,水是水。山不是非山,水不是非水。山是山不是非山,必因有山之所以为山,水是水不是非水,必因有水之所以为水",在原则上就是一些对于事实无所叙述无所传达的"重复叙述的命题",因为这样的命题对于事实所叙述所传达的对象,我们从事实方面亦不能有所肯定或否定,同时这样的命题亦不因其在事实方面不能有所肯定或否定而失去它的真性,而失去其原有的意义。④

由于冯友兰先生新理学的命题不过是些"重复叙述的命题",因此它们不过是一些"空话"(leeres wort)。

> 冯先生的形而上学虽然不包含任何"胡说"成分,但是冯先生的形而上学命题

---

① 冯友兰:《中国哲学史补二集》下,《三松堂全集》第7卷,中华书局2016年版,第477页。
② 参见洪谦:《洪谦选集》,韩林合编,吉林人民出版社2010年版,第189页。
③ 参见冯友兰:《中国哲学史补二集》下,《三松堂全集》第7卷,中华书局2016年版,第533—534页。
④ 洪谦:《洪谦选集》,韩林合编,吉林人民出版社2010年版,第192页。

根本就对于事实一无所叙述一无所传达,而冯先生这位形而上学家也认为对于事实已有所叙述已有所传达,于是乎冯先生的形而上学命题都成了与实际毫不相关的一种"空话"(sinnleer)了,冯先生的形而上学也成了一种"空话"的理论系统了。①

在冯友兰先生看来,真正的形而上学或他自己的新理学虽然对于事实没有积极的肯定,仅仅是形式的肯定,但是仍然具有一种独特的价值或意义。②

在冯友兰先生看来,真正的形而上学虽然不能给予人们以积极的知识,但是可以使人达到"天地境界",在这种境界中人自同于上帝或者大全,得到不灭与自由。不过,这些都无法证明,不是事实,只是"应该"。传统形而上学努力证明上帝存在,意志自由和灵魂不灭为事实,在冯友兰看来它们遭受批判,实属"咎有应得"。他真正的形而上学则"并不任其咎"。③

应该如何看待冯友兰先生的这种自我辩护呢?在洪谦先生看来,冯友兰先生的辩护是苍白无力的。一种"重复叙述的命题"或者"空话"有何真正实际的意义呢?近来,张汝伦尽管不是站在逻辑实在主义的角度,但是也对冯友兰的真正底形而上学的意义提出了类似的质疑和批判。

在张汝伦看来,冯友兰为了避免逻辑实证主义对传统形而上学的批判,而认为真正的形而上学不对实际作积极的肯定,只是一种形式的解释,这种做法让他的哲学付出了沉重的理论代价。真正的解释应该可以导致意义增值,否则解释本身就没有必要和价值。但是冯友兰的新理学只不过是重复叙述的命题,这样的命题显然无法导致意义的增值。那么我们为什么需要这种"废话"呢?这种重复叙述的废话,如何能够使人达到"天地境界"呢?④ 张汝伦从根本上质疑这种空洞的新理学体系的意义,"这种既不提供实际知识,又不能使我们对自身及其历史生存有新的理解,也不思考人的实践原则的形而上学体系,其意义究竟何在?"⑤

应该说,洪谦和张汝伦对冯友兰新理学"重复叙述命题"不过是些"空话"的批判是有力的。这样看来,冯友兰先生自己的"新理学"体系的构建似乎并不能说是成功的。

冯友兰先生"新理学"体系之所以面临这种严峻的挑战和理论困境,究其原因很大程度上在于他对维也纳学派的让步。冯友兰先生认同了维也纳学派对传统形而上学的

---

① 洪谦:《洪谦选集》,韩林合编,吉林人民出版社2010年版,第194页。
② 参见冯友兰:《中国哲学史补二集》下,《三松堂全集》第7卷,中华书局2016年版,第531—532页。
③ 冯友兰:《中国哲学史补二集》下,《三松堂全集》第7卷,中华书局2016年版,第533页。
④ 参见张汝伦:《现代中国思想研究》,人民出版社2001年版,第402页。
⑤ 张汝伦:《现代中国思想研究》,人民出版社2001年版,第403页。

批判,认为传统形而上学不过是些没有意义的"胡说"。但是,这种针对传统形而上学的批判本身也应该在理性的法庭上遭到批判。逻辑实证主义主要基于某种现代自然科学的偏见而对传统形而上学进行批判,它所谓的"可证实原则"主要是一种自然科学意义上的可证实,但哲学观念的可证实性在于哲学"理念"本身的自明性。

冯友兰先生对逻辑实证主义的让步似乎使得自身的新理学体系成为了重复叙述的废话。这使得他所谓"最哲学底哲学"的"新理学"变得非常尴尬。贺麟先生曾经这样评价冯友兰先生:"他自称他自己所谓《新理学》为'最哲学的哲学',也没有人承认他这种吹嘘。"①

另外,有学者认为冯友兰的"真际"相当于柏拉图哲学中的"理念",因此认为冯友兰的"新理学"更接近于柏拉图主义,但这是错误的看法。

柏拉图的"理智世界"与感觉世界之间并非冯友兰先生"真际"与"实际"的关系,因为并非所有可感具体事物都蕴含有一个"理念","理念"不但是真的,也是"实"的。冯友兰先生的"新理学"则是并不积极地解释任何实际,只是纯形式的。

> 柏拉图以为其所为概念,比实际底事物更真,那就是说"有某种事物之所以为某种事物者"之有的意义,多于"有某种事物"之有的意义。如此说,即不是一种形式底说法。不是形式底说法,其命题即是综合命题,我们不能从形式上断定其真伪。②

冯友兰的"新理学"只是纯形式的,这是因为他的这种"理"是"抽象"的。他曾把"理"看成一个"类"概念:"所谓某之类,究极言之,即是某之理。"③但是,在亚里士多德看来,作为抽象的"共相"的类,它们不是"实体"。作为我们思想的一种抽象,它们只能存在于我们的思想中,不具有独立的客观存在,否则就会导致"第三人问题"。需要指出的是,柏拉图意义上的作为本体的"理型"(Eidos)不是"抽象"的"共相",第三人论证产生的原因就是在个别事物和"理型"之外预设了一个可以独立存在的抽象的"共相"。④ 冯友兰先生显然不太了解西方形而上学的这些知识。而且他把"有""无""物"等看作一大共类,这也是错误的。某些事物能被归于一类,是因为它们具有相同的本性。⑤ 但是"有"或者"存在"却不是最高的"属"(genus),因为万事万物并不能被归于一类,"本体"和"属性"也不能具有共同的本性。说"存在"是一个"种类"(eidos),这仅

---

① 贺麟:《五十年来的中国哲学》,人民出版社 2012 年版,第 35 页。
② 冯友兰:《中国哲学史补二集》下,《三松堂全集》第 7 卷,中华书局 2016 年版,第 489 页。
③ 冯友兰:《新理学》,《三松堂全集》第 5 卷,中华书局 2016 年版,第 32 页。
④ 亚里士多德:《形而上学》,吴寿彭译,商务印书馆 1997 年版,1038b8 - 1039a2。Alexander of Aphrodisias.
   On Aristotle's Metaphysics 1,Willam E.Dooley,S.J.(Trans.),London:Duckworht,1989,84,pp.21 - 85,4.
⑤ 参见冯友兰:《新理学》,《三松堂全集》第 5 卷,中华书局 2016 年版,第 32 页。

仅是在"类比"的意义上才成立。从这个方面来看,冯友兰先生的新理学体系在哲学上是存在重大缺陷的。

另外,柏拉图主义,亚里士多德主义的形而上学强调哲学对象是理智的事物,不是可感事物,但是它和冯友兰先生的"新理学"仍然有本质上的区别。

> 哲学史底大哲学家,亦多以为形上学是纯思的产品,所以亦多以为形上学底知识的来源,是理智不是感觉。我们于《新理学》中底说法,如上文所引者,似乎与他们的说法相同。但在根本上,我们的说法与他们的说法是大不同底。他们多以为纯思或理智亦能予人积极底知识,但我们则以为纯思或理智只能予人形式底知识。形上学虽亦说到事实,但对于事实,只能作一种形式底说法,不能作一种积极底肯定。所以形上学中底命题,亦只能是形式命题。形式命题即是分析命题。①

正是基于这个原因,冯友兰认为西方的形而上学其实并不是真正的形而上学,恰恰是形而下的。但是,如果站在西方柏拉图和亚里士多德主义来看,冯友兰的"新理学"在哲学上是存在严重缺陷的。柏拉图和亚里士多德并不认为哲学仅仅是对"真际"作一种形式的解释,因为柏拉图意义上的"理型"(Eidos)和亚里士多德的"形式"都是有具体内容的,它们都不是形式主义的。他们并不把哲学命题看作是"分析命题"。哲学的思辨活动可以说是一种综合命题,但是它们的可证实性并不依赖于物理实验或者经验,而在于理性本身。

总的来看,冯友兰的"新理学"一方面运用中国传统思想的术语;另一方面又汲取了西方逻辑分析的手段,创造性地把"正的方法"和"负的方法"结合起来,构筑了一个独特的思想体系。这个思想体系虽然从表面上看,具有中国传统旧理学,西方新实在论和逻辑实证主义的某种特征,但是究其实质,它乃是全新的。他的整个"新理学"体系是以"真际"与"实际"的区分为基础的,而他对"真际"与"实际"关系的独特理解也使得他的"新理学"体系与程朱旧理学,西方传统形而上学,以及新实在论根本性地区别了开来。他的"新理学"体系的所有困难也来自于他对"真际"与"实际"关系的处理。就像朱光潜等批评者公正地指出的那样,冯友兰不应该把"形上"世界和"形下"世界放到一个平面来处理,这会导致"理气关系""感性知识"和"哲学知识"的关系等一系列重要问题都出现严重的困难。一个思想体系的成功首先在于它不能存在严重的内部矛盾,如果从这个角度来看,冯友兰的"新理学"体系很难说是成功的。哪怕我们不站在逻辑实证主义的角度,洪谦认为"新理学"不过是套空话的批评也是十分准确恰当的。他"一片空灵"的哲学很难摆脱形式主义的责难。无论是佛家还是道家,也不会认同他

---

① 冯友兰:《中国哲学史补二集》下,《三松堂全集》第7卷,中华书局2016年版,第485页。

们各自的思想是"新理学"意义上的"一片空灵"。道家和佛家会认为自己的思想是对"自然"以及我们的心灵的一种本质性洞见,而不仅仅是无关事实的形式性肯定。冯友兰先生真的贡献可能不在他自己独特的"新理学"哲学体系,而在于他编纂的《中国哲学史》。他按照西方哲学的形式,把中国传统思想的材料分门别类地整理成了哲学史中的各门各派,大大提高了中国传统思想的地位,从而使中国传统思想,尤其是儒家,能够真正立于人类高等文明之列。冯友兰先生对于"中国哲学"建构的伟大意义直到今天仍然是值得充分肯定的。而那种试图回到传统"经学"的保守主义,完全是在开历史和文明的倒车,只会使传统思想退回到其蒙昧状态。"中国哲学"只有沿着冯友兰先生指明的道路继续发展,才不至于成为蒙昧落后的代名词。

直觉驱动知识创新

胡　军[①]

一、经验知识理论与外物的关系

这里所谓的知识创新主要指的是经验知识方面的创新。所谓经验知识涉及的是研究关于外在自然界、社会及人自身等对象而形成的各种知识理论体系。现在的问题是，通过这类途经而形成的知识理论体系与外在的对象究竟处于一种什么样性质的关系呢？知识理论体系的形成必须分门别类，但是其所研究的对象也有这同样的区分吗？

更需要我们注意的是，任何知识理论体系都是由概念、判断和推理组成的。而概念、判断和推理又都必须以语言为其基础才能组成。如果真是这样的话，那么语言或概念与其所反映的外界对象之间又有什么样的本质性区别呢？我们下面则先从逻辑分析方法本身来开始讨论上述涉及的各种重要的问题。

20世纪40年代前后，分析哲学曾经在西方哲学界有过强大的甚至是支配性的影响。其时的维也纳学派就坚信逻辑分析方法是哲学研究的主要的或唯一的方法。尤其在知识论的研究领域内哲学家们运用的方法就是逻辑分析的方法。现在看来，这样的看法自有其偏颇之处。但我们应该承认的是，逻辑分析方法是知识理论研究或表达的必要方法。具体说就是，如果没有逻辑分析方法，那么知识理论的研究确实会举步维艰，难有所获。然而我们同时也必须清楚地看到，只有逻辑分析方法也并不能真正地解决经验性知识理论体系面临的种种问题，更难以解决知识创新面临的一系列问题。而且某些生命哲学家们对此有着更为极端的看法。他们认为，逻辑分析方法不仅不能解决任何哲学或知识论所要解决问题，却有破坏哲学或知识理论体系的嫌疑。在他们看来，逻辑分析方法走到哪里，哪里的哲学或知识理论体系也就随之消亡了。对逻辑分析方法做如斯观，虽不免有失公允，走向了另一个极端，但也不能说是全无道理的。在维也纳学派的哲学家们看来，哲学并不是与科学并列的一种学科，而仅仅是一种活动，一

---

① 作者系北京大学哲学系教授博士，博士生导师，北京市哲学会名誉会长，中国发展战略委员会常务理事，创新战略委员会主任，曾任民进中央文化艺术委员会主任等。

种分析科学命题究竟有无意义的活动。所以哲学如果有其存在权利的话,那么它也只不过是科学的一种工具。维也纳学派哲学家们所理解的科学实质上所指的就是知识理论体系。

众所周知,中国现代著名哲学家金岳霖是一位首先从西方引进数理逻辑的学者,十分重视逻辑分析方法在哲学研究中的重要作用,并自觉地以这一方法构造了自己庞大而精密的形而上学和知识理论体系。但他却明确地指出,逻辑分析方法本身是有局限性的。在进行哲学思维的时候,我们必须或者说不得不遵守逻辑分析方法的法则,逻辑分析方法的法则是与思想的任性和随意不相容的。于是,金岳霖这样说道:"希腊的Logos似乎非常之尊严;或者因为它尊严,我们愈觉得它底温度有点使我们在知识方面紧张;我们在这一方面的紧张,在情感方面难免有点不舒服。"[①]在其哲学思想体系中,他没有把逻辑看作是最高的境界,而是把逻辑置于中国的概念"道"之下。在他看来,"道"才是哲学中最上的概念,最高的境界。"道"得到了希腊逻辑的补充和加强,虽然不免多少带有点冷性,"可是'道'不必太直,不必太窄,它底界限不必十分分明;在它那里徘徊徘徊,还是可以怡然自得。"[②]

金岳霖本人也曾经这样说过:"哲学就是概念游戏"。所谓的概念游戏是说,哲学家的职责是对概念做精深细致的分析,揭示出被分析概念的种种含义及与其他不同概念之间的联系。金岳霖这种说法就是典型的分析哲学家的说法。记得好像德国哲学家莱布尼茨就说过,哲学有两种,一种是公布于众的哲学,这样的哲学的任务是对所使用概念做细致精深的分析。还有一种哲学是自己私下里所信奉的信念体系。其实在金岳霖的内心深处,哲学也有两种,所不同的则是,他将这两种哲学都公布了出来。他的知识论研究所运用的是逻辑分析的方法,而他的形而上学思想体系所运用的则主要不是分析的方法,或者说Logos在他的思想体系中并不是最高的。正是在这后一种意义上,金岳霖指出,概念越是分明,就越不能具有暗示性。因此他这样说道:"然而,安排得系统完备的观念,往往是我们要么加以接受,要么加以抛弃的那一类。作者不免要对这些观念考察一番。我们不能用折衷的态度去看待它们,否则就要破坏它们的模式,这里也和别处一样,利和害都不是集中在哪一边。也许像常说的那样,世人永远会划分成柏拉图派和亚里士多德派,而且分法很多。可是撇开其他理由不说,单就亚里士多德条理分明这一点,尽管亚里士多德派不乐意,亚里士多德的寿命也要比柏拉图短得多,因为观念越是分明,就越不能具有暗示性。中国哲学非常简洁,很不分明,观念彼此联结,因此

① 金岳霖:《论道》,商务印书馆1987年版,第16页。
② 同上书,第19页。

它的暗示性几乎无边无涯。"①

冯友兰也有着几乎同样的看法。他早年是由于自学逻辑学而走上了学习和研究哲学的道路。他认为"逻辑是哲学的入门。"正是逻辑学引导着他走进了哲学的殿堂,所以他也就十分强调逻辑分析方法对于中国哲学的重要意义和价值。他说:"就我所能看出的而论,西方哲学对于中国哲学的永久性贡献,就是逻辑分析方法。……逻辑分析方法正和这种负的方法相反,所以可以叫作正的方法。……正的方法的传入,就真正是极其重要的大事了。它给予中国人一个新的思想方法,使其整个思想为之一变。……重要的是这个方法,而不是现成的结论。中国有个故事,说是有个人遇见一位神仙,神仙问他需要什么东西。他说他需要金子。神仙用手指头点了几块石头,石头立即变成了金子。神仙叫他拿去,但是他不拿。神仙问:'你还需要什么呢?'他答道:'我要你的手指头。'逻辑分析方法就是分析哲学家的手指头,中国人要的是手指头。"②

可见,冯友兰对于逻辑分析方法的重要性给予了极高的评价。他早期的哲学创造活动所运用的主要的或唯一的方法似乎就是逻辑分析方法。但在中年之后,特别是在创立了自己的哲学思想体系之后,他逐渐地意识到了,逻辑分析方法并不是哲学研究的唯一的方法。于是他这样评论道:"我在《新理学》中用的方法完全是分析方法。可是写了这部书(《中国哲学简史》)以后,我开始认识到负的方法也很重要……现在,如果有人要我下哲学的定义,我就会用悖论的方式回答:哲学,特别是形而上学,是一门这样的知识,在其发展中,最终成为'不知之知'。如果的确如此,就非用负的方法不可。"③或者说,负的方法对于形而上学来说或许具有更重要的地位。于是,他又这样说道:"一个完全的形而上学系统,应当始于正的方法,而终于负的方法。如果不终于负的方法,它就不能达到哲学的最后顶点。但是如果它不始于正的方法,它就缺少作为哲学的实质的清晰思想。神秘主义不是清晰思想的对立面,更不在清晰思想之外。它不是反对理性的;它是超越理性的。"④

在冯友兰看来,逻辑是哲学的入门,但要达到哲学的最高境界却不能仅仅依赖于逻辑分析的方法。这样的看法是冯友兰完成了自己的哲学思想体系的创建之后形成的。正是基于这样的看法,他反复地指出,哲学的功用并不在于使人获得更多的知识,而在于使人提高其境界。"新理学"认为其使命在于使人成为圣人,达到一种崇高伟大的精神境界。在此境界之中,人自觉到自己与宇宙为一。与宇宙为一,在冯友兰看来,也就

① 金岳霖:《论道》,商务印书馆 1987 年版,第 16 页。
② 冯友兰:《冯友兰中国哲学简史》,北京大学出版社 2013 年版,第 378—379 页。
③ 同上书,第 394 页。
④ 同上书,第 387 页。

是超越了理智,达到了一种形而上的境界。我们追求这一境界的过程始于分析经验事物,所以我们也就不得不依赖于逻辑分析方法。但是哲学所要达到的顶点却是超越经验的。冯友兰明确地说过:清晰思想不是哲学追求的目的,但它确是每个哲学家所需要的不可缺少的训练。这也就是说,逻辑分析方法是哲学的手段或工具或训练,而不是哲学的真正的目的。哲学的真正的目的是追求最高的精神境界,达到这样的精神境界不是借助于支离破碎的逻辑分析方法所能够做到的。在达到这样的精神境界之前,我们要说很多的话,要写很多的书,做很多的讨论或分析。但这些仅仅是进入哲学顶点的学术性的预备功夫,它们本身还不就是哲学。只有在静默中你才有可能领略到哲学的最高顶点或最高境界。①

如果沉涵于逻辑分析方法,把这样的方法本身看成是哲学的目的或哲学本身,认为论证或分析是哲学的核心,就无疑是误解了哲学的性质,误把手段当成了目的。这样做,诚如金岳霖所说的那样,"哲学家就或多或少地超脱了自己的哲学,他推理、论证,但是并不传道。"②如斯,哲学也就成为了布满技术性的问题,掌握它需要时间,需要训练,需要学究式的全神贯注于技术性或方法论的问题。经过这样的训练之后,哲学工作者往往会迷失自己的方向,全然不知哲学为何物。维也纳学派的哲学家就是误入了此种歧途之中。严格说来,他们不能称为哲学家,充其量只能叫作哲学工作者。因为真正的哲学家,在金岳霖看来,"从来不但是提供人们理解的观念模式,它同时是哲学家内心中的一个信念体系,在极端情况下,甚至可以说就是他的自传。"③把逻辑分析方法或论证看作是哲学的核心,就会使哲学和哲学家分离,这就改变了哲学的价值,使世界及其生命失去了绚丽多姿的色彩。

二、概念思维方式的局限性

上述的看法涉及了概念思维的某些重要特点。传统认识论认为,概念是反映对象本质属性的思维形式,它具有间接性、概括性、抽象性、离散性、排他性等属性。概念认识是认知主体通过事物现象进而把握其本质的认识。然而它们又不能揭示作为认知客体的对象的整体属性。而且反映在概念认识中的事物的本质只是客观事物某一方面的本质表现出来的现象,而客观事物本身却具有种种错综复杂、层层交叠的属性,所以概念认识也就与客观事物之间有着巨大的差异,因为客观的自然界、社会生活是无穷无尽

---

① 参见金岳霖:《论道》,商务印书馆 1987 年版,第 20 页。
② 同上。
③ 朱熹:《"大学章句·补格物传"》,参见冯友兰:《中国哲学简史》下,中华书局 1961 年版,第 919 页。

的、极其复杂的,其中的每一事物都处在与其他事物的错综复杂的关系网络之中。而概念的认识为了要达到对某一对象某一方面的认识,就必须要淡化甚至要坚决地排除认识对象和其他事物之间的复杂联系,也必须要淡化或排除对象自身这一方面的性质和其他方面性质之间的种种联系。这就是认识上的离散性、排他性,其结果就使认识客体在一定程度上变了形。概念认识的这一特点决定了逻辑思维本身的局限性,即它永远无法完整地描述和说明这个无限的对象世界本身。在此我们可以举例明确地说明这一点。如命题"这是一个男人"显然是一个单称命题,但这一命题却无法指称一个特定的男人,而是适合于世界上任何时间、任何地点的任何一个男人。即便人类消失后,这一命题依然有其存在的意义。如果要以这一命题特指某一个男人,我们必须在特定的时间、特定的地点,并且用自己的手指指向某一特定的男人。比如 2019 年 3 月 2 日下午三点二十分在北京大学某一个教室内我用手指指向教室内最后一排左边坐着的那个男人,说:"这是一个男人。"这样我们才能确切地知道"这是一个男人"的命题的具体而现实的含义。如此等等。就是通过这样一个简单的例子,我们就能清楚地看到语言文字或概念与其所要表达的对象之间的本质性区别。

而且概念一经形成就具有稳定、静止、凝固的特性,而认识对象则不一样,它们却处在永恒的运动变化过程之中。当然事物的运动变化也会呈现出一种相对静止的状态。然而这种所谓的静止却是相对的,因为静止是运动的一种特殊状态,所以说是相对的,而运动应该说是绝对的。所以作为对象的事物不可能是绝对静止的。但是概念一经形成,它就具有普遍的静止的抽象的性质,于是它们也就不可能随事物的运动变化而运动变化。所以概念是绝对静止的,正因如此,它们也就不能够完全地反映和把握外在事物运动变化的全貌。就此而言,概念的认识常常使人的认识或思想倾向于僵化、停止、封闭。正因为这样的原因,它们往往要落后于现实的运动变化。而且概念的认识也永远不可能引领认识者走进客观事物的永恒运动变化过程本身,于是它们也就不得不处在这样的运动变化过程之外,成为身外之客。就此而言,概念很难完成其本身的任务,即反映外在对象的本质属性。

而且概念的含义必须是同一的,绝对不能自相矛盾。概念的这一本质特性也就决定了它们绝对不可能充分完全地反映客观事物自身所包含的各种性质及其相互之间的错综复杂的矛盾。众所周知,客观事物自身却是充满着种种错综复杂的难以言说的矛盾,如此等等。

现在的问题是,我们究竟如何才有可能进入客观世界之中,真正使我们认识和把握客观对象的实质呢? 在此,我们借用中国现代哲学家冯友兰的说法来解读。他本人要解决的问题不是认识论方面的,而是思考如何才能进入人生的最高境界。他认为,我们就必须要借助于静默或采用负的方法或他所谓的"直觉概念"。在这里所谓的"哲学的最高的顶点"就是冯友兰境界理论中的"天地境界"。要进入这一境界,无疑概念的分析是必须要走的第一步,但它也仅仅是入门的途径,而绝不是"天地境界"本身。如果说科学的宇宙是有限的话,那么哲学的宇宙是无限的。在冯友兰的哲学思想体系中,人要进入"天地境界"必须要能够与这样的无限宇宙同其广大。这就是他所说的"同天"。人有这样的境界,必须首先要有"觉解"。冯友兰指出,"解"是一种类似于概念的分析,而"觉"不必依赖于概念。在他看来,纯粹依赖于概念分析,我们根本不可能进入这样的精神境界之中。但是,如果没有这样的概念分析方法,我们也同样不可能进入这样的境界之中。这正如朱熹所说的那样,必须经过今日格一物,明日格一物的积累,我们才能最终达到"豁然贯通"的境地。他说:"盖人心莫不有知,而天下之物莫不有理,惟于理有未穷,故其知有不尽也。是以《大学》始教,必使学者即凡天下之物,莫不因其已知之理而益穷之,以求至乎其极。至于用力之久,而一日豁然贯通焉,则众物之表里精粗无不到,而吾心之全体大用无不明矣。"①

禅宗南派创始人六祖慧能积极提倡"顿悟成佛"说,主张不立文字,专靠当下的领悟把握佛理。他所谓的"顿悟"大意是说要凭自己的智慧或根器"单刀直入",直接把握佛理,"一闻言下便悟,顿现真如本性。"所以他们反对念经拜佛,甚至反对坐禅。他们之所以如此行事,是因为在他们看来,佛性就是人性,这就是他们倡导的"本性是佛"说。"本性是佛,离性无别佛"。既然人性即是佛性,所以我们也就大可不必向身外去求,当然也就更不必长途跋涉去西天取经了。"佛向身中作,莫向身外求"。佛不在遥远的彼岸,而就在自己的内心之中。只需返身内求,当下体认,"自性若悟,众生是佛"。因为佛性就在人性之中,当然也就无需念经拜佛。同样也不必立文字。内在的佛性不可能仅仅通过文字来求得全盘的把握。"真如佛性"不在语言文字之内,更不能通过念经拜佛这些外在的形式表现出来。更有甚者,禅宗思想中还有着大量的非逻辑的思想成分。如著名的善普大师的偈语:"空手把锄头,步行骑水牛,人从桥上过,桥流水不流。"其他又如"看!海中生红尘,大地浪滔滔,尽是聋耳人""昨夜木马嘶石人舞"等。这些说法显然是不符合常人所谓的逻辑思维规则的,而且是明显反对逻辑思维规则的。可能是禅宗意识到,依靠逻辑思维方式或借助于语言文字不可能使人获得精神方面的无限的追求。

在他们看来,要真正把握佛法大意,只有抛却语言文字。于是雪峰义存禅师如斯说道:"我若东道西道,汝则寻言逐句。我若羚羊挂角,若向甚么处摸。"可见,"佛法大意"

---

① 铃木大拙:《通向禅学之路》,上海古籍出版社1989年版,第36页。

不在语言文字之内。如在语言文字之中，那么我们也就可以遵循逻辑思维的规则寻找摸索"佛法大意"。但是禅宗却坚决反对如此的做法，直斥之为"死于句下"。"佛法大意"本不在语言文字之中，所以我们不可以通过语言文字的迹象来求索。这就是所谓的"羚羊挂角"。

可能正是基于如上的看法，日本禅学大师铃木大佐在其《通向禅学之路》一书中这样说道："我们通常总是绝对化地思考'A 是 A'，却不大去思考'A 是非 A'或'A 是 B'这样的命题。我们没有能突破知性的各种局限，因为它们已经非常强烈地控制了我们的大脑。然而，在这方面禅宗却宣称，语言是语言，它只不过是语言。在语言与事实并不对应的时候，就应当抛开语言而回到事实的时候。逻辑具有实际的价值，应当最大限度地活用它，但是当它已经失去了效用或越出了它应有的界限的时候，就必须毫不犹豫地喝令它'止步'！从意识觉醒以来，我们探索存在的奥秘来满足我们对理性的渴望。我们找到的却是'A'与非'A'对立二元论即桥自桥、水自水、尘土在大地上飞扬的二元论。可是，随着期望的增长，我们却没有能够得到我们所期待的精神的和谐宁静、彻底的幸福及对人生与世界更靠近一步都不可能，灵魂深处的苦闷也无法表露。正好，这时光明降临在我们全部存在之上，这，就是禅宗的出现。因为它使我们领悟了'A 即非A'，知道了逻辑的片面性……"①

"花不红，柳不绿"，这就是禅者所说的玄妙之处。把逻辑当作终极真理，就只能作茧自缚，使我们看不见活生生的生活世界，更不可能真正把握生命的本质及其意义。可是，现在我们却找到了全面转换的金钥匙，我们才是实在的主体，语言放弃了对我们的支配力，当我们具有了发自本心的活动，锄头也不再被当作锄头的时候，我们就赢得了完完整整的权利，也没有锄头一定要是锄头的时候。不仅如此，按照禅宗的看法，正是当锄头不必是锄头的时候，拒绝概念束缚的物的实相才会渐渐地清晰呈露出来。

概念与逻辑的专制崩溃之日，就是精神的解放之时。因为灵魂已经得到了解放，也就再不会有违背它的本来面目而使它分裂的现象出现了。由于获得了理性的自由而完完全全地享有了自身，生与死也就不再折磨自己的灵魂了。因为生与死之间的二元对立已不复存在，死即生，生即死，虽死而生，生死相依。过去我们总是以对立、差别的方式来观察事物，与这种观物方式相应，我们又总是对事物采取对立的态度，可是现在我们却达到了能即物体察的新境界。这正是铁树开花，正是处雨不濡啊！于是，我们的灵魂便是一个完整的、充满了祝福的世界。

禅宗上述看法的一个思想资源就是道家。道家的最高范畴是"道"。"道"是形而

① 转引自韩林合：《逻辑哲学研究》，商务印书馆 2000 年版，第 595 页。

上的本源,"道生一,一生二,二生三,三生万物。"这种形而上的"道"是不可言说的,也不是语言所能够把握的。老子勉强地给它一个字叫作"道"。在老子看来,不可言说的"道"显然是不同于可以言说的"道"。所以他说:"道可道非常道,名可名非常名。"这就是说,可以言说的道不是永恒的道,可以用语言表达的名不是永恒的名。反过来说就是,凡是能够用语言表达的东西都不是永恒的或形而上的。永恒的或形而上的东西都不在语言之内。所谓的分析论证对象既然是对概念或文字的分析,所以道家的"不道之道""不言之辩""不言之教"当然也不在概念的分析或论证的范围之内。庄子则进一步发展了这一思想,他说道:"筌者所以在鱼,得鱼而忘筌。蹄者所以在兔,得兔而忘蹄。言者所以在意,得意而忘言。吾安得夫忘言之人而与之言哉!"(《庄子·外物》)

三、究竟什么才是直觉?

说到这里,我不仅想起了著名的哲学家维特根斯坦。他就曾经在可以言说的东西与不可言说的东西之间划下了一道严格而明确的界限。他这样说道:"诚然有不可言说的东西。它们显示自己,此即神秘的东西。哲学的正当方法固因如此:除可说者外,即除自然科学的命题外——亦即除与哲学无关的东西外——不说什么。于是,每当别人要说某种玄学的事物,就向他指出:他对于他的命题中的某些符号,并未给以意谓。对于别人这个方法是不能令人满意的——他不会觉得这是在教他哲学——但这却是唯一正当的方法。我的命题由下述方式而起一种说明的作用,即理解我的人,当其既已通过这些命题,并攀越其上之时,最后便会认识到它们是无意义的(可以说,在他已经爬上梯子后,必须把梯子丢开)。他必须超越这些命题,然后才会正确地看待世界。对于不可言说的东西,必须沉默。"①命题是可以言说的东西,外界的实在是不可言说的。对于不可言说的,我们必须保持沉默。只有在沉默中,我们才能真正地把握对象。冯友兰认为,维特根斯坦的"保持沉默"就是在以"负的方法"来讲形而上学。

其实早在维特根斯坦之前,法国哲学家柏格森就以一种十分明确的方式突出了直觉方法的重要性。可以说,柏格森对于直觉思维进行了迄今最为系统而详尽的研究。他认为,概念的分析只能停留在事物的外围、现象,而不能洞察事物的本质。于是,他进一步指出,我们要想真正能够把握事物的实质就不能仅仅运用理智的力量,还必须进一步借用直觉的力量。只有直觉才能够引领我们进入事物自身,并从总体上把握事物内在的本质及其相互之间的关系。概念只能运用于死的寂静的个体事物,而不能运用于

---

① 柏格森:《创造进化论》,商务印书馆 2004 年版,第 233 页。

生活和运动。他认为,哲学的真正的世界观,是直觉,是生活。人的生活是一种动态的流水;宇宙中充满着创造的精神,它是一种活生生的动力,是生命之流。生命之流是数学等自然科学知识所无法真正把握的,只能由一种神圣的同情心,即比理性更接近事物本质的感觉所鉴赏。他说:哲学是从其过程、生命推动力方面来理解和把握宇宙的艺术。

正是基于这样的看法,柏格森指出,概念的思维模式应该是科学思维的模式,应该是理智的模式,所以概念思维不应该是哲学思维的模式。或者说概念思维模式是哲学思维中的低级模式。在他看来,真正的哲学应该属于直觉的领域。当然他也并没有将这两者完全地对立起来,而是认为它们是可以统一起来的,但此统一的基础应该就是直觉。他这样说道:"科学和形而上学在直觉中统一起来了。一种真正直觉的哲学必须能实现科学和哲学的这种渴望已久的统一。"①根据这样的看法,我们可以清楚地了解到,直觉并不反对概念的认识,而是一定要以概念的认识为其基础。因此,在柏格森关于直觉理论的论述中,直觉与理性不是截然对立的,相反,直觉必须要以理性为其基础。在他看来,直觉是以理性为其基础,是对理性的提升。但在《东西文化及其哲学》一书中,梁漱溟误读了柏格森的上述思想,将理性与直觉完全对立起来,并以这样的直觉来解读中国传统文化。遂使不少人将直觉与本能联系起来,认为中国传统文化走的就是本来的路向或本能的路向。此书出版两年后,梁漱溟意识到自己对柏格森相关思想的误解,以后就不再用直觉或本能,而是用罗素所谓的"理性"来解读中国传统文化。

由于概念或语词这样的工具不能使我们完全而准确把握认识或进入对象及其本质,所以我们也就只能在概念认识的基础上将自己提升到直觉的境地或状态之中。

那么我们又是怎么样借助于直觉而把握事物的呢?显然在此我们根本不可能以概念或语词这样的工具来清楚而明确地解读或把握外在事物的,因为概念或语词具有不可避免的离散性、抽象性等特性。这就迫使我们不得不把眼光转向与概念思维性质截然不同的直觉。

那么什么是直觉呢?直觉究竟又具有什么样的特性呢?我们先来听听法国哲学家柏格森对此是怎么解读的吧。他撰写过《创造进化论》《形而上学导论》等专著对直觉进行了系统深入的研究。

花费大量时间来解读柏格森的相关理论不是我们当下的目的,在此对我们而言重要的是,柏格森对直觉特性及其性质的简明而直接的概括。他曾经这样简洁地说过,直觉就是"一种单纯而不可分割的感受"。根据柏格森的这一解读,直觉明显具有概念思

---

① 柏格森:《创造进化论》,商务印书馆 2004 年版,第 233 页。

维不可能具有的"不可分割"性。正是这里所说的"不可分割"性引领我们直接进入了客观外在的事物之中。

四、直觉引领着我们的生活

其实在现代的工业、农业、艺术、体育等领域中也正是直觉在默默地引领着我们走向成功。遗憾的却是,绝大部分人对此没有清楚的意识。比如歌唱艺术就是如此的。我们曾经提及,美声唱法训练的三个基本要素是:腹式呼吸、声带发声与口腔打开。根据声乐理论知识,学声乐人必须在相关的知识理论的引导下长期而反复地并有意识地在上述三个方面下功夫。经过长期的有意识训练之后,训练者就能够在无意识中完美地做好上述的每一个基本动作,并且能够进一步完美地将上述的几个要素融和在一起。这就类似于柏格森所说的"直觉"境界。于是,走上舞台之后,正是这样的"直觉"引领歌唱者能够将自己的心思完全放在自己将要演唱的歌曲所要表现的内容,并将自己完全融入歌曲或歌剧的情景之中。对此我本人是有深刻的感悟的,我对美声唱法的兴趣很强烈,买过不少关于声乐理论方面的专著,并对这些专著做过深入的研读。也就是在研读上述专著的基础上,自己花费了大量的实践来联系声乐。我自己经常去公园、校园内人数少的地方去练唱。我也认识不少的著名歌唱家,与他们讨论声乐理论及实践方面的问题。他们很认同我的看法。我也曾经在不少大的场合演唱过《我爱你,中国》《啊,我的太阳》《今夜无人入睡》等经典歌曲。我本人非常清楚,演唱时的心情与平时练唱时的是完全不一样的。但平时通过严格训练打好的基本功,是在舞台上出色表演的基础。只有在这样的基础上,我们才有可能超常发挥,否则绝无可能。这就是理性与直觉的结合。

同样,现代舞蹈、现代体育等领域的训练遵循的基本也都是这样动作的模式,即先在相关领域的知识理论指导之下,进行有意识的、有阶段性的或一个动作一个动作的精准训练,这样长期训练之后就形成了无意识的准确而完美的动作模式,然后才能完全进入舞台表演或进入竞技场比赛,以期取得理想的效果。如果进入舞台表演或竞技场时,我们还在考虑某些动作该如何来做,那么其结果也就是我们完全不可能融入舞台或竞技场所需要的那种境界之中。我本人练过声乐,也练过体操,并曾参加过体操比赛,也很喜欢打篮球,因此对这样的运动模式很是熟悉。比如打篮球时的投篮动作看似非常简单,但事实却并非如此。这一动作首先涉及的是拿篮球的手背与小胳膊肘之间的弯度的角度,有关专家认为最佳的角度是 75 度左右。另一只手则起着两个作用,即保护篮球和施加压力,施加的压力越大,投篮的手的反弹力也就越大。篮球抛出去后投篮的手掌中间的三根手指必须对准篮圈,篮球出手后的抛物线角度等。而且投篮动作不只是手腕用力,胳膊、肩、腰部、腿部、前脚掌跳离地面等都在加力。还必须附加的是,投篮前运动员必须是后脚根离地、前脚掌着地;这样的站姿才能迅速产生强大的爆发力。如果后脚跟着地,起跳的动作就会明显减慢。大腿与小腿的弯曲度,一般说来以70度左右为宜,弯曲度过大,投篮时的力度会减弱;弯曲度过小,往上弹跳的速度会放慢。如此等等。可以说,看似简单的一个投篮动作,但在投篮的一刹那间动用的却是全身的力量,需要身体各个部分的密切配合。总之,上述的每一个动作都必须在相关的知识理论指导下经过长期的严格精准的有意识的训练之后,我们才有可能在篮球比赛场上成为令人瞩目的神投手。我曾经在北大的篮球场上跟一起打球的年轻人谈起我对投篮动作涉及的要素的上述理解,他们都问我是不是体育系的老师。由于我本人几十年以来对上述的各项运动很有兴趣,有的也经过刻苦的训练。正是因为如此,我本人也就完全认同柏格森所说的直觉具有的那种"单纯而不可分割的感受"性质,只有依靠如此的直觉模式我们才能够整体地感受外界的自然景色、整体地融入到文学、艺术、体育等所要求的境界之中。

我们也可以阅读为例来理解究竟什么是直觉及其具有的特性。目前教育的基本模式是引导学者及学生将注意力完全放在经典的阅读、背诵上,注重文字的注解或诠释或编辑。应该说,经典的阅读确实很重要。但是我们更应该注意的是,在阅读时,我们的注意力,显然是不能仅仅停留在文字或概念式的认识之中。其实,作家在其创作文学作品的过程中也显然没有把文字或概念看作是其真正的目的,因为他的本意就是要借助于文字或概念这样的工具来描写或揭示出特定的自然状态、精神境界或生活状态,并且帮助我们借助语言文字也进入这一境界或状态之中。如果我们不能领会作家的创作企图,而只是停留在语言文字或概念的解读或注疏之中,那么语言文字或概念的切割性也便会使我们完全误解了作家的创作意图。在此,我们应该深刻地意识到的是,语言文字或概念仅仅是一种工具或手段。这正如中国古代思想家王弼所说的那样"言者所以明象,得象而忘言。象者所以存意,得意而忘象。"(《周易·明象》)他认为,言是得象的工具,象也只是得意的手段。因为言和象都是得意的工具,所以得到了意就应该抛弃言和象。如果拘泥于物象,就会防碍对于物象的表达。基于这样的认识,所以要想能够真正把握住义理,就得忘象。于是,他这样说道:"然则忘象乃得意者也,忘言乃得意者也。得意在忘象,得象在忘言。"(《周易·明象》)这就是说,要能够真正得到义理或境界或状态,我们就应该通过文字或概念直接进入义理或境界或状态,千万不能拘泥于文字或概念之中,毕竟文字或概念只是一种工具。相反,如果我们拘泥于语言文字或概念,那么我们也就永远不可能真正地进入境界或状态或义理之中。

　　为了明白这一层意思。我们可以阅读俄罗斯著名作家屠格涅夫的作品为例来做些说明。

　　屠格涅夫非常善于描写俄罗斯大草原的风光。他在《猎人笔记》中的《白净草原》一篇中有这样精彩描述的一段：

　　　　这是七月里晴朗的一天，只有天气稳定的时候才能有这样的日子。从清早其天色就明朗；朝霞不像炎热的旱田那样火辣辣的，不像暴风雨前那样暗红色的，却显得明净清澈，灿烂可爱——从一片狭长的云底下宁静地浮出来，发出清爽的光辉，沉浸在淡紫色的云霞中。舒展着的白云上面的细边，发出像小蛇一般的闪光，这光彩好像炼过的银子。……但是忽然又进出动摇不定的光线来，——于是愉快地、庄严地、飞也似地升起那雄伟的发光体来。到了正午时候，往往出现许多又柔软的白边的、金灰色的、园而高的云块。这些云块好像岛屿，散布在无边地泛滥的河流中，周围环绕着纯清色的、极其清澈的支流，它们停留在原地，差不多一动也不动；在远处靠近天际的地方，这些云块互相移近，紧挨在一起，它们中间的青天已经看不见了；但是它们本身也像天空一样是蔚蓝色的，因为它们都浸透了光和热。天边的颜色是朦胧的、淡紫色的，整整一天都没有发生变化，而且四周都是一样的；没有一个地方酝酿着雷雨；只是有的地方挂着浅蓝色的带子：这便是正在洒着不易看出的细雨。

　　我们在阅读通过汉语翻译的这一片段时肯定没有感觉到任何的困难，所以很容易在我们的内心中形成一幅关于俄罗斯大草原的极其美丽的画卷。我们可能没有去过白净草原，但通过阅读屠格涅夫的这篇散文，我们却也能身临其境，仿佛闻到了俄罗斯大草原散发出的浓郁的芬芳气息。之所以能使我们身临其境是因为我们没有让自己停留在语言文字或概念之上，而是通过阅读屠格涅夫的上述语言文字在自己的内心深处直接地与所描写的对象达成了一种交融。这种交融就是我们在欣赏文学作品时经常运用的说法"情景交融"。读者正是借助于语言文字的描写或叙述而直接进入了阅读的对象之中，与对象融成一片。心理学的知识以及长期的阅读经验告诉我们，在阅读的时候一个优秀的读者，其注意力并不是完全投放在语言文字之上，他是在不经意间或无意识地阅读语言文字时直接地进入作品试图描述的对象之中，其结果也就与对象融成一体。通过阅读屠格涅夫的上述文字描述，我们能够直接走进俄罗斯大草原的风景画之中。如果仅仅停留在语言文字含义的分析和理解之上，那么我们所注意到的景象是割裂成碎片的，不成片段的。如果你对俄语不是很精通，那么你阅读屠格涅夫的上述描写的俄文版就绝对不可能进入俄罗斯大草原美好景色之中，因为那时的你已经把自己全部注意力投放在了语言文字上了，尽管你通过词典对屠格涅夫的这一描述中的每一个概念或语词的含义都有了很细致而精深的了解。然而概念或语词的含义毕竟与俄罗斯大草原的美丽景色是有本质上的差异的。

其实在学习和研究知识理论的时候也存在着同样的情形。我们在此可以学习和研究孔子思想为例说明这一点。孔子在中国应该是一个尽人皆知的圣人。对孔子思想略知一二的人都知道,孔子的思想以仁与礼为其核心。孔子云:"克己复礼为仁",又说:"仁者爱人","夫仁者,己欲立而立人,己欲达而达人。能近取譬,可谓仁之方也已。"《论语》中论及"仁"的语录不下 100 条。研究孔子思想的学者都热衷于罗列此书中关于"仁"的条目来分析和研究孔子的思想。这似乎是学界基本的研究模式。

这样的研究模式本无可厚非。因为学术研究,尤其是哲学思想研究,对思想家所使用的概念做"条分缕析"的工作是天经地义的事情。但是如果把哲学思想体系仅仅看作是概念的抽象分析的话,应该是有一定的道理的。这应该是学术研究训练的基础或前提。但我们不得不看到的却是,这不应该是学术研究工作的全部。因为学术研究的本质是思想对思想的认识,哲学尤其是对智慧的追求,而智慧是精神的自觉,是自觉地追求无限和超越的境界。对语词或概念的条分缕析是达到这样境界的准备性的工作,而不是思想或精神境界本身。这样看来,过语言文字关是从事哲学思想或学术研究的第一步,所以对知识理论原典的注疏或诠释或解读是知识理论研究不可或缺的训练。但这绝对不可能完成认识论认知外在对象的这一真正目的。过了语言文字关后,更重要的是还得过思想关。有的人能够并擅长文字注疏,却过不去这样的思想关。于是他们也就深深地陷进了经典阅读或注疏的海洋之中而不能自拔。

如果采取这种立场来学习和研究知识理论体系,那么我们就不能仅仅停留在对相关的知识理论涉及的繁多的概念或语词的爬梳和分析之上,而应该进一步进入到所研究的对象之中。用法国哲学家柏格森的话说,你必须要能够"入戏"。此处所谓的"入戏",用我们现在的说法就是,你必须能与研究对象进行直接的对话或交流,使自己的心灵直接地与对象相碰撞或相融和。或者我们还是借用柏格森的话说,就是要努力与知识理论研究的对象进行一种理智的交融。正是借助于这种交融,我们才能使自己直接而深入地走进研究或欣赏的对象之内,以便与其独特的从而是无法以语言表达的对象相融和。这里所说的"无法表达的对象"就是思想,就是人格,就是生命,就是外在的自然本身等。语言或概念的具有的抽象性、分割性、离散性等局限性也就不但使我们不可能直接地达到或进入上述的研究对象本身之内,而且也必然对研究对象具有曲解和切割的作用。这就要求在研读相关的知识理论的经典之时,我们既要细心地阅读经典,理解其中的每一字,每一句,每一段,理解整篇的经典文本,但是也必须要不断地掩卷思索玩味,想见研究对象的整体性及其与其他各种思想或事物之间的繁多的密切联系。

更为重要的则是,要把自己的注意力投放到经典文本所讨论研究的问题及讨论的过程之上。如果把自己研究的兴趣完全地投放在语言文字或抽象概念的解读著述和分析演绎之上,往往使我们仅仅停留在语言文字上,而完全丢失了研究对象本身,使我们不可能与研究对象融为一体。这样的阅读模式只能使自己成为读书人,而不能成为真正意义上的研究性的学者。

我们并不像中世纪基督教的著名神父德尔图良那么极端,完全否认逻辑技巧的效用。他是这样说的:"啊!早已逝去的亚里士多德呀!你为异端发现了辩证的技巧、破坏的技巧、可以论断一切却什么也不能完成的技巧!"逻辑技巧论断一切,但却什么也不能完成,这就是逻辑思想面临的困境。当然我们不会紧跟德尔图良,完全否认逻辑理论的重要意义及其作用。我们承认逻辑思维的重要作用。但同时我们也要指出的是,逻辑思维并不是哲学思想或知识论研究领域的全部,它也就自有其不可摆脱的局限性。正因为有这样的局限性,所以它就应该得到直觉思维的补充。在紧张的逻辑思维之后,直觉思维的能力就会逐渐地得到展现。它会产生一种勃发的、动态的顿悟境界,给人的思想灌注巨大的清新感、欢乐感和巨大的生命力,从而加速理性思维的运思,加大理性思维的流量和思维速度;直觉思维使人们能够在问题丛生的杂乱中找到摆脱思维困顿的突破口,从而明确前进的方向。一旦直觉思维的能力处在紧张的运思之时,它就会呈现出一种特别的境界。在此境界中,直觉思维能以一种直接、整体的方式顿悟和体认周围一切的奥秘。这时,由逻辑思维或语言而自然而然设置的各种局部的形式及其界限也就逐渐地消退了,于是在我们的思维和内心深处也就突然形成了关于研究对象的浑然融和的整体的形象。可以说,就是在这样的心灵境界中,主体和客体之间的界限也逐渐地消失了,两者融为一体。这就是柏格森所说的"入戏"。所谓"入戏",就是借助于阅读作品的文字后,我直接进入了作品中的主人翁的生命深处,仿佛我自己就是主人公。同样,也正是借助于如此的途经,我们也可以直接进入外在的自然境界之中,打消了彼此之间的界线,于是也就与外在事物融为一体。我们在观看欣赏优秀的电影作品或聆听盛大的音乐会或舞会时就也同样依靠这样的思维模式自然而然地或无意识地走进由相关艺术家创作的艺术剧情或精神境界之中。

比如古希腊的哲学家、科学家阿基米德长期思考过物理学方面的相关理论,但有时生活中的某些事情却会给他极大的启示。有一天在洗澡时因受水的浮力的启示而发现了浮力原理;我们在上面曾提到过瓦特也长期学习和研讨过相关的理论知识,但是他发明的蒸汽机却也与他在家里烧水时看见加热的水蒸气冲开了壶盖而得到了灵感相关。正是这一灵感驱动他运用相关的理论知识,并经过多次实验从而发明了蒸汽机;德国科学家伦琴 1895 年的一天半夜 12 点左右在其实验室内将一本厚书放在相距自己两米远的一架荧光屏和一只克鲁斯管之间,突然他发现了一种射线,透过了两米厚的空间,还透过了厚书。他高兴地对他妻子喊道:"啊,亲爱的,快来看,我发现了一种新的射线,太神奇了。"他的妻子马上喊道:"你再做一遍,让我也看看。"他与他的妻子当晚在实验室看到的就是 X 光射线。

上述科学家们的发明都与他们生活方面的启示或灵感密切相关。他们的启示或灵感均属于所谓的直觉思维。但是在此我们必须注意的却是,他们之所以得到这样的启示或灵感,是与他们长期以来的科学实验探索密切相关。没有这样的探索和相关的理论知识,他们是不会得出上述的科学发明的。现代社会中,洗澡的人很多,绝大多数的人注意到了水有浮力,但却只有阿基米德提出他的系统的浮力原理。同样的,我们每天在自己的家里烧开水,也频繁地看到烧开的水冲开了壶盖,但我们却从未将生活中的这一现象与蒸汽机联系起来,所以发明蒸汽机的只能是瓦特。因为瓦特长期以来思考和研究这方面的问题,总想着如何解决这一问题。正在焦虑着如何解决这一问题的时候,热水冲开了壶盖这一现象给了他极大的启示,使他在相关理论知识的指导下,通过反复的实验,最终发明了蒸汽机,如此等等。

综上所述,我们可以清楚地看到科学知识理论的创新与直觉思维有着紧密不可分的联系,绝对不能将它们对立起来。两者之间的联系诚如柏格森所说的那样,理性是直觉的基础。或者说直觉是对理性的提升。当知识创新的理性思维陷入僵局时,生活中的直觉思维会将思考者引入新的方向或途经,从而实现思维的突破,产生新的知识理论。

通过上面关于知识理论创新与直觉思维之间的这一关系阐述,我们能够清楚地知道,科学理论与技术的突破需要直觉思维与理性思维的配合。其他如文学、艺术、体育及日常生活也极其需要这两者之间的密切配合,相互协作,我们的生活才有可能变得更为丰富多彩,生活的质量也才能够得到不断的提升。其实,在人类文明发展与进步的历史上知识创新的理性思维与直觉思维相互之间的紧密合作起了极大的推动作用。作者坚信,在我们积极地倡导理性的知识理论创新同时,也要大力提倡直觉思维,并使这两者紧密协同配合,我们的文化复兴应该是指日可待的。

西洋精华

希腊哲学的自然法萌芽

杜丽燕①

    自然法是一个非常古老的概念,也是一个歧义丛生的概念。政治学家们通常把自然法分为古典的、基督教的、近代的。施特劳斯认为,这三个历史时期的自然法之间,存在着明显的断裂,而这一想法颇有些影响,追捧者亦不在少数。断裂之说总是让人想到历史的断层,如同地质断层一样,层层叠叠,除了码出一个高度,显现出某种层次之外,似乎没有什么内在的关联。如果从库恩的角度看问题,也许会是这种情况:"即新理论可能并不与旧理论相冲突。……或者新理论可能仅是比现在理论更高层次的理论,它能把一批较低层次的理论组合在一起,而无需对其中任一理论做实质性的改变。"②笔者认同这一点,处在科学革命中,新理论比现有的理论层次更高,它同化融合了现有的理论,把它们有机地组合在一起,纳入新的理论框架中。在这一意义上,科学革命不是科学发展的断裂,而是一种上升,它绝不是呈现为历史断层,而是一种螺旋式上升。旧理论与新理论之间,有不可分割的内在联系。不过,这种螺旋式上升,在理论上有实质性的改变。但是,改变不是断裂,是一种历史的传承。

    自然法思想起源于希腊,但是,到阿奎那为止,自然法思想并没有得到系统阐释。有学者认为与希腊人相比,西塞罗算得上第一个对自然法思想做系统阐释的人,然而与近代相比,西塞罗也只是小儿科而已。

    对自然法做系统的讨论,还是从近代早期开始。格劳秀斯、普芬道夫等人的自然法思想无疑深深地影响了霍布斯、洛克。这些哲学家之所以讨论自然法问题,首先因为他们力图通过自然法,确定人的天性是自然本性,继而探讨契约法(契约论)与自然法的内在关联。这两个出发点,是西方近代思想最独特的方面。

    探讨这些问题,不是一篇论文所能为之的。本文拟探讨作为自然法萌芽的希腊思想。以期从源头上简要勾勒希腊思想,如何为自然法奠定了基础。

---

① 作者系北京市社会科学院哲学所研究员。
② 库恩:《科学革命的结构》,金吾仑、胡新和译,北京大学出版社2003年版,第88页。

一、从神话到自然

希腊哲学起源于荷马,至少是起源于对荷马的批评。在这一意义上我们可以说,希腊哲学起源于神话。《荷马史诗》被称为希腊人的《圣经》,柏拉图在谈到荷马时说,他是希腊的教育家。由于阅读、背诵史诗,人们的感情、想象力甚至语言都受到了熏陶。希腊人始终在奥林匹斯山诸神的亲切注视中,为了城市的荣誉,为了个人名节英勇博击,凯旋而归。按照亚里士多德的看法,荷马和赫西俄德的传统是到诸神那里寻找万物的起源和动因。"他们将第一原理寄之于诸神"。①

赫西俄德(Hesiod)的《神谱》,涉及奥林匹斯诸神的起源,《神谱》以原始的混沌状态为开端,以宙斯战胜诸神而告结束。宙斯按照宇宙神的正义律法,维持了人与诸神之间的和平。赫西俄德的《工作与时日》,描述了宇宙四季的节奏以循环往复的节日。这种节奏决定了地球运转的时间表。箴言、谚语和格言,表现了农人古训的准则,遵守它们便可以风调雨顺,国泰民安。两部作品反映的思想,显然发源于荷马史诗的精神背景中,是宙斯式正义的延伸。按照亚里士多德的看法,荷马和赫西俄德的传统是到诸神那里寻找万物的起源和动因。"他们将第一原理寄之于诸神"。

希腊理性主义思维方式的兴起,由自然主义运动开始。亚里士多德曾经明确地将自然主义与荷马和赫西俄德的神话传统加以区分,这种区分方式产生了深远的影响,直至今天,人们一直认为,以泰勒斯为代表的米利都学派,开辟了一个新的传统,这就是西方文明史上著名的自然主义传统,它与荷马和赫西俄德的神话思维是不同的。米利都学派肇始的自然哲学运动被称作希腊历史上第二个群体,认为他们是"自然的学生",或者"自然主义者"。他们的共同特点是,放弃了关于自然界产生和变化的神话解释,代之以在自然自身之中寻找自然产生变化的原因。他们率先提问,世界的真正本原是什么,并对这一问题给予自然主义的回答——"万物唯一的原理就在物质本性。万物始从来,与其终所从入者,其属性变化不已,而本体常如,他们因而称之为元素,并以元素为万物原理。"②亚里士多德认为,提出这一问题,就是提出哲学的第一原理。仅只这一问,就在神话学与自然主义之间划定了一条清晰的界限。

自然主义思想家对于希腊城邦人道主义的贡献在于,他们关注的问题主要是自然界和宇宙万物问题,不过他们对自然问题的探讨和解决,有明显的虚构和想象成分,尽

---

① 笔者在《人性的曙光:希腊人道主义探源》一书,对此有过较详细的论述。在这里不再赘述。
② 亚里士多德:《形而上学》,吴寿彭译,商务印书馆 1981 年版,第 7 页。

管他们竭力想摆脱荷马以来的神话思维传统,但是,在解决具体问题时,这种传统的影响依稀可见。不过,我们依然可以肯定,自然主义者们是希腊思想史,也是希腊人道主义史上最伟大的人物。正如伯奈特所说,他们的伟大"不在于他们如何回答了问题,而在于他们提出了问题。"①正因为他们提出了问题,希腊人的思维模式发生了变化,他们不再满足于听荷马和赫西俄德杜撰的诸神与英雄的故事,而是渴望知道真实的世界是什么。

伊奥尼亚的自然主义者们在希腊历史上,也在西方历史上进行了一次前无古人的尝试,他们力求摆脱对宇宙和自然的神话思维定式,努力寻找宇宙和自然自身的构成、本质、规律、法则。这是一个伟大的创举。它开始了"从神话到逻各斯,从神话学到理性的转变。"②这是当时希腊哲学的大气候,正是在这种寻求对世界的自然解释的氛围中,自然法的产生才是可能的。西方世界一些学者在追溯自然法的产生时,往往追溯到赫拉克利特。

不过,依笔者之见,赫拉克利特的主张,勉强可以说是自然法的早期形式,或者可以说,与其说是自然法,不如说是他尝试对自然本质和动作法则和规律加以描述。事实上,这一尝试从米利都学派就开始了。这一尝试与荷马以降的希腊文明差别很大。希腊哲学家明确地提出自然法,恐怕得从柏拉图算起。即使是柏拉图和亚里士多德,亦未曾对自然法做过系统阐释。通常认为,如果说希腊哲学家有谁曾经对自然法做过较为详细地阐释,非斯多亚学派莫属。事实上,对自然法做相对系统阐释的,不是希腊人,而是罗马人。希腊人的重要性在于:他们提出了问题。

二、赫拉克利特

按照麦克里兰的看法,荷马的世界由三个层系组成:神、人、自然。"这三个层系像纸牌搭成的城堡,空有美观,实如累卵:只要抽掉一张牌,三者全告瓦解。动手抽掉第一张牌的,是在原子论方面做了精彩设想的德谟克利特。"③因为他认为,整个自然可用一些非常小的微粒来解释。原子论的自然观对荷马层系的冲击是不言而喻的。既然一切都是用微粒构成,自然还有不同层级吗?国王、贵族、公民、奴隶,人、动物等,一切的一切,在质上没有什么差别。既然如此,"在这个世界上引进一个属于神的特殊等级,说这个等级非常重要,足以解释传人的伟行,就没有必要了。一切

---

① Bernet, *Greek Philosophy*: *Thales to Plato*, Macmillan and Co. Limited ST. Martin's Street, London, 1932, p.21.

② Johansen, *A History of Ancient Philosophy*, tran. by Henrik Rosenmeier, London and New York, 1998, p.18.

③ 麦克里兰:《西方政治思想史》,彭淮栋译,海南出版社 2003 年版,第 32 页。

之间只有规模之异,没有本质之别。"①用自然因素解释一切,是走出荷马神话世界的第一步,亦是为自然法奠定的第一块基石。其实不仅是德谟克利特,从泰勒斯开始的七贤,到德谟克利特、赫拉克利特都在做这种尝试。他们所禀持的理念,是使世界获得协调和均衡,"协调、或均衡、或者也不妨称之为'公道',是最早想要创立物质世界理论的一个基本法则。……由此可见,协调或均衡这个基本概念,一开始是不加区分地既作为自然界的一个原则,又作为伦理道德的一个原则来运用的。而且不加区分地认为它是自然界的特性,或人性的一个合乎情理的特性。然而这个原则最初发展趋于自然哲学。"②当然,他们认定这样的自然界是变动不居的。无论是德谟克利特的原子,还是赫拉克利特房屋的活火同,始终在流变。于是巴门尼德说,既然如此,就不用费心追求知识了。世界总在变,今天真实的知识明天就不真实了。如果相信这一点,那么开始追求时,这一过程就已经结束了。所以麦克里兰认为,"德谟克利特与赫拉克利特构想的这么一个世界,除了说它就是如此,很难加上有什么积极的价值。"③似乎没有这么简单。

赫拉克利特确实认为,世界是由火产生的,经过一定时期后又复归于火,永远川流不息。一切皆流,无物常住;万物有如一条河流,我们不能两次走下同一条河流。诸如此类的说法,每个哲学人都耳熟能详,无需多说什么。不过,对于赫拉克利特残篇,我们应该注意如下思想。

第一,永恒存在的逻各斯。如果从赫拉克利特思想中寻找自然法,同样应该注意他关于命运和逻各斯的说法。"[神就是]流转着的火,命运就是那循着相反的途程,创生万物的逻各斯。"④艾修斯解读说,"赫拉克利特断言一切都遵照命运而来,命运就是必然性——他宣称命运的本质就是那贯穿宇宙实体的'逻各斯'。"⑤赫拉克利特所说的逻各斯,是永恒地存在着,只是人们即使听到或说到它,也并不了解它。逻各斯是人人共有的,人应当遵从它。如果变动不居,怎么遵守。所以逻各斯应该是赫拉克利特应当说中永恒不变的东西。人有灵魂,"'逻各斯'是灵魂所固有的,它自行增长。"⑥赫拉克

① 麦克里兰:《西方政治思想史》,彭淮栋译,海南出版社 2003 年版,第 32 页。
② 赛班:《西方政治思想史》,李少军、尚新建译,台湾桂冠图书股份有限公司 1992 年版,第 48—49 页。
③ 麦克里兰:《西方政治思想史》,彭淮栋译,海南出版社 2003 年版,第 32 页。
④ 北京大学哲学系外国哲学教研室编译:《古希腊罗马哲学》,生活·读书·新知三联书店 1957 年版,第 17 页。
⑤ 北京大学哲学系外国哲学教研室编译:《古希腊罗马哲学》,生活·读书·新知三联书店 1957 年版,第 17 页。
⑥ 北京大学哲学系外国哲学教研室编译:《古希腊罗马哲学》,生活·读书·新知三联书店 1957 年版,第 29 页。

利特也说,"自然界的法则是相互排斥的东西结合在一起,不同的音调造成最美的和谐;一切都是斗争所产生的。"①所谓自然是对立的和谐,这一自然法则也是不变的。

从这些残篇,我们依稀能够看到,赫拉克利特学说中透出的东西是:逻各斯是不变的,作为自然法则的对立的和谐是不变的,然而,它们不是物质的。可见世界一直处于流变之中。我们在残篇看到的这句话"思想是最大的优点;智慧就在于说出真理,且按照自然行事,听自然的话。"②是否可以理解为思想中存在的东西是不变的,自然在这里应该是指自然法则,而不是可见世界,即自然界。因为可见世界是流变的,一会儿一个样,你怎么听他的话呢。这话音还没落呢,世界就不一样了呀。听自然的话,应该是指遵从自然法则。自然法则在这里指对立的和谐。而逻各斯呢,按照赫拉克利特的说法,逻各斯是命运,"命运就是必然性。"命运的本质就是贯穿宇宙的逻各斯。逻各斯是世界的最高法则。由于它的存在,万物才是可能的。

第二,从对立的东西产生和谐。"自然也追求对立的东西,它是从对立的东西产生和谐,而不是从相同的东西产生和谐。例如,自然便是将雌和雄配合起来,而不是将雌配雌,雄配雄。自然是由联合对立物赞成最初的和谐,而不是由联合同类的东西。"③艺术也是如此,高音、低音、长音、短音构成和谐的曲调。

第三,世界不是任何神创造的,也不是任何人创造的,是火生成的。"它过去、现在和未来,永远是一团永恒的活火。在一定分寸上燃烧,在一定分寸上熄灭。分寸在这里指的是火形成万物的运作规则,这个规则在赫拉克利特看来就是逻各斯。虽然火是永恒运动的,但是支配火运作的规则是不变的。在某种意义上,可以说在火背后运作的逻各斯,事实上是一种自然法则。它决定火的运动方式,是导致必然性的力量。这个力量不是神力,而是自然力。也可以说,赫拉克利特的尝试,是希腊哲学迈出世俗化的一步。

从米利都学派开始,到德谟克利特、赫拉克利特的希腊自然之旅的成就在于,他们寻求用自然的要素和法则解释自然。与神话思维相比,这是一个进步。他们迈出了走出荷马的第一步。虽然很难说赫拉克利特的思想,包含多少我们现在理解的自然法的内涵,但是,他们毕竟在用自然要素、自然法则解释自然(人是自然的一部分)方面,迈出了第一步。"逻各斯"是自然的普遍规律和最高法则,是万物普遍共有的尺度。既然人类是自然界的一部分,那么自然界的秩序,也应是人类最高的法则或者范本。最后合

---

① 北京大学哲学系外国哲学教研室编译:《古希腊罗马哲学》,生活·读书·新知三联书店 1957 年版,第 19 页。

② 北京大学哲学系外国哲学教研室编译:《古希腊罗马哲学》,生活·读书·新知三联书店 1957 年版,第 29 页。

③ 北京大学哲学系外国哲学教研室编译:《古希腊罗马哲学》,生活·读书·新知三联书店 1957 年版,第 9 页。

乎逻辑的结论应当是,自然法也是人的和城邦的准则。可以说米利都学派、德谟克利特、赫拉克利特等人迈出的这一步,是弥足珍贵的一步。如果没有这一步,很难想象苏格拉底时代的希腊哲学转向。

第四,协调、均衡、公道,从自然界延伸到国家社会。赫拉克利特曾经说过:"太阳不会越出它的限度;否则那些爱林尼神——正义之神的女使——就会把它找出来。"[1] 赛班认为,赫拉克利特这一说法表明,"协调或均衡或者也不妨称之为'公道',最早想要创立物质世界理论的一切想法的一个基本原则。"[2]

从米利都学派到赫拉克利特等,对于协调、均衡、公道的追寻,主要在于物质的自然界。而形成物质的自然世界的要素是水、火或者其他粒子等自然元素。不过,我们从赫拉克利特的说法中也能够清楚地看到,协调或均衡也是一个国家和社会的准则,它可用于神的行为。太阳如果越界,也会受到正义女神的惩罚。于是,协调与均衡与正义相关。

在古希腊神话里,主持正义和秩序的是规律女神忒弥斯(Themis)。按照《神谱》,她是大神乌拉诺斯(天)和盖亚(地)的女儿,后来成为奥林匹斯主神宙斯的第二位妻子。她的名字的原意为"大地",转义为"创造""稳定""坚定"。在早期神话里,忒弥斯还负责维持奥林匹斯山的秩序,监管仪式的执行。她的工作职责与法律相关。正义女神管辖天地万物,也管辖人间正义。

赫拉克利特的协调和均衡既然涉及正义女神。那么至少有如下几种意思:第一,这些观念涉及正义问题;第二,既涉及自然界,也涉及人间事物;第三,涉及法;第四,正义在希腊主要是一个道德概念。"由此可见,协调或均衡这个基本观念,一开始是不加区分地作为自然界的一个原则,以作为伦理道德的一个原则来运用的,而且不加区分地认为它是自然界的一种特性,或人的一种合乎情理的特性。然而这个原则的最初发展起于自然哲学,而这一发展又转过来对这一原则后来在道德和政治思想方面的运用产生了影响。"[3]

公元前5世纪,希腊发生了一个重要变化,即哲学的苏格拉底转向。随着这一转向的出现,人们的兴趣发生了变化,人们的目光从自然转向人,修辞、音乐、戏剧、演说、最终扩展到伦理学和政治学。这就是所说的悲剧时代。哲学与自然哲学剥离出来,哲人们把目光投向逻辑学、伦理学、政治学、宗教和法学。

---

[1] 北京大学哲学系外国哲学教研室编译:《古希腊罗马哲学》,生活·读书·新知三联书店1957年版,第28页。
[2] 赛班:《政治学说史》,李少军、尚新建译,台湾桂冠图书股份有限公司1992年版,第48页。
[3] 赛班:《政治学说史》,李少军、尚新建译,台湾桂冠图书股份有限公司1992年版,第49页。

随着这一转向，我们所关注的自然法问题与伦理学、政治学、宗教和法学建立了联系。尽管希腊人并没系统阐释自然法，他们的法学也通常具有伦理学色彩。但是，不能否定的是，后来称之自然法和法的基础，正是希腊人奠定的。相比之下，亚里士多德对于法学的探讨在希腊是最为麻痹性的，即使如此，亚里士多德亦未能对法学做出系统阐释。然而理解自然法，无论如何不可以越过亚里士多德。

三、柏 拉 图

苏格拉底完成的哲学转向，使人把目光转向自身。这是哲学的常识，笔者不想就此多言。需要提醒读者的是苏格拉底的转向，对于自然法的影响是不可忽略的。由于有苏格拉底的转向，哲学家们把和谐、公平、正义之类的概念用于国家、社会与个人，成为国家、社会赖以自下而上的基础。特别是正义概念搅动了西方世界几千年，至今依然是政治哲学的明星。

苏格拉底以降，形成了一个很重要的理念：人类的理智活动"驱使人类自身朝向一个永恒且不变的正义观念。人类的权力机构表达或应当表达这个正义观念——而非制造这个正义观念。"①倘若人类的权力机构没有表达正义的观念，它就必须为此受到惩罚，它有可能为此丧失权力。政府因没有体现正义的理念而付出代价——失去权力，这是现代理念。这个理念起源于希腊人对于正义的理解，即认为"在自然和人的自然中，存在着一种理性的秩序，这个秩序可以提供独立于人类意志且可被理解的价值陈述，它们是普遍适用的，它们的基本内容是不变的，它们对人类具有道德约束力。这些陈述被表达为法或道德义务，它们为我们评价法律和政治结构奠定了基础。"②

政府和国家是为正义而存在，"正义被看作是更高的或终极的法，它来自于宇宙的本性——来自于上帝的存在和人类的理性。因此，法——作为最后可以诉诸的法——在某种意义上高于立法者。因此，立法者在某种意义上高于立法者。"③毫无疑问，这是在今天被奉行的政治理念。它们在古希腊就出现了。柏拉图亚里士多德没有明确的自然法的理论，他们虽然都著有法篇，但是，用今天的观念看，很难把它们视为法律。充其量是道德理论。不过，就是这些不能称其为自然法和法的思想，却成为后世自然法和法

---

① 弗朗西斯·奥克利：《自然法、自然法则、自然权利——观念史中的连续与中断》，王涛译，商务印书馆2015年版，第13页。
② 弗朗西斯·奥克利：《自然法、自然法则、自然权利——观念史中的连续与中断》，王涛译，商务印书馆2015年版，第11页。
③ 弗朗西斯·奥克利：《自然法、自然法则、自然权利——观念史中的连续与中断》，王涛译，商务印书馆2015年版，第13页。

基础。

柏拉图的《普罗泰戈拉篇》，是希腊版的创世纪。大致的意思是世间万物，都是诸神用土和水以及两类元素不同比例的混合而成。生物造好之后，诸神指派普罗米修斯和厄庇墨透斯装备他们。于是不太聪明的厄庇墨透斯负责装备包括人在内的生物，又赋予它们不同的能力，不同的身体形式，不同的食性等。遗憾的是，厄庇墨透斯把人给忘记了。普罗米修斯只得从雅典娜和赫淮斯托斯那里盗来了种种生活技能，再加上火，人的种种生活技能便齐备了。人的生命、人的生活技能，人赖以存在的基础都来自神，这意味着人的自然本性是神性。如柏拉图所言，人必须虔敬，人成为崇拜说老实话的唯一动物，因为只有人与诸神有亲戚关系。只有人建立神坛塑造神像。虔敬是人的神性，是人之为人的基础，也是人的自然本性，即与生俱来的天性。按照《普罗泰戈拉篇》的说法，人有了生活技能后最初只是一群群地散居各处，那时还没有城市。结果是人被野兽吞食，因为人的技能虽然足以取得生活资料，却不足以与野兽作战。他们并不拥有政治技艺。在柏拉图看来，战争技艺是政治技艺的一部分。为寻求自保，他们聚集到城堡里，但是由于缺乏政治技艺，他们住在一起后，又彼此伤害，重陷分散和被吞食的状态。宙斯担心整个人类会因此而毁灭。于是宙斯派赫耳墨斯来到人间，把虔诚与正义带给人类，并以此建立城邦。虔敬不仅表现在建立神坛，而且要听神的话，要敬神。正义则是作为政治技艺赐予人类的。赫尔墨斯问宙斯，他以什么方式在人们中间馈赠这些礼物时，宙斯回答说："分给所有人。让他们每人都有一份。如果只有少数人分享道德，就像分享技艺那样，那么城市就决不能存在。此外，你必须替我立下一条法律，如果有人不能获得这两种美德，那么应当把他处死，因为这种人是国家的祸害。"①一个人，一个城邦，只有坚持正义才能生存。城邦是人有效地保存自己的政治共同体，它是神赐的。人是城邦动物是人的自然本性所决定，这个自然本性来源于诸神。自然本性就是人的神性。

既然正义是政治技艺，关乎城邦和每个人的生死存亡；如果作为道德，它是一种政治道德，为神所赐，是城邦生死攸关的事情，那么什么是正义？希腊人有著名的四德：智慧、勇敢、节制、正义。柏拉图在《理想国》用了很大篇幅说明四德，不过，我们应当注意柏拉图的结论：智慧、勇气及节制，是人的美德，是个人具有的，但不是人人具有的。所以前两种美德只是某些人具有，并不要求人人具有。例如，勇敢，有的人具备，有的人不具备。智慧有的人有，有的人没有。而节制和正义则需要每个人都具有，不同的是，虽然要求人人有节制，但是，也不是每个人都能做到的。因而柏拉图并没有对无节制提出

①　柏拉图：《普罗泰戈拉篇》，王晓朝译，《柏拉图全集》第一卷，人民出版社2002年版，第443页。

更严厉的措施。正义则不然,它是政治美德,必须人人拥有,而且必须做到。不正义者死。

正义分为城邦的正义和人的正义。人的正义涉及灵魂的结构,柏拉图认为,人的灵魂由理智、激情、欲望三部分构成,这三者分别存在于人的大脑、胸腔、胃中,是一种由上而下的关系。个人的正义是用理智控制激情,用理智压制欲望,实现三者的和谐。笔者在《人性的曙光:希腊人道主义探源》对于灵魂问题以及个人的正义有过详细的阐释,在这里从简。

城邦正义建立在等级制的基础上。按照柏拉图的看法,一个城邦由统治者、武士、劳动者三部分构成,他们分别代表着理智、激情、欲望。在《普罗泰戈拉篇》柏拉图说,厄庇墨透斯与普罗米修斯一起用泥土和水创造了人类。

那人为什么会有差别呢?在《理想国》柏拉图解释道,尽管人都是神用泥土和水这两种基本元素创造的。但是,神在造人的时候,有的人被神掺入了金子,有的人掺入了银子,有的人掺入铜和铁。掺入金子的人最宝贵,成为统治者。掺入银子的人是辅助者,即军人—城邦卫士。被掺入铜铁者成为劳动者,主要是农夫和手艺人。[①]

学界通常把这一段话简述为人的等级:金、银、铜、铁族。这也是柏拉图饱受诟病的地方,认为他倡导等级制,而且等级是先天的。有的人天生就是统治者,有的人天生就是被统治者,只能从事体力劳动。如果这三个明显的阶层相互混淆、相互转换,对国家都是极大的损害。在柏拉图眼里,这就是罪恶。由于城邦是由三个不同的阶层组合而成,而且这三个阶层的划分不是人为的,而是先天的,是神在土和水的混合体中加入金银铜铁所致。因此,三种阶层的结构是先天的和谐,不可以随意改变,如果改变,便是不虔敬,便是违背神意,也是违背自然。当然就是不正义。

由此,我们得到了柏拉图对于城邦正义的结论,所谓城邦正义是不同等级各安其位,各司其职:"当城邦里的这三种自然的人各做各的事时,城邦也由于这三种人的其他某些情感和性格而被认为是有节制的、勇敢的、智慧的。"[②]简单地说,三类人各守本分,尽职尽责,就可以表现出王者的智慧、卫士的勇敢、匠人的技艺,这样,城邦便是有节制的,因而是正义的。

波普对此提出批评,他认为,柏拉图为人们讲述了一个种族主义的神话。一种与生俱来的等级制度。金银铜铁不可混合。柏拉图强调低贱金属的任何混合种,都必须从高等阶级当中排除出去。金属的混合及相应地位的变化,只有一种可能性:生来高贵但

---

① 参见柏拉图:《理想国》,郭斌和、张竹明译,商务印书馆1986年版,第128页。
② 柏拉图:《理想国》,郭斌和、张竹明译,商务印书馆1986年版,第157页。

却退化了。他主张，退化的孩子可以被降下去，但任何生来低贱的种族，都不能提升上来。在人类堕落故事的结论性段落里，柏拉图描述了任何金属的混合都将导致毁灭的诸情形。不论冲突发生在何地，我们必须认为这就是血统和出身的冲突。波普愤愤不平地说，有鉴于此，我们必须认为，那个人类的故事最后得出的结论是构造了犬儒主义的预言，神谕说："铜铁护卫，国家必亡。"这一切皆因自然本性所致。波普是从探讨历史主义以及历史决定论的贫困出发看待柏拉图，文字流畅，读起来也颇感痛快。

但是，偏爱柏拉图的学人则不是这样看。他们倾向于认为，因为人是神用水和土混合一定比例的金银铜铁创造而成，人的自然本性，不是指他的物理属性，而是指人的神性。因此人的物理属性和人的社会等级均为神赐。与动物相比，人没有任何技能，这是神的一个美丽的错误，然而人能够在没有任何能力的情况下生存，得益于神的二次创造。二次创造赋予人生活技能——火，也赋予人一个独特的生活方式——城邦动物。

柏拉图哲学是否有自然法，对此西方世界有太多的争论，笔者无意涉及这些争论，只想表明，笔者认为，柏拉图哲学有自然法要素。维系城邦运作的力量得益于神赐的虔诚与正义。因而虔诚与正义是神赐予人类的自然法，依据它们，人类的生存才是可能的。从柏拉图的阐释可以看出，自然法（如果可以这样说的话）是神法，这是毫无疑问的。自然法在柏拉图哲学中也是道德法，从柏拉图著作的阐释中可以看出，虔诚与正义是人的美德，因而自然法是道德的法则。

柏拉图以降，西方政治哲学涉及自然法的学说，几乎无一例外地把正义作为自然法的核心。就此而言，我们可以说，柏拉图虽然没有明确系统地阐释自然法，然而他对于正义的诸多论述，却为后来的自然法学说奠定了基础。我们可以把柏拉图的正义论视为准自然法。因为柏拉图确定了自然法的基本性质和基调。

第一，正义的原则是神赐的，也就是说，正义源自城邦与人之外的绝对力量，正义的准则也是神赐的。

第二，人的活动达到正义的资质是神赐的，正是神赋予人不同的资质，才使人有了社会分工。这种分工源自等级，而等级的形成，是与生俱来的，是自然形成的。由于等级的不同而拥有不同的天赋，也是与生俱来的。因此，人人安分守己是神的指令，也符合自然法。事实上，自然法在柏拉图哲学中，不是物理学法则，而是神法。正义是神赐的自然法。

第三，神创形成的等级，是出于目的论的需要——善的理念。①

---

① 参见杜丽燕：《人性的曙光：希腊人道主义探源》，华夏出版社 2005 年版。第七章，对此有详细的论述和探讨。这里因行文需要只提及一笔。

四、亚里士多德

也许是受柏拉图影响,亚里士多德的政治学和伦理学理论,关注如何建立理想的国家,也同样关注公民的幸福生活问题。与柏拉图一样,阐释这些问题,同样建立在人的自然本性及自然法等理论基础之上。尽管学界通常认为,亚里士多德凡涉及早期国家理论的地方,着重批评柏拉图理论,吾爱吾师,吾更爱真理嘛。不过,与我们的主题相关的理论,亚里士多德学说中处处是柏拉图的影子。

亚里士多德也认为,人是城邦动物。亚里士多德没有像柏拉图那样通过神话故事证明这一点,而是用目的论证明人是城邦动物。在《政治学》开篇,亚里士多德就指出,一切社会团体的建立,总是为了完成某些善意;人类的每一种行为,其目的也是在追求某种善果。作为社会团体中最高包含最广的一种,所求的善业也一定是最高、最广的。"这种至高而广涵的社会团体就是'城邦'。"①

亚里士多德从两个方面说明人是什么,第一,从生物学角度探讨人是城邦动物,二是从目的论来说明城邦与人的本质的关系。

人是城邦动物的生物学说明。就自然法则而言,最初相互依存的两个生物必须结合,既是生存,也是为了繁衍。罗斯指出,亚里士多德对于城邦所做的自然主义分析,依据人类的两种本能。"有两种主要的本能,使人彼此结合起来;繁衍的本能使男人和女人结合在一起;自我保存的本能使主人和奴隶为了彼此的目的联系在一起——精明的心灵和强壮的肉体。因此,我们得到了一个三人的迷你型社会——家庭。"因为对于非雌雄同体的生命来说,"雌雄(男女)不能单独延续其种类,这就得先成为配偶——人类和一般动物以及植物相同,都要使自己遗留形性相肖的后嗣,所以配偶出于生理的自然,并不是由于意志(思虑)的结合。"男女结合形成家庭。家庭就成为人类满足日常生活需要建立的社会的基本形式。因此,家庭常常被称作食橱伴侣,或曰槽伴侣。

在此基础上,为了适应更广大的生活需要,由若干个家庭联合组成一个初级社会形式,这就是村坊。村坊最自然的形式是由一个家庭,经过世代繁殖而形成的自然部落。居住在这种村坊中的居民也被称作"同乳子女",这样的村坊被称作"子孙村"。由血缘关系形成的村落或部落,通常由辈分最高的长老统率。古代民族的群王统治,如荷马史诗所描述的英雄们统治的王国,大多都是以自然的血缘关系为纽带的。"君王正是家长和村长的发展"。若干个村坊相结合便组成了城邦。这时,社会就进化到高级而完

---

① 亚里士多德:《政治学》,吴寿彭译,商务印书馆 1983 年版,第 3 页。

备的境界,在这种社会团体以内,人类的生活就可以获得完全的自给自足;人们也可以这样说:城邦的长成出于人类"生活"的发展,而其实际的存在却是为了"优良的生活"。早期各级社会团体都是自然生长起来的,一切城邦既然都是这一生长过程的完成,也该是自然的产物。这种层层结合的方式,不是出于某种深思熟虑的行为,而是出于人的自然本能。是人类为了生存和发展所必不可少的东西。由于城邦是人类发展的自然过程中形成的,所以,人必须生活在城邦之中。因此,"人类自然是趋向于城邦生活的动物(人类在本性上,也正是一个政治动物)。凡人由于本性或由于偶然而不归属于任何城邦的,他如果不是一个鄙夫,那就是一位超人。"在荷马心目中,脱离城邦而生活的人是自然的弃物。

亚里士多德认为,就自然本性而言,人的天性中存在着与自己的同类共同生活的习惯。在《动物志》中,亚里士多德谈到动物的居住习性,把习性分为两类,一类是单居动物,一类是群居动物。人属于群居动物。在《尼各马可伦理学》第十卷,亚里士多德指出,人必须过一种社会生活,这不仅是人种生存、安全和物质生活完善的需要,更重要的是唯有在社会中,人接受良好的教育、依靠法律和正义管理生活才是可能的。对于亚里士多德和当时的希腊人来说,社会就存在于城邦之内,过社会生活,就是过城邦内的生活。城邦中共同的"社会生活"——婚姻关系、氏族祠坛、宗教仪式、社会文化活动等——是常常可以看到的现象。"城邦(社会生活)的最高职责不仅仅是让公民活着,而是让全体公民在一种完善的共同生活中过得幸福。幸福生活的最高标准是至善。就本性而言,城邦先于家庭和个人,也就是说,人的禀性必须根据城邦来定义。但是就自然过程而言,城邦是最后出现的。

人是城邦动物的目的论证明。从目的论的角度谈论问题,是亚里士多德思想一个最显著的特征。所谓目的论是指为了什么而做,即指变化发展的必然性原因。就人的定位而言,所谓目的论说明和生物学说明只是一个大致的划分,它们并不是泾渭分明的两种方式,而是密切相关的。因此,重要的问题在于在人的定位问题上,哪一种角度更根本。如果从整个亚里士多德哲学来看,应该是目的论更根本。亚里士多德自己也说:"我们发现,自然生成的原因不止一个。例如事物'为什么'而被生成和运动产生的本原。我们必须断定两种原因何为第一,何为第二。显然,第一位的是我们称之为'为什么'的目的因。因为它是事物的逻各斯(λογος),而逻各斯乃是自然作品同样也是作品的原则或本原。"关于人的定位,目的论是说明人为什么如此,他为什么具有这样的体格、形态、生活习惯和本质,使人们知其所以然,而生物学对人的相关问题的说明使我们知其然。目的论不仅适用于人类,而且适用于整个世界。在亚里士多德看来,不仅人、家庭、城邦、社会是合乎目的建立的,就是宇宙万物和自然也是合乎目的的。不仅是解释人,就是解释自然世界,解释整个宇宙我们都要问"它们为什么如此",这个问题在亚里士多德看来,就是求助于目的因。目的因对于万物的解释,是致力于说明万物的必然性。亚里士多德在《动物的部分》中强调指出,他所说的必然性与自然哲学家们不同。亚里士多德认为,自然哲学家们只是从质料因来说明必然性,因而,他们着重说明宇宙如何从物质产生,其动因是什么,如爱恨情仇,努斯(灵魂),自发性等。他们设定宇宙的载体——质料具有必然性本质。如火的本质为热,土的本质是冷,前者轻,后者重。他们用这种方式解释宇宙,也用这种方式解释植物与动物。这种解释说明了万物的质料因,他们所说的必然性,也是在这一意义上的必然性。亚里士多德是用他的四因说来说明必然,而其中最根本、最重要的是目的因。亚里士多德的目的因并不是解释万物存在的物质的必然性,不是作为一种结果出现的东西,而是逻辑在先的东西。

例如,鸭子之所以长两脚又长蹼,是为了游泳。那么作为长两脚又长蹼的鸭子,游泳的生活习性,以及与这种生活习性相关的鸭子的一切形体结构,生长结构、生殖结构以及生存方式,都是合乎目的的。这个特征不能靠质料因来解释,而必须用目的因来解释。这个目的就是 good,而长蹼对于鸭子来说就是 good,因为它适合鸭子游泳的生活方式。而游泳是鸭子本质的重要组成部分,只要人们想说鸭子是什么,就必然会涉及游泳。长蹼、游泳是鸭子的生活方式,是鸭子有别于其他动物的显著特征。Good 是好的意思,到了后来,特别是基督教时代,它的衍生意义就是善。我们现在习惯上也把这一词的希腊意义译成"善"。好意味着自然存在的一切都是自然按照理想的方式建立的。这是一个前提,在这个前提下才能谈及质料、运动等因素导致的必然性。善则突出强调了它的道德价值取向。

根据目的论的原因,亚里士多德指出:"自然不造无用的事物;而在各种动物中,独有人类具备言语的机能。声音可以表白悲欢,一般动物都具有发声的机能:它们凭这种机能可将各自的哀乐互相传达。至于一般事物是否有利或有害,以及事物是否合乎正义或不合正义,这就得凭着言语来为之说明。人类所不同于其他动物的特征,就在他对善恶和是否合乎正义以及其他类似观念的辨认[这些都由言语为之互相传达],而家庭和城邦的结合正是这类义理的结合。"如果说人与动物在其他方面的相似说明了人是动物,那么使人成为人的东西则说明人是某种特殊动物。这就是以言语为前提的对于利与害、正义与不正义的辨认和说明。以言语辨认和说明利与害、正义与不正义,是人结合成家庭和城邦的义理。换句话说,自然为人类配备语言机能,以语言表达城邦的正义,反对城邦内的不正义就是好的,如同鸭子有蹼一样,因此,有语言的人,生活在家庭进而生活在城邦内的人,靠正义维系的城邦,都是目的论的必然结果。在人的问题上,"亚里士多德的目的论以他的形而上的生物学为先决条件。"因而麦金太尔形象地把亚里士多德的生物学称作"形而上的生物学"。即人的生物本质是目的论的。

亚里士多德根据生物学和目的论证明了人是城邦动物,同样依据生物学和目的论进一步表明,生活在城邦内的人,身份有天壤之别。有人贵为国王,有人身为贵族、主人,有人则为奴隶。城邦人的显著特征之一是等级制。亚里士多德认为,奴隶制度是合理的,因为它符合自然,也是目的论的必然结果。"世上有统治和被统治的区分,这不仅事属必需,实际上也是有利益的;有些人在诞生时就注定将是被统治者,另外一些人则将注定是统治者。"

亚里士多德从生物学的角度论证"一个从诞生时就注定是统治者或被统治者"。亚里士多德认为,"一切事物如果由若干部分组合而成一个集体,无论它是延续体(例如人身)或是非延续体(例如主奴组合),各个部分常常明显地有统治和被统治的分别。这种情况见于自然界有生命的事物,也见于无生命的事物。"统治与被统治关系符合自然法则,它不是人为的。从生物界最高级的组合——灵魂与身体来看,"前者自然地为人们的统治部分,后者自然地为被统治(从属)部分。"人最健全的自然状态,就应该是这样的。这一观点也是柏拉图思想的延续。身体统治灵魂的情况也是有的,那不过是堕落或者半堕落的人的状况。在亚里士多德眼中,这样的人不是最健全的自然状态,一旦身体统治灵魂,那就是人的自然本性的丧失。与身体相比,灵魂是强大的,因为灵魂的主要部分是理智,正常的自然状况,理智支配着身体的欲望。灵魂与肉体关系,灵魂为强者、在上者,肉体为弱者、在下者。统治者和被统治者在能力和作用方面都有明显的差别。它们的差异相当于灵魂和肉体的关系,不仅人的身体是这样,男与女的关系,人与兽的关系都是这样,同理,主人与奴隶的关系,也受这样的自然法则支配。主人与奴隶是天生的主人和天生的奴隶,就是自然主人和自然奴隶。符合自然法则,也符合目的论。

综上所述,在亚里士多德演说中,自然法涉及如下方面:

第一,依据目的论而形成的城邦,作为最大的社会团体,本质上是寻求最高的善,社会团体的产生同样是为了寻求至善。而个人,作为社会团体的成员,无一例外地寻求至善。因此,寻求至善是人的天性所致,是社会团体和城邦的本质所致。于是寻求至善是城邦第一要义,是城邦、社会团体、个人的自然法,是他们的自然本质。每一个自然物的发展必然达到至善,这是自然物生长的目的。城邦的出现基于两个原因,自然演化和至善。换句话说:自然法和目的论。

第二,城邦与社会是等级制的,等级制符合自然法。一个人究竟统治者,还是被统治者奴隶,是由先天因素所决定的,即天生是某种社会角色。"凡是赋有理智而遇事能操持远见的,往往成为统治的主人;凡是具有体力而能担任由他人凭远见所安排的劳务的,也就自然地成为被统治者,而处于奴隶从属地位。"①

第三,人天生就是城邦动物,即人作为城邦动物,是自然法——自然天性所致。在逻辑上城邦先于个人,也就是说,城邦是人之为人的基础。因而城邦因自然法而生成。之所以如此,是因为"每一个隔离的个人都不足以自给其生活,必须共同集合于城邦这个整体"。②

亚里士多德辞世,标志着城邦时代的结束,欧洲文明新时代的开始。"正如卡莱尔教授所指出的,如果说政治哲学的延续在某一点上中断了,那就是在亚里士多德去世。……人作为政治动物,作为城邦或自治城邦国家的一部分,已经同亚里士多德一道完结了;而作为一个个人,则是与亚历山大一道开始的。这种个人需要考虑他自己的生活规则,还要考虑同他人的联系,他和其他人共同组成'人居住的世界'。"③考虑自己的生活规则,各种指导行为的哲学,而共同组成人居住的世界,需要世界主义的视野,用一句话说就是"四海之内皆兄弟。"

这种世界主义的代表是斯多亚学派。他们最重要的功绩在于为罗马法观念的形成奠定了一定的基础。他们不再把一个人视为一个群体的有机部分,而是普遍法规和政府体制之下的一个个人。原则上所有个人在任何时候、任何地方都享有法律之下的平等。这里出现了最发达形态的自然法概念。

五、斯多亚派

世界主义。世界主义是斯多亚学派最突出的贡献。在犹太人、希腊人以及其他古代民族中,在世界大帝国建立起来以前,由于民族孤立的状况所致,都具有排他性和局限于本民族的特点。犹太人认为只有亚伯拉罕的后裔才是上帝的百姓,希腊人认为,只有希腊人才是真正的人,或者说才有被称为人的完备资格,至于野蛮人……就连像柏拉图和亚里士多德那样的哲学家,也还不能完全摆脱民族偏见。

斯多亚学派开创了一种传统:从人类都有理性官能的共同性,推论出人类都基本相似,并且互相联系的。斯多亚学派首先把所有的人,都看作是一个伟大共和国的公民,这个共和国的每一个地区对于全国的关系,就像一个城镇的各所房屋与全城镇的关系一样,像一个生活于共同的理性法令之下的家庭一样。世界主义思想,作为亚历山大南征北战的最美好的成果之一,是从柱廊(希腊语的 stoa,原意为"带柱的廊",斯多亚学派创始人芝诺曾经在雅典柱廊下讲学,斯多亚学派由此得名)产生的;不仅如此,首先

---

① 亚里士多德:《政治学》,吴寿彭译,商务印书馆 1983 年版,第 5 页。
② 参见亚里士多德:《政治学》,吴寿彭译,商务印书馆 1983 年版,第 9 页。
③ 赛班:《西方政治思想史》,李少军、尚新建译,台湾桂冠图书股份有限公司 1992 年版,第 157 页。

说出"'四海之内皆兄弟'这句话的,也是斯多亚学派,因为他们认为大家都有一个共同的父亲,即上帝。"①这一大段的评论,是施特劳斯对斯多亚学派的全面评价,也是最中肯的评价。斯多亚学派的世界主义对于基督教的影响是十分深远的,客观地说,对于整个西方世界的影响也是无法估量的。因为它不仅为基督教成为世界范围的宗教奠定了理论基础,也为自然法思想的阐释开辟了道路。

对人的定位的改变。希腊对人的定位,一直受到公民与城邦关系的影响。希腊人有一个共同的政治理想,这就是在城邦内公民享有和谐共同的生活。这一理想始终是希腊政治理论的指导思想。不过,希腊城邦是小国寡民。就规模而言,当时最繁华的雅典,最多不过30万人,其中绝大多数是奴隶。而享有和谐共同生活的成员,并不是这30万人,而是指生活于其中的公民,即不包括妇女、儿童和奴隶。如此说来,可以在城邦内部享有和谐共同生活的成员,也就是几万人(有人说5万左右)。和谐共同的生活只是公民的特权。尽管在梭伦时代,希腊就有著名的《梭伦法典》,而且雅典是以民主制著称,不过,按照赛班的看法,希腊城邦与现代国家最大的差别在于,它首先不是一部法律机器,而是具有基本的伦理意义。是唯一实现更高文明形式的健全的道德基础。它基于一个公设,人性就是神性,人的自然本性就是有了神性。也可以说人的自然本性就是神性。柏拉图和亚里士多德关于国家的全部论述,以一个道德假定为前提:完美的生活意味着参与国家的生活。因为人是城邦动物。我们在前面已经讨论过。

就文化而言,马其顿的兴起,特别是亚历山大的征服和整个希腊化时期,给希腊文明带来的冲击是巨大的。策勒尔指出:"这一时期希腊的外部事物也令人堪忧,理性力量有明显衰弱的趋势。……马其顿的崛起给希腊人的独立性以致命一击,也冲破了迄今为止,把希腊人与外邦人隔离开的樊篱。一个新世界展现在他们面前,巨大的版图为他们提供了广泛的探索活力。希腊被带入与东方民族的多重接触之中。……特殊的环境把东方文化与西方文化结合起来,融合为一个同质的整体,形成不同种族的理智的力量。"②希腊文化在希腊化过程中发挥作用这一事实本身,就表明希腊文化运作的环境不可能再是原来的小国寡民了,它必须把自己转向于亚历山大大帝国中,在这个帝国的版图内运作的文化,必须是世界主义的,而不是小国寡民的。

在政治上,希腊人彻底认识到一个事实,"城邦国家太小且太爱争斗,这使得他们甚至连统治希腊社会也统治不了"。③ 城邦生活的共同性太强,致使个人几乎完全没有

---

① 施特劳斯:《耶稣传》,商务印书馆1993年版,第153页。
② Zeller, *Stoics*, *Epicureans and Sceptics*, London, 1892, pp.13—14.
③ 赛班:《西方政治思想史》,李少军、尚新建译,台湾桂冠图书股份有限公司1992年版,第244—254页。上述引文均出于此书。

私人的生活,"最有天才的政治家,也不能指望在那样的场所有多大作为"。结果"导致一种幻灭情绪,一种引退,并创造一种私人生活的意愿,而这种私人生活与国家利益很少有关系,甚至完全没有关系,国家的成败可能会变得无关紧要。"①使私人生活与国家分开,使个人能够享有真正的私生活,是人们对于希腊城邦理想的幻灭的结果。但是,对于人的发展来说,却是关键的一步。

人的定位也发生了变化。亚里士多德曾经断言,"人是政治动物",当然,这里所说的人,主要指公民,而这里所说的政治,依然是希腊意义上的,即指参与城邦的共同生活。随着城邦国家的失败,作为政治动物的人,作为城邦一部分的人,已经同亚里士多德一道完结了。古代希腊对人的定位,随着亚里士多德一道退出历史舞台。我们可以毫不夸张地说,城邦人的概念,是希腊哲学的基础。但是,随着亚历山大的征服,整个地中海沿岸几乎都成为希腊世界。在世界范围内,城邦失去了原有的存在基础。

在亚历山大之后的罗马人,接管了庞大的大希腊帝国。由征服而来的战俘与日俱增。罗马帝国版图内几乎处处是奴隶。罗马人像通常的暴发户一样,随着境遇的变化,物质享受像无底洞一样,迅速恶性膨胀。他们建立起世界上最堂皇的宫殿,"在他们豪华的宫廷里,这些帝王们把雅典人的高雅和东方人的奢侈结合起来,宫廷做出了榜样,他们统治下的高级官员们自然都起而效尤"。② 一时间,宫廷、纪念碑林立;宽阔的官道直通帝都,所谓"条条道路通罗马";到处是纸醉金迷。王公贵族奢迷的生活的孪生现象,就是数目惊人的奴隶和穷人。吉本先生描述说:"有人发现,曾经有过如此悲惨的情况:在罗马的一间大厅里,共生活着四百个奴隶。这四百个奴隶属于非洲一个极为普通的寡妇。"③《罗马法》明确规定,奴隶"是不具人格之人"。罗马时期的奴隶与希腊最大的差别是,在罗马时期,奴隶受到非人的待遇。而在希腊,奴隶从事体力劳动的人,没有参与城邦政治生活的权利,但是,他们有相当的行动自由,而且不是会说话的牲畜。

罗马帝国是物欲横流的世界,物质利益把人们分为不同的集团和阶层。这里没有希腊城邦那种充满理想主义的浪漫,亦没有求知和追寻德行的欲望。因而,在罗马帝国,除了皇帝、宫廷贵族、达官显贵以外,没有人会把自己的命运与国家利益联系在一起。虽然罗马人接管了大希腊帝国的版图,同时吸收了希腊文明,使昔日进入希腊的罗马野蛮人,变成了走出希腊时的文明人,但是,他们没有继承希腊人的城邦文明,也没有接受与城邦文明相关的城邦人。这主要是因为,我们前面所讲的客观条件本身,已经没有城邦人立足的余地。城邦人造就了辉煌的希腊文明之后,成为不合时宜的人。城邦

---

① 赛班:《西方政治思想史》,李少军、尚新建译,台湾桂冠图书股份有限公司 1992 年版,第 145 页。
② 吉本:《罗马帝国衰亡史》,黄宜思、黄雨石译,商务印书馆 1997 年版,第 37 页。
③ 吉本:《罗马帝国衰亡史》,商务印书馆 1997 年版,第 41 页。

造就了辉煌的希腊文明以后,已经成为罗马帝国内不合时宜的政治体制,可以说,随着亚历山大的谢世,城邦及其城邦政治和文化,也寿终正寝了。

在罗马帝国内,人们不能再像希腊人那般闲适,罗马皇帝也不会事事都让公民来讨论。他的公民太多了,罗马皇帝可不像伯里克利,他们没有耐心去听那些喋喋不休的争吵。在罗马帝国最重要的是务实。因此,要生存就不能是游手好闲、多嘴多舌、事事都在寻找 logos 的城邦人。他必须知道,他是罗马帝国公民,或者说是属民。处于罗马属民的地位,他个人的命运与罗马帝国不相干,他必须务实,像他们曾经不屑的奴隶那样,努力工作,寻求自己的生存空间。也许这些工作是体面的,但是,他必须工作,至少必须穿梭于上流社会之间。而对于他的各种权利的保护手段,不是德行,而是法。法的力量是罗马帝国最重要的力量,也是罗马人为世界作出的最大贡献。

此时的希腊人,像一个饱经沧桑老人,在残酷的现实生活中,靠回忆往昔的辉煌度日。他们清楚地意识到,希腊不再是令希腊人骄傲的海上强国,而是一个穿着破鞋,备受折磨的丑老的妓女,是罗马人的附属品。希腊人特有的城邦与公民的关系,已经随着城邦的衰落丧失殆尽。除了往日的辉煌还依稀残留在人们的记忆中以外,罗马帝国时期的希腊,无论从任何地方讲,都是一个极普通的城市。亚里士多德所表达的那种希腊人特有的人种优越感,在这种氛围中荡然无存。希腊的城邦人失去了生存的基本条件。"结果上了年纪的雅典人,开始学习从地方性的角度去思考问题;而富于冒险精神的年轻人,则到东方的希腊主义国家去猎取自己的幸运。这样,就导致希腊人和野蛮人之间的界限的消失,承认彼此间有一种共同的人性。"①在这种情况下,必须重新为人与人的关系,人与国家的关系定位。定位的依据是法。而斯多亚学派提出的世界主义,正是罗马法律体系的理论前提之一。

斯多亚学派的世界主义与他的自然主义学说密切相关。他们认为"人凭借自己的理性认识到,自己是宇宙的一部分,因而决心为这一整体工作。他知道,事实上自己是与所有的理性生物相关;他明白他们同属一类,赋有平等权利,他们和自己一样,处于同一自然规律和理性支配之下。他把彼此为对方而生活,看作是他们自然注定的目的。因此合群和本能是人的天性所固有的,这种本能要求正义和对同类的爱,这些是一个社会的根本条件。"②虽然斯多亚学派没有公开提出"社会人"的概念,不过,他们对人、对人与人的关系、人与自然的关系、人与社会的关系的看法,已经清楚地表明,他们认为:人既然是自然的一部分,人便具有同样平等权利。在具有平等权利的人形成的共同体

---

① 范明生:《晚期希腊哲学和基督教神学》,上海人民出版社 1998 年版,第 19 页。
② 策勒尔:《古希腊哲学史纲》,第 241 页。

中,每个人都有义务为他人而生活,因此人要合群,要有爱同类的本能。这样,人之间的关系,就远不止限于城邦事物那点小天地了,人要为自己的类而活着。同类之间要有爱,人之间的友爱和人的正义,是一个社会存在的基本条件。"一个人与全人类的联系,远比他与他的民族的联系更为重要。"①

人作为城邦内的政治动物,同亚里士多德一道完结了。而作为个人,却与亚历山大一道开始了。"这种人要考虑他自己的生活规则,还要考虑同他人的联系,他和他人共同组成'人居住的世界'。为了满足前一个需要,就出现了种种指导行为的哲学;为了满足后一个需要,则出现了四海之内皆兄弟的新思想。"②城邦生活虽然一切皆由公民讨论决定,但是,公民对于城邦的依赖恐怕比任何地区都强。城邦寿终正寝之际,希腊社会被并入一个广阔的世界,一个陌生的世界。这个世界不像城邦那样,事事都与城邦密切相关,习惯于城邦生活的希腊人必须学会独立生活,用一种毫无优越感的方式,与他人在共同体中和睦相处。个人的事情仅仅是个人的,并非所有的事情都是公事,可能所谓公事,即国家事务,与个人的生活根本没有什么关系,人需要孤独地面对世界。然而,人是最怕孤独的,为解除孤独感,人需要灵魂的安抚。需要有一种属于个人的灵魂的安抚,这便为人的宗教需求留下了充分的空间。为了保证孤独的个人的权利,人同样需要一个完备的法律体系。如果说德行对于城邦的希腊人是生死存亡的大事,那么法对于个为个人的罗马人来说,同样是立世之本。

独立的个人虽然是孤独的,但是,孤独的个人又是共同体的一员。同作为自然的一部分,每个人都有个性的一面,同时又具有普遍性的一面。于是便出来两个观念:关于个人的观念和关于普遍性的观念。所谓普遍性观念,"也就是在世界范围的人类中,一切所具有的共同人性。假定像这样的个人具有其他个人理应予以尊重的价值,那么第一个观念就可以直接赋予其道德上的意义。"③小国寡民的雅典,认为一个城邦人有某种天职似乎是天经地义的事。然而,在一个巨大的国家里,特别是在罗马帝国这样的专制国家里,绝大多数的个人除了享有贫穷的权利以外,几乎什么都不是。我们"几乎不能说,一个人会有什么职责"。除非他有宗教上的职责。于是宗教在几乎没有职责的个人身上,仅仅是一个个人行为。信仰是个人的,特别是没有权利、没有职责的个人的,它与国家无关。如果把职责归之于宗教,那么便在人的"类别的相似之上,再加上'精神上的相似',也就是同心同德,使人类形成一种共同的家庭或兄弟关系。"④亚里士多

① 策勒尔:《古希腊哲学史纲》,上海人民出版社2007年版,第241页。
② 赛班:《西方政治思想史》,李少军、尚新建译,台湾桂冠图书股份有限公司1992年版,第157页。
③ 赛班:《西方政治思想史》,李少军、尚新建译,台湾桂冠图书股份有限公司1992年版,第159页。
④ 赛班:《西方政治思想史》,李少军、尚新建译,台湾桂冠图书股份有限公司1992年版,第159页。

德时代强调,公民就是地位相等者之间的相互关系,而斯多亚学派则认为,人是宇宙的一部分,每个人都有平等权利。即每个人都是地位相等者。因此,世界是由自主个人组成的世界性社会。平等针对一切人,甚至包括奴隶、外邦人和蛮族。在这种情况下,人的平等不能以身份、财产、地位、出身等为依托,而必须以宽泛得足以容纳一切人的内容为前提。赛班指出,那便只剩下上帝面前一切灵魂平等,或者法律面前人人平等。

在这个巨大的国家里,个人几乎不算什么,所以个人几乎没有什么职责可负。个人的生活完全与国家分离。但是,人又生活在共同体中,人靠什么守望自己这一广阔而无法支配的家园呢?人如何才能形成一种兄弟关系呢?它必须去掉限制人平等进入共同家园的种种束缚,于是,希腊城邦那些限制人平等交往的条件应当抛弃了。抛开一切身份、地位、财产等差别,在人之间寻找一些共同点,最后发现,共同点就是在上帝面前,一切灵魂平等,在法律面前人人平等。前者正是基督教思想的前提,而后者则成为近代资产阶级革命的口号。正因为如此,西方哲学界不少学者认为,罗马时代与近代最为相似的地方,莫过于他们强调个人与法。

法的思想的形而上学的基础是:斯多亚派所生活的亚历山大身后的世界,是一个世界国家。他们认为,神和人都是这个国家的公民。这种思想显然与柏拉图亚里士多德迥然相异。在他们看来,国家需要通过宪法来维持,宪法就是正当的理性。人和上帝都有理性,因而理性是自然的法则,即自然法。自然法普遍适用,是正确的标准。法律在斯多亚派思想中,占有绝对至尊的地位。"法律是神和人的一切行为的支配者。就什么事情是高尚和卑下的问题而言,它肯定是指导者、统治者和引路者。因此它是正义与和非正义的标准。"①对每个人而言,都有两部法律,即自己城市的法律和世界城市的法律,习惯法和理性的法则。这两种法律之间,世界城市法和理性法具有更大的权威。

斯多亚派还提出希腊人和野蛮人,高中者和普通人、奴隶和自由人、穷人和富人都是平等的,他们之间的唯一差异明智者和愚笨者之间的差异。即"上帝可以引导的人和上帝必须硬拖着走的人之间的差别。毫无疑问,斯多亚派运用这一平等理论,从一开始就是作为改良道德的基础。"②

总之,斯多亚派的世界主义、自然正义下的自然法、由世界主义导致的普遍公民权思想等,把希腊世界的成就传承到罗马。第一,正义是神赐予的,理性是人与神共有的。因此,依照自己的理性遵守正义的准则是虔敬,也是正义。这样做不是出于怕受到惩罚而产生的恐惧,而是本性使然,是因为这样做本身是正当的,理应受到尊重。于是理性

① 赛班:《西方政治思想史》,李少军、尚新建译,台湾桂冠图书股份有限公司1992年版,第165页。
② 赛班:《西方政治思想史》,李少军、尚新建译,台湾桂冠图书股份有限公司1992年版,第165页。

与正义是人的自然本性,人的自然本性决定人类会遵守神赐的自然法则。所以自然法是道德法则。这一点通过斯多亚派被罗马人所接受。第二,人是城邦动物这一命题,在某种程度上可以理解为人是社会动物。在罗马帝国时代,随着世界主义的出现,这一命题获得了存在的空间,即罗马帝国有谓之社会的意涵。赛班先生将其解读为,人是社会动物意指"尊重上帝和人的法律,是人类所固有的天性。"①这两个特征在后来的几个世纪中,向圣俗两个方向发展:一是植入罗马法,二是与基督教相结合。而这两个方向,一是通向近代的入口,二是进入中世纪的入口。就这一意义而言,斯多亚派在政治思想史上,应当占有一席当然的位置。尽管人们常常忽略这一点。

今天学界讨论的所谓希腊人的自然法,不是严格意义上的法规,而是习惯法。它们由神赐予人,是神定法,也是道德法则。它们不具有法律所拥有的强制性。它们有两个重要的基础:神赐和理性。它体现的是人的神性和人的理性。这两点被承袭下来,直到近代。霍布斯在讨论自然法时,依然持有如下立场:自然法是神法、道德法则。也可以说,自然法不是人定法,不是成文的法则或法典。西方学界通常认为,希腊人没有系统阐释过自然法。系统阐释是罗马人的贡献。事实上,从泰勒斯到赫拉克利特、柏拉图、亚里士多德,希腊哲学中所谓自然法,充其量是自然法要素,与其说是自然法,不如说是前自然法更贴切。尽管如此,希腊哲学所包含的与自然法相关的内容,为将自然法思想系统阐释的后续者——圣与俗奠基。所谓系统阐释,是他们把希腊哲学的自然法要素加以系统阐释。

---

① 赛班:《西方政治思想史》,李少军、尚新建译,台湾桂冠图书股份有限公司1992年版,第178页。

简论昆体良的教育思想

王双洪[①]

古希腊古罗马对于西方的影响是巨大的,但他们的影响又发生在西方社会肌体的不同层面。如果说古希腊的影响是灵魂层面的,那么古罗马的影响则是身体性的,也许这种比附不是很严谨,但是,当我们反观古罗马的文教思想、政治体制然后对观当下,就会发现,西方社会很多制度和操作性的架构都能从古罗马发现其源头和雏形。

古罗马的文教制度主要由两个人奠定,分别是共和国晚期的西塞罗和帝国初期的昆体良。昆体良虽然与西塞罗有差异,但他还在一定程度上承接了西塞罗的人文教育传统。两个人的教育思想基本上都体现在他们关于演说术的著作中,西塞罗著有《论演说家》,昆体良著有《演说术原理》,但西塞罗几乎从未有过教育家的称号,后人称之为演说家、政治家,甚至哲人,而昆体良,从古至今最为响亮的称号就是教育家。后人的评价为什么有这种差异,为什么阐述教育理论的是《演说术原理》?

演说术自荷马时代就已经出现,随着经济、政制和文化的发展,演说术几乎涉及生活中的方方面面。致颂词、政治演说以及法庭辩论都需要演说术的训练。柏拉图和亚里士多德都有关于修辞及演说的著作,古罗马共和国时期,政治演说在政治生活中具有重要作用。所以,关于演说术的训练、关于演说家的培养,其实是关于人的教育和培养,作为典范的演说家,不仅精通技巧,还要是个好人,这一点贯穿古典演说术传统,柏拉图、亚里士多德、老加图、西塞罗都有过表述。关于演说术的教育,其实就是关于一个完整的人的教育,演说术原理在某种意义上也就是教育原理。同样著有演说理论著作、同样教授过演说术的西塞罗和昆体良,前者的著作是关于演说家的培养,理想演说家的培养,是集演说家、政治家、哲人一体的,西塞罗默认这样的人已经完成了初级教育,他探讨的是关于哲学、文法、数学、音乐、修辞、几何、天象学的教育,这里提到的通识教育,有人也翻译为自由教育(liberal art,liberal education)。这是一种关于美好和高贵的教育。与西塞罗相比,昆体良关于演说者的教育培养,更倾向于一种普及的,分段分层的教育。昆体良关于演说者的教育分为三个阶段,教授识读的初级教育,中等教育教授文法,最高的才是关于演说术的教育。如果要把一个人培养成昆体良所说的理想的演说者,昆

① 作者系北京市社会科学院哲学所副研究员。

体良在《演说术原理》中给出了详细的教育方案,介绍了一个人从孩提阶段应该接受什么样的教育,教授他们什么内容以及怎样教授。《演说术原理》可谓古典教育原理的集大成之作,也正因此,昆体良被誉为古典教育理论家,其教育思想对后来的西方教育影响深远。罗马帝国后期基督教作家对昆体良及其《演说术原理》推崇备至,中世纪修辞学家和文法家视其为教育的圭臬。文艺复兴时期的古典主义者也对之倍加推崇。① 本文将对昆体良的教育思想加以简单梳理。

首先,关于教育目的。昆体良在《演说术原理》中反复重申,他的最终目的是培养完美的演说家,而完美的演说家应具备两个条件,首要条件是,他应当是一个善良的人,是一个好人,然后,他还应该长于演说。② 他应该具有一切优良的品格。他或者能够履行公私职责,或者用自己的意见指导国家,或者能够通过立法给国家奠定稳固的基础,以法官的身份消除邪恶。真正的演说家是品德高尚、无可指摘的。如果一个邪恶的人掌握了演说术,用以支持邪恶,教唆犯罪,压迫无辜,与真理为敌,那演说术就不是给战士而是给强盗提供武器。这样的人不如生来聋哑,没有理智,邪恶的人是不应该掌握演说术的。③ 昆体良进一步阐明,不仅一个理想的演说家应该是善良的人,并且生性不善良的人根本就无法成为演说家。因为辨别能力和明智的德行对于演说家而言是必需的,如果一个人在美德与邪恶之间选择了邪恶,表明他并没有辨别能力,换句话说,邪恶的人即是愚钝而不明智的,他们不可能成为演说家。昆体良退一步假定,即便一个坏人和一个好人具有同样的能力、同样的勤奋、同样的才学,那这个坏人也不可能是完美的演说家,因为凡被其他事物超越者都称不上完美,而好人在品德上是超越于坏人之上的。昆体良强调,他要培养的人(完美的演说家)是这样的:

> 我所要培养的人是具有天赋才能、在全部高等通识学科上都受过良好教育的人,是天神派遣下凡来为世界争得荣誉的人,是前无古人之人,是各方面都超群出众、完善无缺的人,是思想和言论都崇高圣洁的人。④

很显然,昆体良的教育目的是培养出完美的演说者,这样的形象和西塞罗笔下的理想的演说家极为相似。在西塞罗那里,理想的演说家熟悉所有知识领域,是具有人文精神(humanitas)⑤的演说家,是"合演说家与哲人的卓越于一身的政治哲人"。⑥ 但是,昆

---

① 参见《资学通鉴——西方古典文史述要》,刘小枫编修,未刊稿,第228页。
② 参见《昆体良教育论著选》,任钟印选译,人民教育出版社2006年版,第5页。
③ 参见《昆体良教育论著选》,任钟印选译,人民教育出版社2006年版,第154页。
④ 昆体良:《演说术原理》,选自《昆体良教育论著选》,任钟印选译,人民教育出版社2006年版,第159页。
⑤ 参见这里的人文精神,与文艺复兴以来特指自由、博爱,与神权对立个人德性观念有品质差异,在此人文精神特指注重传统,讲究权威,具有坚韧、持重、虔敬等品德。
⑥ 参见葛怀恩:《古罗马的教育——从西塞罗到昆体良》,黄汉林译,华夏出版社2015年版,第88—93页。

体良在自己的完美演说家中却有意避开哲人及哲学。

> 我们所要培养的演说家是完美的演说家,他只能是一个好人,因此,我们要求他不仅具有非凡的演说能力,而且拥有一切道德德性。我并不打算承认(有些人认为这样),关乎正直而高贵的生活的科学只属于哲人。因为一个名副其实的公民,一个适合处理公私事务的人,一个能够以其建议指引城邦、以其立法奠定城邦、以其洞见改革城邦的人,只能是一个演说家。①

昆体良之所以强调演说家的德性,并且对哲学有微词,很大的原因是演说术在古罗马的衰落。从共和国晚期至罗马帝国时代,古罗马的高等教育的品质不断下滑,公共演说在政治生活中的意义衰微,广场不再是罗马人生活的重心。帝国时代,罗马皇帝的个人权力越来越大,政治生活的公共空间越来越小,帝国靠战争掠夺来的财富和奴隶使得罗马一派表象上的繁荣,统治阶层荒淫享乐,阿谀逢迎与告密之风盛行,社会风气不断败坏,政治演说越来越没有用武之地,演说术沦为法庭辩论的技艺,或者成为炫耀和取悦听众的娱乐甚至成为以律师职业为谋生手段时的一种职业训练。用今天的话说,演说术越来越倾向于一种实用、功利的应用性。鉴于此,昆体良要重振罗马简朴、务实、勇武的遗风。在他看来,当时的哲学于罗马传统遗风是一种戕害。昆体良认为,老一代哲人提供最优秀的原则并且能身体力行,但在罗马帝国晚期,哲学家的名号无异于伪善的假面,用伪装的严肃、简朴或特立独行掩盖德性上的堕落,他们不谙实事,矫揉造作,导致了上流社会青年的娇弱放荡之风。他认为,没有哪一种生活方式像哲学家那样远离公民社会的义务和雄辩家的一切责任。② 鉴于此,昆体良对于演说术与哲学的关系表达的非常谨慎。

昆体良在道德沦丧的罗马帝国语境中强调道德的重要性来重振传统,匡救时弊,虽然对罗马帝国的风气不会有实质性改变,但他对道德之于才能重要性的强调被后来的教育家认同并进一步发展。

昆体良的教育方法在他之后的若干年都无人能及,甚至在今天仍有借鉴意义。首先,他重视儿童的早期教育,认为父母对于孩子要言传身教,即便父母没有接受过良好的教育,也应该对教育有足够的重视。他指出,不应该学习超出儿童年龄特点的知识,因为孩子耗时耗力学到的东西,可能在到达相应年龄之后,轻易就能理解并掌握。两千年前的昆体良已经批评了急功近利、揠苗助长的风气。他认为,超出儿童年龄的超前教育,无异于让学生虚度了年华。他认为不应该让学生在柔弱的年龄就负担很重,强求他

---

① 昆体良:《演说术原理》,选自《昆体良教育论著选》,任钟印选译,人民教育出版社 2006 年版,第 5—6 页。
② 参见昆体良:《演说术原理》,选自《昆体良教育论著选》,任钟印选译,人民教育出版社 2006 年版,第165 页。

们完成大量作业,"最要紧的是,要特别当心不让儿童在还不能热爱学习的时候就厌恶学习,一直到儿童时代过去之后,还对初次尝过的苦艾心有余悸"。①

对于学校教育还是私人教师的单独施教,昆体良推崇前者。认为教育不像是宴会上的食物,而像阳光,不会因为分享每个人得到的份额就少了,太阳给所有人同等的光和热。或者换句话说,每个学生都能从老师处得到相应的益处。班级制的公共教学,能让未来的演说家从小得到锻炼,生活在公众之中并且熟悉公共事务。学校里可以培养友谊,用奖惩鼓励学生争取荣誉。同龄人之间更容易互相模仿,产生竞争,这些都是私人教育达不到的效果。对于班级教学制的弊端,昆体良并未明确总结,但是他却指出了一个高明的教师在班级教学中会怎样做。首先教师能甄别学生不同的天性类别。有的孩子行为不庄重而引人发笑,这样的学生不会真正出众,有真正才能的孩子是举止端庄的。理想的学生是乐于学习并勤于发问的。懒惰的学生要勤于督促,不服管束的孩子施以恐吓,同时也要认识到恐吓能让另外一些学生失去活力;有的学生需要持之以恒的努力,有的靠短期努力既能成功。有的学生必须用成功的希望培育力量,用责备督促让他进步,用荣誉去鼓舞他。其实,这就是后来教育家们所说的因材施教,后来教育者很难将之与班级教学的关系处理完善。昆体良也深知,能够这样做的是高明的教师。也有学者感慨,教育理论至今也没有找到班级教学与因材施教恰当结合的有效途径。某种程度上,还是只能以不同形式重复昆体良以及后来夸美纽斯②的思想。③

此外,昆体良还提出应该给儿童一定限度的休息,过度的休息容易养成懒惰的习惯,但不让儿童休息他们会产生对学习的厌恶。这些简单的道理很容易理解,但这却是至今教育体制和教育者仍未贯彻好的部分。

昆体良给自己培养完美演说者构筑了理想的教育蓝图,详细阐述了从孩童阶段一直到成为一个理想的演说者的过程中应该接受怎样的教育。他所处的时代共和国德性渐行渐远,演说术在帝国阶段逐渐沦为一种职业性训练,如果说非要找出他的时代和我们语境的共通之处,就是我们的高等教育也同样越来越沦为一种职业训练。昆体良强调德性的教育是教育中最为重要的部分,反对将演说术作为纯粹技术性训练,教育要基于对不同人性的甄别,持守传统,为罗马的政界和学界修正风气和品味。时至今日,昆体良的教育思想仍有借鉴意义。

---

① 昆体良:《演说术原理》,选自《昆体良教育论文选》,第 14 页。
② 参见夸美纽斯,17 世纪欧洲教育家,西方近代教育理论的奠基者,对昆体良的班级教学制予以具体和完善。
③ 参见《昆体良教育论文选》,任钟印选译,人民教育出版社 2006 年版,第 14 页。

身体与表达：
梅洛-庞蒂现象学对表达论题的探索

李婉莉①

在梅洛-庞蒂对表达问题的探讨中，表达与身体密不可分。身体介入表达，身体不仅让我们能够感知事物，也让我们能够理解别人的言说，让表达、交流称为可能。没有身体，表达是不可能进行的，表达必然要借助大脑、口、手、声带等各种身体器官。但身体与表达之间的关系远不止于此。梅洛-庞蒂认为，尽管表达需要借助身体，但身体却不仅仅是表达的场地、媒介。身体本身就是自然的表达力量②。"任何知觉，任何以知觉为前提的活动，简而言之，我们的身体的任何使用就已经是原初表达"③。在身体与表达的关系中，身体本身就具有表达的能力，身体并不是心灵、思想的被动的容器或凭借，同时，"身体也在积极地唤起、解释和改变着意义。比如，通过一个手腕的抖动、一个姿势、一个点头、瞥视或站立，我们同时也在做出着一个意义，这个姿势本身就是一个信息，而且，这个信息并不是事先已经存在于我们的思想中，后来才做出来的"④。因此，只有通过身体，我们才能与世界相连接，"如果我们没有身体、没有感觉，我们就不能很好地认识我们所说的观念，观念对于我们来说就将是不可进入的……观念只有在肉体经验中才能被给予我们"⑤。

尽管梅洛-庞蒂探讨表达问题主要从语言问题着手，但在梅洛-庞蒂看来，语言的表达也与身体密不可分。可以说，身体性的表达是梅洛-庞蒂在关于表达论题的探讨中最具特色和创造性的地方。在《知觉现象学》中，梅洛-庞蒂创造性地提出了言语的姿势这一概念，认为表达的意义是在言说者当下言说的词语的姿势中诞生的，因此，一个言说者的主体必然要以一个肉身化的主体为基础，只有这样，表达才可能实现。《知觉现象学》之后，梅洛-庞蒂对表达问题持续关注，并发现了索绪尔语言学中的"字间性"概念，对其进行了创造性地引申和发挥。词语的意义并非来自于词语本身，而是诞生在词

① 作者就职于北京市社会科学院哲学研究所。
② 参见 Maurice Merleau-Ponty, *Phenomenology of Perception*, Trans. by Colin Smith, Routledge Classics, 2002, p.211.
③ 梅洛-庞蒂：《世界的散文》，杨大春译，商务印书馆 2005 年版，第 88 页。
④ Rosalyn Diprose & Jack Reynolds, *Merleau-Ponty: Key Concepts*, Routledge, 2014, p.153.
⑤ 梅洛-庞蒂：《可见的与不可见的》，罗国祥译，商务印书馆 2008 年版，第 185 页。

与词之间的缝隙和边缘,意义是在言说的过程中、在表达的过程中迂回地侧显出来的。侧显地表达、斜向地显露自身,不仅让我们领会表达的意义,更将我们当下发生的表达视域拉开了距离和深度,将一个有深度的表达视域显露出来,从而也将世界之肉显露出来,就此而言,语言正是在这活生生的身体的厚度之中诞生出来的。

一、言语的姿势

在《知觉现象学》中,梅洛-庞蒂主要从语言的表达开始,来探讨表达问题。对语言问题的探讨首先是从反对传统的语言观——经验主义和理智主义语言观开始的。传统的语言观认为,在语言表达的过程中,人们事前已经在内心形成了思想,然后才用词语表达出来。言语只是对在心灵中业已形成的思想的传达和翻译。思想内在于人的心灵之中,词语只是思想的外壳。可见,真正具有意义的是内在于心灵的思想,词语是没有任何意义的,只是用来传达思想的空的器皿。梅洛-庞蒂则认为,思想并不是事先已经在内心形成,然后才用词语表达出来。思想是在言说的过程中产生的,是在词语的道出中即刻诞生的。传统语言观的错误之处,就在于它们都忽略了一个正在说话的人,一个正在言说的主体,都忽略了表达行为的正在发生。而意义,恰是在正在发生的表达过程中产生的,在正在言说的情境中产生的。在梅洛-庞蒂看来,"语言既不是在我面前的客体,也不是一个内在主体所创造出来的产物。语言必须围绕在每一个正在言说的主体周围,它几乎就存在于空气之中"。所以说,词语并不是空洞的、无意义的符号,并不是被动地传达思想的外壳,而是,"词语的意义,必须最终由词语本身来产生。更准确地讲,词语的概念性意义必须由内在于言语中的姿势的意义(a gestural meaning)推演而出"①,在词语的姿势的意义中产生。因此,与其说我们通过言语在表达,不如说是通过言语的姿势在表达。"说出来的词语是一种真正的姿势,它所蕴含的意义和真正的姿势所蕴含的意义是一样的。正因如此,才使得交流成为可能"②。当我们看到一个人做出一些愤怒的姿势时,比如挥拳、皱眉、跺脚,等等,我们并不需要回忆我们自己曾经在愤怒时所做出的姿势是什么,并不需要首先回忆类似的经验和体会,就完全可以理解这个人的姿势所表达的愤怒。我们不需要将愤怒看作深藏在这些姿势背后的心理的事实,这些姿势并不会让我想起愤怒,而是,这些姿势本身就是愤怒③。和身体的姿势一

① Maurice Merleau-Ponty, *Phenomenology of Perception*, Trans.by Colin Smith, Routledge Classics, 2002, p.208.
② Maurice Merleau-Ponty, *Phenomenology of Perception*, Trans.by Colin Smith, Routledge Classics, 2002, p.213.
③ 参见 Maurice Merleau-Ponty, *Phenomenology of Perception*, Trans.by Colin Smith, Routledge Classics, 2002, p.214。

样,言语的姿势本身就是在表达。我们通过言语的姿势表达意义,也通过言语的姿势理解意义。我们不用解释言语后面的思想,言语本身就是思想,就是在表达。思想不是内在的,而是始终存在于言说之中,存在于言语的姿势之中。

表达是一个正在发生的生机活泼的过程,思想如同火花一样,是即刻产生的,是突如其来的。表达中的词语的意义是在词语的姿势的意义中诞生的。梅洛-庞蒂在这里提出了言语的姿势这一概念。尽管词语的意义就是从词语本身而来的,但是词语被言说、被表达的过程是一个当下发生的活生生的过程,其中包含着言说的情境、言语的风格、遣词造句的特征、说话的姿态、用词的斟酌取舍、言谈时的抑扬顿挫,等等。而所有这一切,都可以被包括进言语的姿势之中。所以,言语的姿势蕴含了表达过程中当下发生的所有情境。此时,表达传递出来的,就不仅仅是词语的堆叠,而是夹裹着言说者所有表达特征和言说特征的活生生的整体过程。

这是因为,毕竟,"我首先与之相交流的,不是表象或思想,而是一个正在说话的主体,他拥有某种自己的存在风格,拥有一个他所指向的目标世界"[1]。在交流的过程中,我们首先面对的,是一个正在言说的人,是一个有着自己的风格和世界,夹裹着他的所有过去和栖居于世的方式和态度的人,我们的交流是在一个时间和空间的视域中发生的。因而,此时表达出的言语,就不是作为思想的符号的词语,不是概念性的词语,而是具有存在意义的词语的姿势。"说出的和写出的词语披着一层意义的外衣,这层意义的外衣与其说将思想表现为概念性的陈述,不如说,将思想表现为一种风格,一种吸引人的价值,一种存在的模拟。换句话说,词语不仅具有概念性的意义,更有一种存在的意义"[2]。

言语的姿势是言语的存在的意义。这一点,和梅洛-庞蒂关于"风格"问题的探讨非常相似。梅洛-庞蒂认为,知觉已经呈现出某种风格。一个路过的女人,对于我来说首先不是处于特定的空间地域中的一个身体轮廓,一个着色的自动木偶,一个场景,相反,这是"某个个体的、情感的、性的表达",这是一个肉体,她以其活力和其柔弱整个地呈现在她的步履中、甚至呈现在脚后跟对大地的撞击中……如果我不是一个画家,这一路过的女人只能对我的身体或者我的生命的情感说话。假定我是一个画家,这一原初的含义则将引起另一个含义。我将不只是在我的视知觉中提取线条、颜色、轮廓并且将它们搬到画布上,不只是这个女人的感性价值或生命价值将在它们之间显现出来。我的选择和它引导的姿势还将服从一个更为严格的条件:与"可以观察到的"真实东西相

---

[1] Maurice Merleau-Ponty, *Phenomenology of Perception*, Trans. by Colin Smith, Routledge Classics, 2002, p.213.

[2] Maurice Merleau-Ponty, *Phenomenology of Perception*, Trans. by Colin Smith, Routledge Classics, 2002, p.212.

比较，我所寻找的一切将服从某种更神秘的变形原则，这一原则使得观众最终在画布上看到的不再只是某一女人、某个职业、某种行为、甚至一种"生活观"的展现，而是展现了一种寓居于世界上、对待这一世界、最后用面孔和衣物、用肉体和精神来意指这一世界的方式。①

一个在我面前走过的女人，从她充满活力又柔弱的步履中，从她的脚后跟对街道的撞击中，我感受到的不再仅仅是一个身体轮廓，而是一个鲜活的存在，一个"个体的、情感的、性的表达"，在她走来的这一视域中，蕴含着她寓居于世的所有风格。同样，在言语表达的过程中，言语的姿势也蕴含着当下的言说过程中的所有情境。言语的姿势只在言说的过程中出现，而言说的意义也正是在言说的姿势中诞生的。离开了言语的姿势，则言说的意义就会缺失很多。比如，对于一场特别精彩的对话，即便是对这场对话的最清晰准确的录音，也会给人一种贫乏的印象，远不如在对话现场听到的那样精彩。这是因为，"精确地再现的对话不再是我们当时体现的那一对话。缺少了那些说话的人的在场，缺少了姿势、面容所给出的，尤其是有关突发事件、连续的想象和即兴发言的证据所给出的意义过剩，对话不再存在，它不再从各个方面推进分化，它被压缩在声音这一单一的维度之中。对话不再全面的呼唤我们，它只是通过耳朵轻轻地触动我们"。② 脱离了当时的言说现场，脱离了活生生的表达情境，表达出的言语就失去了言语的姿势，失去了言说中存在意义的维度，只变成了概念性的词语，此时传达给我们的意义就必然会黯然失色。

所以，若要让表达的意义鲜活而丰富，思想着的主体、言说着的主体就必须植根于肉身化的主体之中③。只有当言说着的主体是一个活生生的肉身化的主体，栖居于活生生的表达视域中的时候，表达才能真正得以实现，意义也才能真正得以诞生。

二、字 间 性

在《知觉现象学》之后，梅洛-庞蒂对表达问题的兴趣愈加浓厚，在很多讲座和课程中专门讲授语言与表达问题。例如 1947—1948 年在里昂讲授的"语言与交流"课程、1948 年讲授的"索绪尔"课程、1949 年在索邦开设的"意识与语言的获得"课程、1951 年所做的题为"语言现象学"的讲座、1952 年在法兰西学院讲授的"感性的世界与表达

---

① 参见梅洛-庞蒂：《世界的散文》，杨大春译，商务印书馆 2005 年版，第 65—66 页。
② 梅洛-庞蒂：《世界的散文》，杨大春译，商务印书馆 2005 年版，第 72 页。
③ 参见 Maurice Merleau-Ponty, *Phenomenology of Perception*, Trans. by Colin Smith, Routledge Classics, 2002, p.225。

的世界"课程,等等。此外,在后期的著作中,比如《符号》、《意义与无意义》、《眼与心》以及去世后出版的《世界的散文》、《可见的与不可见的》等著作,都可以看到梅洛-庞蒂关于表达问题的深刻论述。

《知觉现象学》关于表达和语言的论述中,梅洛-庞蒂创造性地突出了言语的姿势这一概念,认为表达的意义从言语的姿势中产生。在后期关于表达的探讨中,梅洛-庞蒂对于表达问题的创造性贡献之一,在于他在索绪尔语言学中发现了字间性(latéralité)概念:字、词的意义并非内在于字词本身,而是取决于一种间接的、隐含的"字间关系",取决于词在语句中与其他词之间的联系①,从而将词语之间的边隙间的意义展露出来。意义并非诞生于符号中,而是诞生在符号与符号之间的缝隙和边缘。

"就语言来说,如果使符号本身具有意义的是符号与符号之间的边际的(latéral)关系,那么,意义就只能诞生于词语的相互关系以及词与词的间隙之中"②。让符号具有意义的是符号与符号之间的关系,语言只有通过符号的相互作用才能够被理解,如果单独地考察一个个符号,那么每一个符号都是模棱两可的,只有符号的结合才能产生意义。这就像拱门的结构一样,"拱门由不同的石块组成,它的形式就是各部分不借助黏合物而完美契合的整体,其中每一个元素都在组合的整体形状中占据一定的意义和位置。从此,意义不再诞生于符号之中,而是在它的外缘、在它的边际存在"③。

在这里,梅洛-庞蒂将表达的意义聚焦到了"边隙""关系"之上,不是将词语作为对象,而是将词与词之间的相互关系、边际关系作为对象,进而,不是将物体作为考察的客体,而是将物与物之间的空间、间隙作为客体。梅洛-庞蒂认为,当我们将关注的视线转移到这些关系上,那么世界将会变得大不一样。可以说,这也是梅洛-庞蒂后期现象学中非常引人入胜的地方。

我们已经习惯了以惯常的视角来看世界,比如当有人向我们呈阅下面这组字母:

ab cd ef gh ij

我们往往会根据 a-b,c-d,e-f 等模式将这些点两两组合,而 b-c,d-e,f-g 等组合方式在原则上是同等可能的④。这就像天空的群星,我们现在将全天空的星星划分为 88 个星座,而面对同样的星空,几乎同样数量的繁星,我国古代天文学却将其划分为"三垣二十八宿"。可见从不同的边隙看世界,世界会呈现出不同的意义。梅洛-庞蒂还举出

---

① 参见艾曼努埃尔·埃洛阿:《感性的抵抗——梅洛-庞蒂对透明性的批判》,曲晓蕊译,海峡出版发行集团、福建教育出版社 2016 年版,第 102 页。
② Maurice Merleau-Ponty, *Signes*, Gallimard, 1960, p.53.
③ 艾曼努埃尔·埃洛阿:《感性的抵抗——梅洛-庞蒂对透明性的批判》,曲晓蕊译,海峡出版发行集团、福建教育出版社 2016 年版,第 91 页。
④ 参见梅洛-庞蒂:《意义与无意义》,张颖译,商务印书馆 2018 年版,第 62—63 页。

了林荫路的例子,认为"如果我们成功地将事物间的间隙(例如林荫路上树木之间的空间)看成事物,并相应地将事物自身(林荫路上的树木)看作背景,那么对我们而言,世界的样子将发生颠倒"①。我们习惯性地以为,一条林荫路之所以被称为林荫路,只是因为路两边的树木,而忽略了树与树之间、树木与天空之间、树木与道路之间的间隙、空间、深度,然而,如果我们关注到了这些间隙、这些空间,我们会发现,让一条林荫路称为林荫路的、让林荫路具有林荫路的意义的,还在于这些边际性的侧显的存在。甚至,正是因为有了这些边隙、这些侧面的关系,林荫路才得以是其所是。

所以,意义在边际关系中产生。也正是因为意义诞生于词语的相互关系之间、诞生于词与词的间隙之中,因而,意义往往就不是直接给出的,而是通过侧显、通过弦外之音、通过迂回而给出,我们也能够理解侧面迂回给出的意义,理解弦外之音、言词以外的深意。可见表达必然是超越性的、是绽出的。

梅洛-庞蒂曾引用《红与黑》中于连刺杀德·莱纳夫人的片段作为例子。在得知自己被德·莱纳夫人背叛,似锦的前程瞬间烟消云散的时候,于连前往维里埃,试图将她杀掉。"但重要的不在这里,根据小说,重要的乃是那种沉默,那种梦幻中的旅行,那种不经思考的确信,那种永恒的坚定……但这些在任何地方都没有被说出来。用不着'于连想……','于连希望……'之类,司汤达只需溜进于连那里,在于连身上道出一段独白,并以旅行的速度让携带的物品、遇到的阻碍、采取的手段和意外的事件在我们眼前往来,就足以表达这些了……杀人的欲望绝不出现在字词中的任何地方,它处在字里行间,在空间、时间及空间时间所限定的含义的缝隙之中……"②

尽管小说中没有事先表明于连要杀德·莱纳夫人,但读者却在于连读完信、跳下马车、前往维里埃、想写信而手发抖、买枪、去教堂等一系列活动中,感觉到这一短促旅行中于连心中的惊涛骇浪。

表达之所以能够达到意在言外,并让人领会弦外之音,之所以具有超越性,就在于主体通过具身化的实践在表达着自身,就在于表达的主体是身体性的存在,而主体身体性地存在着,这意味着不仅仅保证了他"存在",也意味着他有能力超越当下持有的东西,有能力超过他所达到的东西。在思想和语言的表达之先,身体已经与世界相连,已经用身体在表达了。如前所述,任何知觉,任何以知觉为前提的活动,简而言之,我们的身体的任何使用就已经是原初表达。这正是侧显的边际间的意义得以被表达、被理解的基础。

---

① 参见梅洛-庞蒂:《意义与无意义》,张颖译,商务印书馆 2018 年版,第 63 页。
② 梅洛-庞蒂:《世界的散文》,杨大春译,商务印书馆 2005 年版,第 100 页。

在《红楼梦》中,贾宝玉被贾政棒打,林黛玉去看望重伤的贾宝玉,在床头痛哭,因王熙凤到来,怕被打趣,仓忙从屋后走了。之后,贾宝玉记挂林黛玉,便命晴雯来吩咐道:"你到林姑娘那里看看他做什么呢。他要问我,只说我好了。"晴雯道:"白眉赤眼做什么去呢?到底说句话儿,也像一件事。"宝玉道:"没有什么可说的。"晴雯道:"若不然,或是送件东西,或是取件东西,不然我去了怎么搭讪呢?"宝玉想了一想,便伸手拿了两条手帕子撂与晴雯,笑道:"也罢,就说我叫你送这个给他去了。"晴雯道:"这又奇了。他要这半新不旧的两条手帕子?他又要恼了,说你打趣他。"宝玉笑道:"你放心,他自然知道。"晴雯听了,只得拿了帕子往潇湘馆来……黛玉已睡在床上,问是谁。晴雯忙答道:"晴雯。"黛玉道:"做什么?"晴雯道:"二爷送手帕子来给姑娘。"黛玉听了,心中发闷:"做什么送手帕子来给我?"因问:"这帕子是谁送他的?必是上好的,叫他留着送别人去罢,我这会子不用这个。"晴雯笑道:"不是新的,就是家常旧的。"林黛玉听见,越发闷住,着实细心搜求,思忖一时,方大悟过来,连忙说:"放下,去罢。"晴雯听了,只得放下,抽身回去,一路盘算,不解何意。这里林黛玉体贴出手帕子的意思来,不觉神魂驰荡……①

　　如果单纯地看这两条半新不旧的手帕,恐怕每一位读者都会像晴雯一样,糊里糊涂,不明白贾宝玉的意思。这两条手帕本身并没有任何意义,但正是这两条没有任何意义的手帕,却能够让林黛玉对贾宝玉的意思了然于心,细细想来,神魂驰荡。贾宝玉被贾政棒打,这是贾政对贾宝玉性情、人格的全面否定。之后,袭人、薛宝钗、王夫人以及府中各色有头有脸的人来探望、关心、规劝,每个人流露出的,也是对贾宝玉性情、人格的全面否定。只有林黛玉,以前从来没有劝导贾宝玉去营营役役于仕途经济,此时却哭着对贾宝玉说:"你从此可都改了罢!"从林黛玉的这句"你从此可都改了罢"之中,贾宝玉看到的,是林黛玉明白了贾政、王夫人乃至府中众人对贾宝玉性情、人格的全面否定。而否定贾宝玉,也就是否定了林黛玉。他们两个人的性情、人格、生活理想、人生志向与贾府水火不相容。贾宝玉安慰林黛玉,告诉她,他宁死不会改。这实际上是宣告了他二人结成了同盟,共同对抗贾政、王夫人为代表的否定力量。因此,如果将这两条手帕放到这样的情境中,它传达出来的意义就非比寻常了。两条半新不旧的寻常手帕,本身没有任何意义,此时却承载着两个有情人的密语,承载着他们两人之间独有的秘密,承载着一个人向另一个人悄悄表达的他们刚才没有说完的话。此时,这两条最寻常的旧手帕,却是比玫瑰宝石更加美丽坚贞的定情信物。

　　如果单纯地就手帕而看手帕,手帕不承载任何意义,只是两条旧手帕而已。可见意

---

① 参见曹雪芹:《脂砚斋重评石头记　庚辰校本》,作家出版社2007年版,第515—516页。

义从来不是直接给出的,从来不是在事物、言语中直接呈现的,而是从侧面、从边际间迂回地展现出来。

在上一节中我们已经知道,意义是在当下的表达过程中、在当下的言说过程中即刻产生的,但是,意义产生的方式却不是直接的,而是在言说的过程中、在表达的过程中迂回地侧显出来的。"对梅洛-庞蒂来说,语言本质上是否定性的,因为,它只存在于它所不是与它所经由显示出来之间"①。只有在这样迂回斜出的方式中,只有在意义的侧显中,表达行为才传达出了创造性的内容、有新意的内容。所以说,真正要表达的,是那不被直接看到的、不被直接领会到的,是那不可见的。"观念不是像一个东西藏在另一个后面那样的事实的不可见的,也不是与可见的毫不相干的绝对的不可见的,而是这个世界的不可兼得,是居于这个世界之中,支撑这个世界,使这个世界成为可见的不可见的,是世界的内在的和自身的可能性,是这种存在着的存在的存在"②。

而且,梅洛-庞蒂更深入一步,认为就像语言一样,知觉也并不是与客体直面相遇。客体从来都是从侧面、从斜向里,以侧显的方式向我们道出自己。它不是在我们前面和我们正面相遇,而是从旁侧达到我们③。梅洛-庞蒂曾用游泳池的水来举例。"当我透过水的厚度看游泳池底的瓷砖时,我并不是撇开水和那些倒影看到了它,正是透过水和倒影,正是通过它们,我才看到了它。如果没有这些失真、这些光斑,如果我看到的是瓷砖的几何图形而没有看到其肉,那么我就不再把它看作为它之所是,不再在它所在的地方看到它。水本身,水质的潜能,糖浆般的、闪烁的元素,我不能说它处于空间中;它不在别处,但它并不因此就在游泳池中。它寓于游泳池,它在那里得以实现,它并不包含在那里。如果我抬眼看着反射光栅在那里起作用的柏树屏障,我不得不争辩说:水也参观了柏树屏障,或至少把它的活动的、活的本质抛掷到了那里"。④ 在充满水的游泳池中,水是阻碍我们看到游泳池底的瓷砖的东西,我们无法避开水而直接看到瓷砖。我们无法正面与瓷砖相遇,只能经过水、经过光影、经过水波荡漾后的变形,我们才看到后面的瓷砖。瓷砖只能侧显地向我们道出自己。但是,也正是因为这些水、这些失真、这些光斑,我们才看到了真正的瓷砖,在游泳池底存在着的瓷砖,或如梅洛-庞蒂所说,看到了瓷砖之"肉"。

梅洛-庞蒂在其后期现象学思考中,将身体概念深入到了"世界之肉"概念中,正是

---

① Emmanuel Alloa, *Resistance of the Sensible World*, Trans. by Jane Marie Todd, Fordham University Press, 2017, p.47.

② 梅洛-庞蒂:《可见的与不可见的》,罗国祥译,商务印书馆2008年版,第187页。

③ 参见 Emmanuel Alloa, *Resistance of the Sensible World*, Trans. by Jane Marie Todd, Fordham University Press, 2017, p.55.

④ 梅洛-庞蒂:《眼与心》,杨大春译,商务印书馆2007年版,第75—76页。

在世界之肉中,我们看到,身体是一个两维的存在,它能够将我们引向事物本身,但这种事物本身不是平面的存在,而是有深度的存在,它不向俯瞰它的主体开放,而只向身体开放,向如果可能将会与事物在同一个世界中共存的身体开放……此时,肉身的存在就和深度存在一样,是多层多面的存在,是潜在的存在,是某种缺席的显现,是存在的一个原型①……

回到游泳池的例子,我们看到,正是因为有了水和光影的存在,我们和游泳池底的瓷砖之间才有了深度和厚度,瓷砖才以其"肉"的存在显现出来。侧显地表达、斜向地显露自身,不仅让我们领会表达的意义,更将我们当下发生的表达的视域、言说的视域拉开了距离和深度,将一个有深度的表达视域、言说视域显露出来,从而也将世界之肉显露出来,此时,我们和世界之间不再直面相遇,而是有了深度,有了厚度。而语言正是在这活生生的身体的厚度之中诞生出来的。梅洛-庞蒂后期现象学中"肉""交织缠绕""可逆"等概念的出现,让我们看到,梅洛-庞蒂越来越倾向于认为,意义的创造性表达诞生于各种隐藏的、互相交织缠绕的、可逆的力量的模糊不清的关系之中②。正是在词与词边隙间、在斜向地显露出来的事物间,我们看到了世界的深度、看到了世界之肉,意义也才得以从中产生出来。

---

① 参见梅洛-庞蒂:《可见的与不可见的》,罗国祥译,商务印书馆 2008 年版,第 168 页。
② 参见 Rosalyn Diprose & Jack Reynolds,*Merleau-Ponty: Key Concepts*,Routledge,2014,p.160。

科技创新的人文思考
——从"杰文斯悖论"谈起

程倩春[1]

当今社会正处在新的历史时代。在这一历史时代,技术和数字化将会改变一切。"各项重大技术创新即将在全球范围内掀起波澜壮阔、势不可当的巨变。"[2]伴随着 AI 技术、量子计算、3D 打印等大量颠覆性创新的不断涌现,人们的生活更加便捷,未来与现实的界限日益模糊。可是"杰文斯悖论"在耳边回响,技术进步真的能解决人类发展的一切难题吗?本文将从"杰文斯悖论"谈起,深入分析当代技术创新的可能风险及破解之道。

一、杰文斯悖论

在资源有限的地球上经济增长能否突破生物物理限制一直是人们争论的重要问题。1865 年,英国人威廉·斯坦利·杰文斯(1835 — 1882)的著作——《煤炭问题》出版。书中专门论述了燃料经济。他明确指出,"每单位设备燃料消耗的减少产生了更大的总消耗。每单位设备燃料的节约根本不可能为后代利用燃料提供空间。"[3]在他看来,燃料的节约不等于消费的减少,恰恰相反,新的经济模式会导致消费的增加。也就是说,"当技术进步提高了资源使用的效率,那么这一资源的总消耗量可能会增加,而不是减少。"[4]这就是人们所说的"杰文斯悖论"。显然,"杰文斯悖论"表达了对技术进步与资源消耗的内在关系的悲观看法。

那么"杰文斯悖论"真的存在吗?以熊彼特的观点来看,技术创新是把一种新的方

---

[1] 作者系北京市社会科学院哲学所研究员,研究方向,科学技术哲学。

[2] 克劳斯·施瓦布:《第四次工业革命——转型的力量》,李菁译,中信出版集团股份有限公司 2016 年版,第 6—7 页。

[3] 约翰·M.波利梅尼、[日]真弓浩三、[西]马里奥·詹彼得罗、[英]布莱克:《杰文斯悖论——技术进步能解决资源难题吗》,许洁译,上海世纪出版集团 2014 年版,第 9 页。

[4] 约翰·M.波利梅尼、[日]真弓浩三、[西]马里奥·詹彼得罗、[英]布莱克:《杰文斯悖论——技术进步能解决资源难题吗》,许洁译,上海世纪出版集团 2014 年版,第 3 页。

101

法引入生产过程中,实现生产要素或生产条件的新组合。通常情况下,技术创新或者降低了单位产品的生产消耗,而且技术创新程度越高,单位产品的生产消耗越少;或者增加了同样原材料的产出率,其结果都是导致生产效率的提高。显然,经济增长应该与资源的节约和有效利用相伴而生。然而,人们进行技术创新的目标归根结底在于产生新的经济价值。一方面,由于创新活动必将提高生产效率,降低生产成本,为企业创造更多效益。为赚取更多利润,获得更大经济效益,企业势必不断增加投入,扩大生产规模,使得生产总量不断提高。也就是说,技术创新提高了扩大生产的可能性与现实性。生产总量的扩大必将造成原材料及其他生产要素消耗的增加。特别是按照热力学第二定律——熵增原理表明任何生产效率都不可能是100%,总会有不可逆的损耗。这就决定了生产规模越大,生产产品越多,资源与能源消耗就越大。纵观历史便会发现,一项技术创新成果应用于生产过程中,随之而来的必然是相关产品的迅速推广和普及,从而生产该产品所使用的原材料等也随之大量消耗。如杰文斯所指出的,煤炭开采技术改进,导致大量煤炭被迅速开采出来,应用于生产生活中,使得煤炭存贮量急速下降。"粗略来说,人口已经是19世纪初的4倍,煤炭的消耗却已经增加了16倍甚至更多。人均消耗因此已经增加了4倍"。① 当今社会,煤炭、石油等不可再生能源日益匮乏,显然同能源技术的改进、能源效率提高有着密切的关联。

另一方面,"所有来源的效率提高已不断地扩展了世界经济的生产可能性边界,从而导致消费边界的扩张。"②人们创造各种物质和精神财富是为了满足从生存到发展各种层次的需要。按照马斯洛需要理论,人不同于动物,有不同层次的需要,当前一层次需要满足之后又会产生新的需要。而人的需求和欲望植根于人的本性之中。从本性上说,人有着无与伦比的自主性和创造力,人的欲望与需求也无法想象和抑制。在短缺经济时代,由于生产效率低下,生产能力有限,人们的需求受到抑制,人们的消费能力被限制,人们消耗的能源资源也是有限的。技术创新提高了生产效率,造成了社会财富的极大丰富和人们收入的较大提高,人们的各种需求也得到释放。人们可能产生如下新的需求:"1.以往消费产品X的消费者A对产品X的新增加量;2.消费者A对某些Y产品的需求;3.新增消费者B对产品X的新增需求;4.消费者B在消费了X后还有'消费者剩余',产生对某些Y产品的需求。"③在通过不断消费满足这些需求的同时,全社会

① 约翰·M.波利梅尼、[日]真弓浩三、[西]马里奥·詹彼得罗、[英]布莱克:《杰文斯悖论——技术进步能解决资源难题吗》,许洁译,上海世纪出版集团2014年版,第85页。
② 约翰·M.波利梅尼、[日]真弓浩三、[西]马里奥·詹彼得罗、[英]布莱克:《杰文斯悖论——技术进步能解决资源难题吗》,许洁译,上海世纪出版集团2014年版,第90页。
③ 约翰·M.波利梅尼、[日]真弓浩三、[西]马里奥·詹彼得罗、[英]布莱克:《杰文斯悖论——技术进步能解决资源难题吗》,许洁译,上海世纪出版集团2014年版,第54页。

能源资源消耗总量不可避免地会增加。比如,汽车、电视、电话、空调等,最初都是少数人才能享有的奢侈品,是多项技术突破降低了生产成品,使它们成为了现代人们生活的必需品。而随着越来越多的此类生活用品为人们所普遍使用,生产制造这些用品所消耗的原材料等各项支出也必将成倍增长。当今社会资源环境困境的产生某种意义上正是"杰文斯悖论"的必然结果。

"杰文斯悖论"不仅在传统工业社会是存在的,在充斥着人工智能计算机网络的高科技时代也成立。毫无疑问,由于建立在更可靠的统计以及信息理论基础上的机器学习实现了突破,同时,将解决特定领域特定问题的人工智能应用到特定的实践和商业中所取得的成功,引起人们的极大重视和关注,甚至在许多国家上升到国家发展战略高度。人工智能的进一步发展乃至超级人工智能的发明需要克服许多障碍。人工智能系统的核心特征是具有获知能力及有效处理不确定性和概率信息的能力。即人工智能具有类似人类智能的特征。人类智能是亿万年生物进化过程中形成的。人类智能的形成是生物进化史上的重大飞跃。"自然机体适应度函数不只是为了智能和其前提而选择。即使有着能处理更高级信息并且总是从中受益的有机体的环境可能都不会选择智能,因为智能的提高需要付出很大代价,比如更高的能量消耗和更长的成熟周期。"①无论是通过简单模拟或复制自然进化过程,还是以人类大脑作为模板,通过全脑仿真来实现人工智能,都需要运算能量足够强大的超级计算机。"而只要21世纪内摩尔定律不被打破,计算机能力在短时间内仍会处于不足的状态。"②这是因为,超级计算机的制造不仅消耗大量特殊材料,而且自身运行需要消耗巨大能量,特别是大量能量还会以热能形式散失。而人工智能的升级和维护所要消耗的能源和资源就更不可计数。

总之,"杰文斯悖论"表明,能源效率的提高并不总是意味着能源使用的节约与减少,从而,仅仅依靠技术进步不能解决资源难题。

二、技术创新的社会影响

"杰文斯悖论"揭示了一个普遍的社会现象,它不仅反映了技术进步与资源消耗的内在关联,更引起了人们对技术创新的社会影响的深入思考。

毫不夸张地说,技术创新是人类历史发展的引擎。正是一项项技术发明的不断涌

---

① 尼克·波斯特洛姆:《超级智能——路线图、危险性与应对策略》,张体伟等译,中信出版社2015年版,第33页。
② 尼克·波斯特洛姆:《超级智能——路线图、危险性与应对策略》,张体伟等译,中信出版社2015年版,第33页。

现,彻底改变了人类的生产与生活方式。而技术创新看似纷繁复杂,却是有规律可循的。1953 年美国国家航空航天局(NASA)委托空军科研办公室,将史上各类交通工具的最高速度制成图表,以帮助制定未来若干年的发展规划。图表从 1750 年出现的驿马邮递开始,包含随后出现的火车、汽车、飞机和火箭。图表最终连成一条呈指数增长的速度曲线。按照图表所呈现的发展趋势,人类仅需要再用 4 年就能将火箭送入轨道。果然 4 年后,苏联火箭被送入太空。① 这就是凯文·凯利所告诉我们的科技发展的"必然"。当然,这里的"必然"意思是"科技的本质上有所偏好,使得它朝向某种特定方向。在其他条件都相同的前提下,决定科技发展动态的物理原理和数学原理会青睐某些特定的行为。这些偏好仅存在于塑造科技大轮廓的合力中,并不会主宰那些具体而细微的实例。"②

当今社会已进入大爆炸式创新时代。不仅在交通技术领域如此,在信息技术领域,创新的指数式增长更为明显。早在 1965 年,英特尔创始人戈登·摩尔就指出,1958 年—1965 年用于计算机芯片的晶体管数每 18 个月就翻一番,而价格保持不变。他预测,这一指数增长趋势至少能维持 10 年。这一规则被称为摩尔定律。后来人们发现摩尔定律不仅在信息技术的多个层面普遍适用,"在计算领域之外,在干细胞研究、可再生能源、人类基因组、光纤、LED 和机器人技术等众多领域也同样可以看到指数增长。"③大爆炸式创新等指数科技的出现极大地改变了人们的生活。在带给人们前所未有的舒适与便利的同时,也给予人类社会以巨大的风险和挑战。

首先,技术创新所造成的资源环境风险不容忽视。"人们长期以来相信增长是无限的,科学技术是万能的。然而,今天的现实告诉我们,这不过是毫无根据的幻想。现代工业文明的无限制增长模式与地球资源的有限性和环境的承受能力在根本上不相容。它用人的欲望的无节制放纵和市场的疯狂代替了人的需要的理性满足。所谓现代化的成就正是以地球生态环境的日益恶化、不可再生资源的急剧消耗、社会两极分化不断加速、社会不公日益严重、各种新的巨大风险的产生与加剧为代价而取得的。"④著名思想家贾雷德·戴蒙德(《枪炮、病菌与钢铁》的作者)曾指出,过去和现在的人类社会面临的最严重的环境问题主要可分为 12 种,其中许多问题是科技发展无意带来的负面影响。比如通过建造城市、乡村,加速破坏自然栖息地,与科技的迅猛发展导致时空压

---

① 参见拉斯·特维德:《创新力社会》,王佩译,中信出版集团 2017 年版,第 163 页。
② 凯文·凯利:《必然》,周峰等译,电子工业出版社 2016 年版,第Ⅶ页。
③ 拉里·唐斯、保罗·纽恩斯:《大爆炸式创新》,粟之敦译,浙江人民出版社 2014 年版,第 13 页。
④ 约瑟夫·斯蒂格利茨等:《危机浪潮》,章国锋译,[德]格塞科·冯·吕普克编,中央编译出版社 2013 年版,第 3 页。

缩、城市化和工业化快速发展有着密切关联。石油、煤、天然气等不可再生能源的日益枯竭，与开采技术的不断进步相伴而生。水资源短缺、全球变暖、空气、土壤、江河湖海的污染，与工业生产大量用水、大量排放二氧化碳、大量排放有毒有害化学物质都有着直接的关系。尽管许多人相信新的科技可以解决环境问题，然而，"没有人能够确保科技在产生对环境友好的效应和产品（如油电混合车）的同时，避免生成对环境不良的效应和产品（如 SUV 休旅车）。"[1]事实上科技发展可能带来新问题的速度远快于解决老问题的速度。制冷剂氟利昂问世时曾被看作最伟大的科技成果，如今却被发现是形成臭氧层空洞的罪魁祸首。外卖、快递等互联网+服务使人们的生活更便捷的同时，产生大量的塑料袋、包装盒为已经十分脆弱的环境增加了更大的压力。

其次，技术创新所造成的社会风险不容忽视。大数据、人工智能等新技术的广泛应用，让社会生活更加智能化、自动化、高效化的同时，并没有从根本上解决长期存在的社会问题。比如交通拥堵是现代化大城市都不得不面对的问题。每年有百万人死于车祸。即使新技术的应用也很难解决这一问题。"无人驾驶车一定会加剧交通拥堵，而非减缓。因为今天不想自己开车的人也许明天就会买一辆无人驾驶车上路了。"[2]无人驾驶的安全性也受到质疑。"2016 年初，谷歌无人驾驶汽车向美国机动车管理局提供了无人驾驶汽车的最新报告。报告显示，其公司的无人驾驶汽车在 14 个月的测试中遇到了 272 桩事故。"[3]与此同时，无孔不入的技术不仅正在改变我们的行为，也在改变我们自身，导致比传统社会更为严重的不平等。"这种切实存在的不平等会使变革的拥护者和抵触者分开阵营，产生实际的绝对赢家和输家。赢家甚至可以受益于第四次工业革命对人体机能的改进（如基因工程），而输家只能与其失之交臂。但这其中也隐藏着风险，可能会引发前所未有的阶层冲突和其他矛盾。"[4]的确，伴随着生物科技的一系列突破，目前人们不仅已经可以进行基因测序、基因合成，而且可以进行基因改造。基因编辑技术对 DNA 的改造几乎不受物种的限制。虽然人们进行的更多的是动植物的基因改造，对人类的 DNA 进行遗传学改造同样是可行的。如果享有更多的金钱与权势的人们可以通过基因技术治疗疾病、延长寿命，实现人类增强，那么增强人类与普通人类的不平等也随之加剧。特别是，技术进步将我们推到了新的伦理边界。如果我们将

---

① 贾雷德·戴蒙德：《崩溃——社会如何选择成败兴亡》，江滢等译，上海译文出版社 2008 年版，第 419 页。
② 皮埃罗·斯加鲁菲、牛金霞、闫景立：《人类 2.0——在硅谷探索科技未来》，中信出版集团 2017 年版，第 38 页。
③ 皮埃罗·斯加鲁菲、牛金霞、闫景立：《人类 2.0——在硅谷探索科技未来》，中信出版集团 2017 年版，第 38 页。
④ 克劳斯·施瓦布：《第四次工业革命——转型的力量》，李菁译，中信出版集团股份有限公司 2016 年版，第 99 页。

生物技术突破应用于提高人类自身能力,不仅存在将传统的家庭亲子关系发展成消费社会商品关系的风险,更可能使人的自我认识陷入困境。人类所珍视的、构成人性的种种美德与情感是在长期进化过程中,在人们彼此依赖、相互扶持、共同奋斗的社会生活中形成的。而生物科技设计和增强的人类可能会因为足够强大,以至于亲情、友情和爱情等美好情感不再被珍视。另外,由于机器思维可能比人类更超前更强大,更有预见性,人类行为是遵从自己的内心、还是按照人工智能的指示。一旦人的行为能够被人工智能所预测和设定,人的自由何在? 人的尊严何在?

再次,技术创新所造成的对人类进步信念的怀疑不容忽视。不管现代人们对启蒙运动有多少置疑,不可否认的是,"启蒙运动非常清楚地知道人类前进的方向和为什么朝此方向前进;但它从未对其未来发展做任何限制。其目标是要达到孔多塞所说的'文明状态',但当达到了这个状态时,历史就将没有终止也没有结束"。① 启蒙运动最宝贵的遗产不是"将理性凌驾于难以驾驭的人类个性,而是创造一种在利奥塔看来无法实现的普遍的人类身份的认同和普遍的人类宿命的,他称之为'世界主义的'观念。"②人工智能技术的不断突破,最终将指向发明超越人类大脑一般智能的机器大脑,即超级智能机器。据调查,科学家们普遍相信,最迟到 21 世纪中后期,第一个超级人工智能机器就可能被制造出来。正如动植物的命运更多地取决于人类而不是它们自身一样,一旦人类发明了超级智能机器,人类的命运将取决于超级智能机器。如果人类制造出来的是对人类友好的超级智能机器,那么人类将迎来光辉灿烂的未来。也有可能,"首个超级智能可以塑造地球生命的未来,可能会有非拟人的目标,可能会有工具性理由去追求无限制的资源获取。如果我们想一想,人类由有用的资源构成(比如方便获得的各种原子),并且生存和繁荣要依靠更多当地资源,我们就能明白结局很可能是人类迅速灭亡。"③当然,人们对人工智能技术对人类未来的影响还存在很大分歧。霍金、马斯克等人坚信人工智能的未来发展可能给人类造成灾难性后果。凯文·凯利等人则坚信人类会与科技共同进化。更多的人都承认人工智能的发展为人类的未来增添了不确定性。进步作为启蒙运动的重要遗产,为现代文明的发展奠定了重要的价值基础。尽管一直以来,总有人质疑这一观念,可能只有人工智能等科技创新的进展让这一质疑变得更加现实了。

---

① 安东尼·帕戈登:《启蒙运动为什么依然重要》,王丽慧等译,上海交通大学出版社 2017 年版,第 14 页。
② 安东尼·帕戈登:《启蒙运动为什么依然重要》,王丽慧等译,上海交通大学出版社 2017 年版,第 23 页。
③ 尼克·波斯特洛姆:《超级智能——路线图、危险性与应对策略》,张体伟等译,中信出版社 2015 年版,第 144 页。

三、技术创新的人文干预

每一次重大的技术创新都增强了人类巨大的力量与才能。然而,"人类虽然拥有无比强大的力量,可以将它无限制地运用于一切领域,但却没有能力对这种力量加以控制,无法预见并理性地评估它可能带来的后果。正因为如此,人类创造的成就越大,出现的问题和弊端也就越多、越严重。"[1]

显然,技术创新所造成的社会后果不能用进一步的技术进步来解决。因为任何技术解决方案都不能摆脱"杰文斯悖论",只能取得暂时的和局部的效果,却可能加剧总体上的不平衡,对全局造成长期损害。对技术创新进行人文干预便是应对创新所带来了巨大风险的必然选择。

首先,以责任意识约束技术创新实践。作为科技创新的主要承担者,科学家应该积极担负起社会责任,无论在科研选题,科研活动及科技成果转化等过程中应时刻牢记科学家对人类发展所具有的社会责任与使命。人类文明发展到今天,科技已经成为不可或缺的东西。就像凯文·凯利所指出的,"我们生活中每一项显著变化的核心都是某种科技。科技是人类的催化剂。"[2]凯文·凯利认为,科技发展到今天已经成为一个宏大的、并且遍及全球、联结紧密的科技系统。他称之为科技体。在他看来,"科技体的概念超越了亮闪闪的硬件、涵盖文化、艺术、社会制度和各种智能产物,也包括软件、法律和哲学思想等无形之物。最重要的是,它包含了人类发明中颇具生产性的推动力,来激励我们制造出更多工具、发明出更多科技产品以及建立起更能自我强化的连接。"[3]然而,不能不承认一个事实,那就是,科技体改变人类的能力已经超过了人类改变科技体的能力。那么,如何避免或者减少科技体的负面影响,为人类的未来迎来一片光明,科学共同体责无旁贷。其实许多科学家已经行动起来了。1992年,1700多位来自71个国家的科学家在《世界科学家对人类的警告》这一宣言签名,其中包括104位诺贝尔奖获得者。宣言指出,"我们需要一个新的道德标准——对保护地球和关爱我们自己这一责任所应采取的新态度。我们必须认识到地球供养我们的能力有限,必须认识到地球的脆弱性。我们再也不能让地球遭受破坏。"[4]不仅科学家应该承担其社会责任,

---

[1] 约瑟夫·斯蒂格利茨等:《危机浪潮》,章国锋译,[德]格塞科·冯·吕普克编,中央编译出版社2013年版,第2页。

[2] 凯文·凯利:《必然》,周峰等译,电子工业出版社2016年版,第IX页。

[3] 凯文·凯利:《科技想要什么》,严丽娟译,电子工业出版社2016年版,第16—17页。

[4] 希瑟·纽博尔德编著:《生命的故事》,甄宏等译,中国人民大学出版社、北京大学出版社2004年版,第179页。

每个人都应以负责任的态度理解科学技术,关注科学技术的成长与发展。因为当今社会已经进入众智时代,人人都有可能成为科技创新的参与者。每个人的负责任行为都将人类的未来增添一份希望。

其次,以规则意识规范技术创新活动。科学研究事业是建立在信任基础上的。"科学家的行为必须以正直和诚实的方式,以保持公众的信任。与其他任何职业一样,所有信誉良好的共同体成员都必须遵守一致认同的做法、道德和道义的'行为准则'。"①任何科学研究活动中的学术不端等违背伦理道德的行为,不仅损害科学事业自身的健康发展,而且可能带来灾难性的后果。这是因为,当今社会已进入大科学时代,无论是科学研究的规模、投入,还是其社会影响都十分巨大。特别是在这个大爆炸创新时代,技术创新成果不断涌现,这些创新成果的未来影响存在着无限可能性。人们对科技创新成果的真正意义的理解往往滞后于创新成果的出现。在这一背景下,更有必要以规则意识规范技术创新活动。一方面,科学共同体自身采取各种方式使其成员避免科研中的不端行为,即加强行业自律;另一方面,社会可以把人类共同珍视和接受的某些伦理价值强加给科学共同体,伦理底线不能打破。"像限制科学家所从事研究的活动或本质这样的政策,可以由政策制定者通过法律和法规实行。有时,这些规定是关于如何开展研究的,诸如涉及动物或人类受试者的研究。其他时候,整个研究领域可能会由于道德或伦理方面的原因受到决策者的管制,如研究中使用胎儿组织或人类胚胎干细胞。"②

再次,以广泛的公民参与意识监督技术创新过程。在现代社会,科学已经发展成为强大的社会建制,技术创新成果与社会中的所有人的生活和未来都息息相关。尽管当代科技体的进化日益表现出某种必然的趋势,然而人的选择仍然有着关键性的作用。为了避免科技创新所导致的失控,消除其潜在风险,引导创新成果向与人类友好的方向发展,每个人都应该关注科学、理解科学。社会成员可以通过对国家和地方的科技政策和法规的制定施加巨大的影响力,来影响科技投入的多少、科研方向的侧重以及重大科研项目的立项与实施等。公众参与科学曾引起较大的争议。为提高公众参与监督技术创新的能力和水平,有必要提高公众的科学素养。除了正规的学校教育,科学共同体可以广泛运用广播电视、互联网等大众媒体和新媒体进行科普宣传。在普及科学知识的同时,更要传播科学精神,宣传思考问题和解决问题的科学方法。

---

① 荷马·A.尼尔、托宾·L.史密斯、珍妮弗·B.麦考密克:《超越斯普尼克——21世纪美国的科学政策》,樊春良等译,北京大学出版社2017年版,第244页。

② 荷马·A.尼尔、托宾·L.史密斯、珍妮弗·B.麦考密克:《超越斯普尼克——21世纪美国的科学政策》,樊春良等译,北京大学出版社2017年版,第371页。

当然,对技术创新进行人文干预时,一方面要避免人类中心主义,正确处理好人与自然的关系,以人与自然的和谐发展为前提;另一方面,要在科学技术的自由研究与人文干预二者之间保持必要的张力,既不能损害科技工作者的创造性,也不能无视科技成果的社会伦理后果。

总之,"杰文斯悖论"不可忽视。只有秉承巨大的仁爱、智慧和勇气,放弃分歧,团结起来,持之不懈地努力,人类才有可能减少技术创新的不利影响,走向光辉灿烂的未来。

显现与置身
——试论显现美学与气氛美学之同异

杨　震[①]

德国当代美学家马丁·泽尔(Martin Seel)和甘诺特·波梅(Gernot Böhme)分别提出了有影响力的新美学理论:显现美学[②]和气氛美学[③]。这两种美学有着很多不谋而合的地方,当然也有着巨大的分歧。据笔者的研究,二者的一致主要体现在基本哲学立场、方法、问题意识的不约而同;二者的分歧,则体现在诸多问题上具体观点的冲突。对这两方面进行分析,将有助于我们更好地理解二者的特点和不足。

一、方向上的一致

总体上,这两种美学,都不再是传统意义上寻求美、艺术或审美经验的诸现象之间的共同"本质",他们所作的,毋宁是更为审慎地现象分析和阐述,提炼出一种核心概念工具,用以阐释审美现象的特点,而不再试图建立一种包罗万象的美学体系。无论是"显现"还是"气氛",无疑都不能描述成"所有审美现象共同的本质",也绝不会形成"(审)美即显现""(审)美即气氛"这种本质主义命题,毋宁可以这样表述:在审美活动中,我们所关注的主要是"显现(气氛)"这种现象。它们只不过是用来审视审美现象独特性和统一性的最大公约数。可以说,二者都是一种反本质主义的现代立场,都携带着现象学运动的影响,经过后现代主义、解构主义、分析哲学的洗礼,虽然未必对这些哲学流派持明显的接纳,但至少是站立在这样的视野中来进行写作。但二者又不至于陷入相对主义的陷阱,他们依然延续了德国古典美学寻求审美共通性的诉求,不像分析美学那样极端。虽无共同本质,但从一个家族中我们毕竟可以提出独特统一的基因,这些基因并不必然准确实现在任何一个个体上,但它是我们识别家族成员的工具。显现美学和气氛美学,都试图为我们找出理解一个称作"审美"的现象领域存在的大致共通性。

[①]　作者系北京社科院,副研究员,哲学博士,从事当代美学研究。
[②]　主要参见 Martin Seel, *Ästhetik des Erscheinens*, Frankfurt/M.2003。(以下简称"AE")
[③]　主要参见 Gernot Böhme, *Atmosphäre:Essay zur neuen Ästhetik*, Frankfurt/M.2013。(以下简称"AT")

这种寻找不是康德式的"规定",而是出于对经验现象的反思和提炼。

二者对传统哲学思路的突破,还体现在对传统二元论的扬弃。传统二元论视野中,解释一个现象,若不能用物及其属性来解释,就必然以心灵或者心理来解释,所以,审美现象要么被归为艺术现象,要么被归为审美态度。在泽尔看来,审美的关键既不在于实际(Sosein)也不在于假象(Schein),而是恰恰在一种临界状态——显现①。显现不是纯然客观的,它必须是对某人的显现,虽不系于某一个经验,却必须依赖经验的可能性;但显现又不是纯然主观的,它不是某个主体的主观臆造,而是一种主体间可互证的现实②。与此高度呼应的是,波梅的"气氛"也是一个明显介于主客体之间的现象,气氛是客观的,是一种"半物"③,因为它总是让感受到它的人陷身其中,是让人身体性在场的一种情调空间;气氛又是主观的,有"类主体性"④,因为它只在人的身体性在场中显现,无法离开人的在场而存在,并且它是情感性的,通过人的身体所遭受情感震动⑤而起作用。

与此相关,这两种美学也都反对传统的内外之分。传统认识论中,有理念与现实,质料与形式,实体与表象的区分。它假定有某种深不可测的本质,只是部分地通过某种外在显现出来。在显现美学的视野中,这种内外之分不再有意义,显现并不是某种看不见的东西向外显现,而是"诸显像间的游戏"⑥,而显像则是"概念可把握的特征"⑦,也就是说,显现是现成物象之间的一种动态存在方式,实际上,并不存在不参与显现的显像,更谈不上不基于显象的显现了。所以,泽尔总体上把艺术看作某种"通过自身显现让某物显现"⑧的东西,一个显现"空洞"这个意象的句子,自身也要具有空洞性;一个表现力量的雕塑,自身也要具有力量。显现着的事物和所显现的事物,是一回事。波梅也认为,传统面相学所认为的那种通过外在特征来推测某种内在本质,这是一种误解,一个人的面相特征不在于向内解读本质,而在于向外营造气氛,呈现的就是在场的。他用雕像为例来阐明这个道理⑨,一个维纳斯雕像不在于揭示内在的大理石,也不在于展现某个远方的真实维纳斯,而恰恰就在于用雕像本身让维纳斯出场,雕像的存在就是雕像本身所呈现的。所以,波梅反对用"属性"来定义"物",毋宁用"出窍"来描述物的存

---

① AE,S.9.
② AE,S.87.
③ AT,S.278–79.
④ AT,S.33–34.
⑤ AT,S.31.
⑥ AE,S.78.
⑦ AE,S.76.
⑧ AE,S.280.
⑨ AT,S.238–9.

在状态,"出窍"就是走出自身,一个物的存在,就在于不断显露,不断走出自身,向环境、空间敞开,"物的存在就是显出"①。

也因此,这两种美学不约而同都显现出一种更大的兼容性。由于来自艺术领域本身的挑战,亦即先锋艺术对传统美学的不断挑衅;以及来自非传统艺术领域的审美干预,亦即各种边缘性审美产品的出现,新的跨界性似是而非的类艺术现象的出现,给传统美学的解释力带来了挑战,新美学不是愤然退守,而是欣然迎接。它们分别对这些新艺术、新审美现象做出了自己的调整和应对。基于"显现"或者"气氛",审美现象都完全不必拘泥于传统艺术这个狭窄的领域,也因此,泽尔和波梅都不约而同地对特瑞尔(James Turrell)的灯光效果装置和纽曼(Barnett Newman)的单色画表示了欢迎,并为之提供了良好的理论支持;二者也都把目光转向广大生活的领域,泽尔谈起"气氛式的显现"②,一种对生活关系的揭示,波梅谈起"审美工艺"③,扩展到化装、设计、舞台布置、建筑、背景音乐等广泛的跨界审美领域,关注政治、经济的审美化、舞台化问题。显示出强大的解释力和现实关怀。

另外,二者也都把目光从艺术转向了自然。他们都同意阿多诺的洞察:自从黑格尔以后,在西方美学中,自然就是缺席的。二者美学的出发点,都是自然美学。二者都体现出对技术主义、科学主义自然观的批判,反对把自然视为对象、工具、原材料产地,提倡对自然更多的尊重。当然,二者也都与卢梭式的理想自然观保持距离,不至于陷入一个逻辑上无法自洽的"自然本身"。泽尔心目中的自然,是一个作为伦理学理想的自然④,对自然的尊重,本质上被视为对我们内在自然的尊重,这种尊重,只有通过审美才是可能的,也就是说,只有对自然持有一种审美态度,也就是非实用功利的态度,我们才能赢得与自然的更为良好的关系,而此时我们也发现,我们自身内在的自然也获得了尊重与满足。波梅把自然看成是环境⑤,不再是一个对立于我们的对象,而是环绕着我们的气氛空间,它和我们之间不是割裂的,而是像气息一样由我们"呼吸"。他强调,真正的自然是我们"作为自然的自然"⑥,因为我们是身体性的,置身于自然中间的,我们身体性的存在本身就是自然。当然,也因此,自然也是我们的自然,与我们相关的自然。他认为这种作用是相互的。他虽然秉持"自然的人化"⑦,但也没有忽视人的自然化,更

---

① AT,S.238.
② AT,S.152-6.
③ AT,S.7,22,24-25.
④ Martin Seel, *Eine Ästhetik der Natur*, Frankfurt/M.1996,S.28-33.(以下简称"AN")
⑤ Gernot Böhme, *Für eine ökologische Naturästhetik*, Frankfurt/M.1989,S.8-9.(以下简称"FN")
⑥ Gernot Böhme, *Für eine ökologische Naturästhetik*, Frankfurt/M.1989,S.34-35.(以下简称"FN")
⑦ Gernot Böhme, *Für eine ökologische Naturästhetik*, Frankfurt/M.1989,S.34-35.(以下简称"FN")

确切地说,人的自然性。

二、观点上的分歧

首先,在界线问题上,泽尔还是坚持审美现象与非审美现象的严格区分,他基本站在传统的三分法立场上,即将审美活动区别于认识活动和实践活动[①]。他认为审美活动就是对"显现"这一动态的关注,尽管有概念在起作用,但不追求达成概念、判断;尽管可能携带实践因素,但并不朝向实践目标。这个思路和康德以来的思路基本上是一致的。泽尔因而并不主张美学的跨界,不把美学的大门向通俗艺术敞开,这一点上他和阿多诺是一致的。他认为美学不能失去立足之地,其包容性不能过分扩展以至于失去独立性。原则上,泽尔的美学还是一种审美自律的思路。

波梅则不同。波梅从来不谈论审美现象与非审美现象的差异,不谈论如何将审美现象区别于概念和实践。虽然他站在美学的立场上,强调气氛不可用仪器探测,但他基本上可以说是抛开了传统的各种范畴,更多体现出一种现象学立场。他只是承认艺术作为气氛创造手段的一种,其特性是"免除了行动责任"[②],这也就意味着,他更关注的艺术之外的"审美工艺"是不必免除行动责任的。这也是波梅的关怀所在。他批判精英美学[③],把艺术置于生活之上,贬低通俗审美现象。他破天荒地把以往视为精英"趣味"的审美还原为人的基本"需要"[④]。从根基上抛弃了康德式的审美理想主义。审美不但不是非功利的,而且自身就是一种人基本的、合法的功利。这一点也可以说是一种美学革命了。美学从自律论的禁锢中释放出来,卸下了传统的沉重包袱,不再纠结于是否携带有功利,而是光明正大地把审美,亦即对气氛的感受,当作基本人道主义内容来谈论,就像谈论饮食、空气、环境一样。因为,在波梅看来,显现是自然的基本存在方式,是物与物相处的基本方式,无疑是每一个人的基本需要[⑤]。

在这个意义上,波梅与泽尔分道扬镳。泽尔对波梅的这一越界则颇为不满,他认为过于宽泛的概念,难以妥善处理审美实践的独特性问题[⑥]。

从学理本身来讲,二者之间存在一个显著的差异。"显现"概念立足于时间概念,"气氛"概念立足于空间概念。几乎可以说,显现美学是一种时间美学;气氛美学是一

---

① AE,S.40-41.

② AT,S.25.

③ FN,S.23.

④ AT,S.41.

⑤ AT。

⑥ AE,S.153.

种空间美学。显现,是一个时间现象,它本身就是一个进行时,正在发生,泽尔经常会用到大写的"发生"(Geschehen)①或者"出场方式"(Gegebensein)②。显现作为诸显象间的游戏,是此地与此时的当下现实,是时间性的现象,具有瞬间性(Momentan)和同时性(Simultan)。显现是不可重复的,不可穷尽的,瞬间性令其不可重复,同时性令其不可穷尽。这在理论和实践维度上是不可接受的,唯独在审美维度上,受到欢迎。显现,就是审美的当下性。虽然泽尔既谈此时,也谈此地,但他的系列概念:显现,发生,瞬间性,同时性,现在,当下化……都透露着浓厚的时间性色彩,对可消逝的审美瞬间的关注。

与此相对,虽然波梅也谈当下,在场,但其重心明确放在空间概念上,他把气氛定义为"具有情感基调的空间"③。当然,这里的空间并不同于物理学意义上的空间,它是跟"身体"概念密不可分的一个概念。当然,我们也可以看出,正是因为基于身体概念,波梅的理论视野不可避免地立足在空间性上。"身体性在场"(leibliche Anwesenheit),这是波梅反复强调的,而这种在场,必然是空间性的,在某处在场,但这种空间性并不是客观中性的存在,而是通过身体所遭受的情感震动而察觉并显现的,所以,波梅的空间是一种情感性的空间④,通过人的情绪变化,改变对空间的感知。这也就是气氛。这自然是一种现象学空间,立足于身体在场、通过情感反应来定调和察觉的空间。如果泽尔的美学可谓时间美学,那么波梅的美学可谓空间美学。也因此,波梅格外关注建筑⑤,这样一门空间艺术。在他看来,建筑就是营造具有特定情感特质的空间,它绝不是简单的空间分割与布局,而是朝向特定气氛效果的空间安排。因此,他主张建筑摄影并不需要试图在二维平面上虚构三维空间,而是应该致力于再现建筑的气氛效果。波梅把音乐也视为一种空间艺术⑥,因为本质上,音乐是通过改变我们的身体情绪而改变了我们在空间中的在场方式,让我们觉得空间的压抑或者宽广。连诗歌也在唤醒一种空间效果⑦,"花香""钟声""黄昏"这些都不是实体,是空,是无,是充斥着某种情绪的空间流体。光也是空间性的,更确切地说,光就是明亮,明亮感⑧。明亮中我们获得了空间,黑暗重新把我们挤压。黑暗中的空间感有赖声音来弥补。空间是通过身体起作用的,身体的紧张与松弛,是空间的基本效果。气氛、空间,并非外在于我们的对象,而是通过我

———————————

① AE,S.91.
② AE,S.19.
③ AT,S.22.
④ AE,S.31,95-6.
⑤ 参见 AT,S.112-133。
⑥ AT,S.159-60.
⑦ AT,S.66.
⑧ AT,S.51,135.

们起作用的,为我们所"呼吸"的某种流体。当波梅说在场,正是指的这种空间性、空间感、空间流。正如当泽尔说在场,说的正是时间性、瞬间性、时间感。但二者绝不是拼接在一起,就可以形成完整的美学图式。二者各自独立地向我们揭示出审美的某种微妙之处,无法一言以蔽之。

二者虽然都重视自然,对待自然的态度却迥然不同。泽尔更强调自然的独立性,与人的差异,强调正是在保持对自然的尊敬与欣赏中,有着对人自身自然的潜在唤醒。泽尔反对波梅将自然比作人类的"花园"①。可以说,泽尔的自然美学观,是强调平行、共振、共鸣。一种相看两不厌,相安无事的审美关系。而波梅则更强调人与自然的相互介入,人的内在自然——身体,是和外在自然相与呼吸的,二者都迈出自身,成为共同的环境。在波梅看来,无所谓独立的自然,都是为我的自然,他延续马克思,主张自然的人化。在一种人本主义中看待自然,把自然视为环境,而不是对象,既不是陌生的压迫对象,也不是陌生的自在之物,而是环绕着人、通过身体起作用的现实。

虽然二者都有后现代主义的色彩,但波梅基于身体的立场,显现出更多非理性主义色彩,他并不探讨身体、气氛跟概念活动之间的关系,似乎完全抛开了即便在胡塞尔那里也很浓厚的认识论倾向,他倾向于一种人类学、生态学,新的基于身体的现象学。在这里,气氛,身体,情感三者几乎是一回事,互为镜像,互为彼此的意义。而泽尔则远离这种神秘主义和经验主义。他几乎依然是认识论的立场。一种更具包容性的新认识论。显现从不否定概念的必要性,反而是基于一切概念活动,只不过它不再做出区分,定向,结论。在审美中,尽管有一切认识与实践因素,这些因素都只是参与显现,既不朝向结论,也不朝向行动。但它无疑无论是为认识还是行动都提供了广阔基础的一种必不可少的领域。因为,它既为认知揭示了广阔的不可穷尽的未知领域,又为伦理实践提供了不确定性所成全的自由的楷模。

---

① AN,128-9.

永远的马克思

对一种社会形态的哲学反思
——东欧新马克思主义社会主义理论述评

黄小寒①

　　在马克思主义哲学发展史中,东欧新马克思主义是对20世纪苏式社会主义国家较早进行哲学反思的学派,也是在20世纪苏式社会主义国家内部最早提出对其社会形态进行哲学反思的学派。

　　马克思恩格斯曾给出了经典社会主义建立的几个重要条件和一些初步设想。其条件是:通过暴力革命,在高度发达的资本主义国家,且几个资本主义国家同时进入社会主义。其设想是:公有制;按劳分配或按需分配;自由人的联合体。这样的条件和设想是基于马克思恩格斯历史唯物主义的基本原理,是社会主义超越或高于资本主义的根据和基础。

　　20世纪初,世界上第一个社会主义国家苏联诞生,使马克思恩格斯的社会主义理想以一种并不完全预期的方式着陆。这里要指出的是:苏式社会主义的创立者列宁和斯大林在社会主义形态上试图脉延马克思恩格斯的设计,而在社会主义创立的条件上却超越了"卡夫丁峡谷",并且在苏式社会主义实践中形成了前后两个不同的时期:列宁的"战时共产主义"和"新经济政策"时期;斯大林的"土豆烧牛肉"的共产主义时期。这种苏式社会主义是20世纪初期人们反抗资本主义的剥削与压迫以及殖民主义政策的必然反映和产物。试想在当时的背景下,在落后国家和地区可能没有多少人愿意选择资本主义。因此才有更多的社会主义国家建立。而苏式社会主义就成为了史无前例的社会主义的模式,使得没有任何社会主义操作经验的国家集体效仿。在一定时期内,这种社会主义曾在各个方面取得了一定的成就。

　　从20世纪50—60年代开始,苏式的传统马克思主义遇到各种尖锐的挑战,使东欧新马克思主义发展到了一个重要的理论转折时刻。那么,在社会主义阵营中,对苏式社会主义(以下指斯大林式的社会主义),东欧新马克思主义者为什么能够进行哲学反思? 他们做了什么样的哲学反思? 如何认识他们的这些哲学反思? 他们的哲学反思为

────────────

① 作者系北京大学马克思主义学院教授、博士生导师。

中国留下了怎样的启示？本文试就这些问题作一初步的分析和讨论。

一、东欧新马克思主义为什么能够进行哲学反思

哲学是一种形而上的学问，而它关涉的却是形而下的问题。东欧新马克思主义对苏式社会主义形态的哲学反思也是如此。法国哲学家阿尔都塞曾经指出："历史把我们推到了理论的死胡同中去，而为了从中脱身，我们就必须去探索马克思的哲学思想。"①20世纪50—60年代，苏式社会主义在发展过程中逐渐涌现出一些负面或不尽人意的状况，在社会主义阵营内部也出现了不同观点的交锋，由此迫使东欧新马克思主义不得不对这些挑战进行本质性的分析。东欧新马克思主义者从苏式社会主义形态的真实关系出发，进而确立了提出问题的思想方式，即各种现象的总问题，也就是"人道主义问题"。他们认为，这是对"马克思主义的复兴"或"马克思主义的回归"。

这种提法有点"冒天下之大不韪"。因为，人们曾经认为，虽然，人道主义不是资本主义的专利，但更多地凸显在资本主义的起源和发展过程中，它是资本主义意识形态的产物。殊不知马克思恩格斯否定的是自由资本主义早期那种资产阶级所谓的人道主义，而不是一切人道主义。

那么同是处于社会主义阵营的苏式社会主义形态中，为什么只有东欧新马克思主义能够以这样的方式提出问题呢？每种独特的思想体系取决于它同社会历史、传统文化、现有社会形态和思想环境间的关系。东欧新马克思主义的地缘基础是处于西东接壤的"中间地带"。在中世纪和近代早期，这些"边陲之地"曾受到西东方的掠夺者、侵略者和征服者持续不断的战争的破坏，也曾在一定程度上去模仿西东方。虽然，东欧四国在西东两条边界上面临着威胁与危险，但是文化的渗透与缓冲却给了四国一种开放状态。在东欧四国的发展过程中，曾受到基督教、天主教、东正教和伊斯兰教的摆动，文艺复兴、宗教改革、反宗教改革、启蒙运动、民族主义和马克思主义的影响。两次世界大战的烈火，法西斯主义的血腥屠杀，使得东欧四国曾试图建立西式的自由资本主义、自由民主和社会改革的希望化成灰烬。东欧四国在经济上落后，政治上缺乏自主和活力。第二次世界大战后，在雅尔塔体系的阴影下，这些国家都先后进入苏式的社会主义阵营，成为苏联通过军事条约和结盟、经济和意识形态依赖来创造一个与其利益相绑定的保护缓冲带。② 这样的国度，留给东欧新马克思主义者的既有西东方文化元素的混合

---

① 阿尔都塞：《保卫马克思》，顾良译，杜章智校，商务印书馆1984年版，第1页。

② 参见罗伯特·拜德勒克斯、伊恩·杰弗里斯：《东欧史》（下），韩炯等译，庞卓恒校，东方出版中心2018年版，第758页。

印记,也有哲学信念、承担责任和不被降伏与遏制的骨气。没有这种特殊的土壤和复杂的历史,就不可能形成东欧新马克思主义。

特别要指出的是,在第二次世界大战后,东欧社会主义国家在农业合作化和工业化的过程中,对苏式发展战略,即通向社会主义"理想国"的捷径的最初热情很快就消失了,最终变成极度失望。波兰著名学者切斯瓦夫·米沃什曾指出:"经历过战争后,我们当中所有的人,甚至民族主义者,都不曾怀疑那些正在酝酿的改革的必要性。我们的国家即将转变成一个工人和农民的国家,这的确没错。"①然而,最终的结果却使人大失所望。他们感到极度的幻灭,产生强烈的抱怨,并公开发表批评,由此受到不同类型的惩罚。20世纪40年代末,苏南开始冲突。20世纪50年代以后,东欧四国先后出现了要求实现"真正社会主义的"呼声:希望通向马克思主义的社会主义,反对等级制,反对官僚对生产力和生产方式的垄断控制,建立工人的自治组织;希望政府能够维持经济的高增长和消费水平的不断攀升,反对苏联霸权主义。与此同时,东欧四国开始尝试社会主义改革。特别是南斯拉夫独具特色的社会主义道路曾"激发了国际社会甚至非马克思主义国家对其体制、'自我管理'和'市场社会主义'学说的广泛兴趣。南斯拉夫被称誉为开辟了介于共产主义与资本主义之间、具有可行性的'第三条道路'。而且,许多西方阵营、共产主义阵营乃至第三世界的经济学家详尽地阐述了由所谓'市场社会主义'和'工人自治'的'伊利里亚模式',以及企业'自主管理'理论模式共同组成的越来越复杂的理论。"②如果没有这些与苏式社会主义道路的冲突与分离,东欧学者很可能继续维持对传统马克思主义和斯大林主义的承认,不可能那么早开始系统地探索马克思哲学思想和社会主义道路,也就不可能有东欧新马克思主义的崛起。

东欧新马克思主义对苏式社会主义形态的哲学反思始于传统马克思主义的危机,苏式社会主义的危机促进了东欧新马克思主义的发展。由于苏式马克思主义对经典马克思主义的教条主义的理解,特别是在复杂的历史条件下社会主义根本目标的部分缺失,使得东欧新马克思主义开始揭示苏式社会主义的一些问题。正如南斯拉夫学者弗兰尼茨基指出:"今天在大量悲剧性经验之后,社会主义的问题必须根本上从哲学的一社会学的视域加以考察。"③由于东欧新马克思主义者亲身经历的体验,各种特殊环境的淬炼,世界文明的理论视野,对资本主义现代性的审视与批判,使得他们比起其他苏

①　转引自罗伯特·拜德勒克斯、伊恩·杰弗里斯:《东欧史》(下),韩炯等译,庞卓恒校,东方出版中心2018年版,第769页。
②　罗伯特·拜德勒克斯、伊恩·杰弗里斯:《东欧史》(下),韩炯等译,庞卓恒校,东方出版中心2018年版,第806页。
③　格尔森·舍尔编:《马克思主义的人道主义与实践——实践派论文集》,姜海波等译,黑龙江大学出版社2015年版,第46页。

式社会主义国家的学者更加关注人的诉求,强调一种人道主义的马克思主义,试图建立一种真正的社会主义。他们的哲学反思确实有这样一种性质,正如阿尔都塞指出:"(1)哲学'代表'理论领域中的阶级斗争,因而哲学既不是一门科学,也不是一种纯粹理论(理论),而是在理论领域干预的一种政治实践;(2)哲学'代表'理论实践中的'科学性'。因而哲学并不是政治实践,而是在政治领域中干预的一种理论实践;(3)哲学是一种独创的实例(不同于科学和政治实例),它'代表'着以一种特殊干预(政治的——理论的)形式出现的,与另一种实例并列的一种实例"。① 不管对阿尔都塞的理论如何评价,但是,这一思想确实在说哲学形而上与现实形而下的关系。从东欧新马克思主义哲学反思的基本内容,我们可以看到,他们的哲学以抽象的形式提出了马克思主义哲学发展史上关于一种社会形态(苏式社会主义形态)的某些重要问题,与人类社会主义历史的进程息息相关。

二、东欧新马克思主义作了怎样的哲学反思

东欧新马克思主义继承了马克思的人道主义思想。它不是一般地接受马克思关于人的问题的一些理论结论,而是结合实际,特别是针对苏式社会主义的所呈现出来的某些问题,对马克思的相关思想做了独特的、深刻的理解。他们试图恢复被苏联哲学教科书所遮蔽的马克思思想的人道主义,强调人的解放、自由和全面的发展。

(一)"实践哲学"

东欧新马克思主义对苏式社会主义的哲学反思,其依据的重要的理论资源是马克思的实践学说。

"一切之谜是人之谜"。弗兰尼茨基曾一针见血的地指出,对于人的解释必须"要找到那个历史杠杆以支撑的阿基米德点。马克思在实践范畴中找到了这个支点,而在人本身找到了杠杆。"②东欧新马克思主义正是回到人和人的实践这个哲学视域,提出实践哲学,强调人及其人的实践在马克思主义哲学中的核心位置,由此揭示苏式社会主义忽视人,即人的异化的根本问题。

南斯拉夫实践派的哲学反思主要集中在三个方面。首先,在认识论的出发点上,绝大多数南斯拉夫实践派学者以"实践"范畴取代了"反映"范畴。他们认为,反映论在认

① 阿尔都塞:《保卫马克思》,顾良译,杜章智校,商务印书馆1984年版,第256页。
② 弗兰尼茨基:《论辩证法》,载《我们的论题》1963年第9期。

识论上持有传统的哲学二元论立场,体现了各种素朴实证论和机械唯物主义的观点。反映论将主体与客体当作给定的和被给定的,把认识当作是外部客体在主体意识中照镜子式的反映,实践只是作为外在的要素嵌入主体与客体之中。反映论不能理解人是能动的、创造性的存在物,不能阐明人的行动计划和对未来的预见,忽略了实践是人所特有的,是人同世界关联方式的最深刻的特征。毋庸置疑,人的认识中固然有反映的成分,但它不构成认识的本质。只有把实践当作出发点,才能回答为什么我们会得到关于客观世界存在和他人的直接知识,认识的真理性如何才能被确证。实际上,认识论的其他基本范畴都已潜在地包含在实践范畴之中。我们只能认识被我们实践改变了的人化的客体。因此,构建马克思主义认识论的立场和出发点应该是马克思关于人是实践的存在物和思维是人的实践活动形式的理解。①

其次,在实践观上,南斯拉夫实践派揭示了人的本质与实践的关系。实践派突破了辩证唯物主义仅仅说明实践在人的认识过程中的含义,而没有将实践当作人的统一的整体性过程加以阐释,而是从人的本质入手,赋予实践以更重要的地位和意义。这就是:人是实践的存在物;实践是自由的、有意识的创造性活动;实践是人存在的基础,是人的本体论结构;人的认识只是实践的一个环节。特别要指出的是,实践派的"Praxis"是一个规范性概念,它是指一种理想的、自我完善的人类活动,它既是一个基本的价值过程,也是全部其他活动形式的评判标准。正如彼得洛维奇所强调,这是一种超越了经济学视域的理解。

正是在对实践深入探讨的基础上,实践派对人的自由做了重新的诠释。经典马克思主义哲学强调,自由属于认识论的范畴,自由是对必然的认识。实践派则认为,对必然的认识不是自由本身,而是自由实现的条件。实践派在自由的界定上有两种观点:一种是把自由看作为选择的能力;一种是把自由看作为创造性的活动。同时,实践派也认为,自由是相对的,但是在理解上有不同的角度。实践派哲学家反对否定人的主体地位和人的自由的机械决定论。

最后,在关于辩证法的思想上,国际学界争论的焦点主要集中在如何认识"自然辩证法"。南斯拉夫实践派哲学家有的否定自然辩证法,有的承认自然辩证法,其根本原因都与人的实践直接相关。他们提出:辩证法"必须被理解为一种研究和解决人道主义问题的方法,归根到底,被理解为一种决定人类行动的目标与适当手段的方法。这就预设了辩证法作为历史实践之一定结构的基本意义。"②实践派强调辩证法的批判性和

① 参见衣俊卿:《实践派的探索与实践哲学的述评》,森大图书有限公司中华民国七十九年版(1990年——作者注),第21—26页。
② 马尔科维奇:《南斯拉夫"实践派"的历史和理论》,郑一明、曲跃厚译,重庆出版社1994年版,第4页。

革命性的特点。

总之,在东欧新马克思主义中,强调实践哲学,最终实质是落实到人的问题上,是要分析人的本体论、认识论和价值论结构,进而揭示人"应该"的存在状态。

(二)异化理论

东欧新马克思主义对马克思实践哲学的阐述,不仅是为了从理论上深刻理解人的存在方式,更是为了在实践上寻找变革人的现存状态的途径,因此,他们高度重视马克思的异化思想,并在实践哲学的基础上对异化理论加以探讨。

东欧新马克思主义异化理论的切入点是在说明人与实践的各种本质规定性后,特别阐发这种规定性在历史中的展开。异化何来?他们认为,异化在本质上是人的自我异化,这种自我异化的根源和基础应当在人自身,即人的本质活动中去寻找。具体而言,人的本质不在于人的现存样态,而在于人应该成为什么样的人,人的历史可以给定的属人的可能性,这就是人是从未来异化,也就是从自己的本质的异化的含义。人是历史的、开放的和指向未来的存在物,也是矛盾的存在物。人在实践过程中,不仅重新生产出自己和自己的世界,进而使人的本质得到确证,而且也会为自己提出和带来新的需要解决的问题,产生新的否定因素,形成新的异化形式。因此,在一部分东欧新马克思主义者看来,异化是人的存在结构和人的本质的一个重要方面。人永远不可能在终极的意义上扬弃一切异化形式。

东欧新马克思主义者的许多观点同马克思的异化理论相关,但是,他们更关注当代世界统治人的普遍社会力量的异化,特别是指出社会主义社会的异化问题。[①] 南斯拉夫实践派提出社会主义社会仍然存在着一定的异化。异化不是资本主义的中心问题,因为资本主义不曾也不会把人从各种异化形式中的解放当作直接的基本历史任务,而异化是社会主义的中心问题。这不仅是因为社会主义提出了扬弃异化的历史任务,同时提供了扬弃具体异化形式的可能性。因为,社会主义不得不继承许多代表着人的异化的社会关系,"社会主义不能不以这种形式为开端,……当代社会中经济和文化的发展创造出各种各样的异化形式,社会主义不可能立即就完全摆脱它们。社会主义出现于世界舞台,其并不是一根魔杖,可以立即把所有的恶变为善,解决人的一切问题。"[②] 社会主义如果不将异化当作首要问题,就不能展示社会主义的实质。实践派认为,社会

---

① 参见衣俊卿:《实践派的探索与实践哲学的述评》,森大图书有限公司中华民国七十九年版(1990年——作者注),第106—119页。
② 格尔森·舍尔编:《马克思主义的人道主义与实践——实践派论文集》,姜海波等译,黑龙江大学出版社2015年版,第51页。

主义的历史进程应该是一个不断扬弃异化,实现人的自由和社会民主化的过程。同时,社会主义本身也会产生一些新的异化形式,如上所述,这同人的存在结构直接相关。

波兰的沙夫也提出社会主义国家同样存在异化。沙夫对马克思的异化理论进行了较全面的分析,解读了马克思异化理论的核心范畴:一是异化和自我异化。"它们是两种彼此相关却又截然不同的社会关系的名称。异化指的是人与其生产活动的产物(在这个词的广义上,不仅包括物质的还包括智力的产物,以及社会制度等)的关系。自我异化指的是人对他人、社会及他自身的态度。"①二是异化和物化。在异化意义上的物化是指人的关系变成一种物的关系。三是异化与商品拜物教。商品拜物教与物化相关。商品拜物教是指,"一旦人之间的社会关系以貌似他们产品之间的关系出现,那么商品就成为崇拜物、上帝般的偶像以及人类力量和特征显而易见的化身。因此,'商品拜物教'是以生产者之间的关系表现为他们之间关系这一事实为基础的社会关系名称。"②沙夫的异化理论表现出了更突出的社会批判色彩。他曾从人与社会制度的关系;人与自然的关系以及人与其社会所塑造的性格关系等三个方面揭示了社会主义条件下的异化现象。沙夫认为异化理论的社会意义在于,它能指出社会存在的各种疾病,揭示人的活动产物脱离社会控制的种种条件,通过激发人消除产生异化的社会条件和社会关系的方法,克服和消除社会中的异化现象。但是,沙夫也强调,我们消除的只是社会生活中的具体异化现象,异化是无法灭绝的。因为异化是同人的客观化活动相联系的,当条件具备时,它随时可以从可能变成现实。

捷克斯洛伐克哲学家科西克提出了"具体的总体"的概念。它是指在实践基础上主体和客体相统一的总体。当人失去了这种具体的总体,人也就处于异化或物化状态。在现实社会中,还存在着与具体的总体相对立的"伪具体"和"虚假的具体",它是操控人的生存的深层异化结构,因此必须加以摧毁。科西克提出了解决这一问题的根本途径:"具体辩证法"。

在马克思主义哲学发展史中,东欧新马克思主义不仅突破了正统马克思主义对异化理论的否定,而且创造性地发展了马克思主义的哲学批判,明确提出,"从哲学—社会学的观点看,社会主义是一个完全历史性的时期和克服人的异化的基本形式的过程。"③"消除这些异化形式必然要求创立一定的新的关系与传统的形式相对立,并且与之相矛盾,这些新的关系将不断克服所有这些由社会主义继承下来的力量和势力

---

① 亚当·沙夫:《作为社会现象的异化》,衣俊卿等译,黑龙江大学出版社 2015 年版,第 73 页。
② 亚当·沙夫:《作为社会现象的异化》,衣俊卿等译,黑龙江大学出版社 2015 年版,第 100 页。
③ 格尔森·舍尔编:《马克思主义的人道主义与实践——实践派论文集》,姜海波等译,黑龙江大学出版社 2015 年版,第 52 页。

的形式。"①同时,不断克服新产生的异化形式。社会主义必须为努力发展这些新的关系而斗争。

(三) 人类需要理论

东欧新马克思主义不仅从多角度研究人的本质和人的异化,还对人的需要进行了列题探讨。其中匈牙利布达佩斯学派的赫勒提出了一种独特的需要理论。

赫勒的"需要是一种自觉的渴望、强烈的愿望和意图。它总是指向某一特定的目标,并且激发着行动。"②从基本理论和逻辑结构上看,她的需要理论包括以下内容:需要构成人的问题的核心;对人类需要结构的具体揭示,即对人的需要生成与满足的途径的探讨,应当主要放在人的历史生成的"第二本性",即"心理—社会本性"中去把握("生存需要"或"生存条件",即建立在自我保存的本能上的是"第一本性");在现实中,人的多元需要与特定历史阶段和特定社会中满足人的需要的条件之间总是存在着相当的差异,在价值多元化的情况下,对需要的选择必定是多元的。由此,从本体论来说,解决上述矛盾的出路在于民主化程序或系统。但是,在现存的社会中,真正决定需要的满足程序的因素不是民主选择,而是社会权力机构的管理。管理有不同类型,"优化管理"是通过对现存需要的承认来实施的。"野蛮管理"是否定对现存需要的承认,通过对"需要的专政"来禁止满足现存的需要。因此,人类就需要进行"基本需要革命",改变人类的大多数需要屈从于少数不正当的需要,即奴役他人或把他人当作纯粹手段的需要的现状,为不同的需要创造平等机会。为了达到这一目的,就需要激进哲学的理论指导。布达佩斯学派的需要理论是对马克思相关理论遗产的继承,也有助于引起当代哲学和社会理论对需要问题的进一步重视。③

(四) 革命和人类解放理论

东欧新马克思主义认为,马克思关于革命的思想及其丰富与深刻,有必要对其进行再认识。

南斯拉夫哲学家马尔科维奇指出,不应把马克思设想的革命仅归结为政治革命或夺取政权的暴力革命。这种革命只是革命的一种特殊形式,它本身有其局限性。"革

---

① 格尔森·舍尔编:《马克思主义的人道主义与实践——实践派论文集》,姜海波等译,黑龙江大学出版社2015年版,第50页。
② 安德拉什·赫格居什等:《社会主义的人道主义——布达佩斯学派论文集》,衣俊卿等译,黑龙江大学出版社2014年版,第61页。
③ 参见衣俊卿:《人的需要及其革命》,载《现代哲学》1990年第4期。

命概念中最本质的东西既不是使用暴力,也不是群众运动的创造和政府性质的改变,甚至不是作为一个整体的社会制度的崩溃;这其中没有一个是生活关系的真正的进步性转变的必要条件和充分条件。革命的本质特征是彻底超越某种生活形式之本质的内在局限。"①长期以来,由于把无产阶级或社会主义革命仅仅归结为暴力革命,在社会主义实践中,导致了把社会主义的政治提到高于一切的地位,助长了国家官僚制的强化与发展,阻碍了真正社会主义的进程。

实践派哲学家提出,马克思的革命思想同人类解放的诉求紧密相连。马克思所设想的革命不是简单地把受剥削与受压迫的无产阶级和其他劳动阶层提到统治地位,实行对另一些人的统治。马克思的革命是一个深刻的哲学范畴。它包含社会改变和人的塑造两个方面。就社会改变而言:实践派哲学家认为,社会主义革命是一个永不完结的过程。弗兰尼茨基曾经指出,"马克思一直坚持无产阶级革命要打碎资产阶级的国家机器,并且在社会主义革命和实践条件下逐步消灭等级制和官僚制,逐步使国家走向消亡,建立自由人的联合体。"②这体现了马克思对社会主义理想形态的模式。因此,实践派坚持对现存社会主义的改革。就人的改变而言:人的根本问题是人的存在问题。因而人的改变也就是人的存在方式和结构的改变。这种革命有着深刻的本体论内涵。它是人扬弃外在世界异化关系的内在推动力,它是塑造人的自由和创造性的存在方式的最高形式。马克思追求的正是彻底变革人类社会的存在方式和结构,实现人道的和属人的社会。因此,实践派坚持在社会主义条件下对人的培育。实践派从人类解放入手,揭示马克思革命思想的实质,打破了对马克思主义革命观的简单理解,在相当的程度扩大了革命的内涵,为现存社会主义形态下的革命提供了重要的哲学依据。

布达佩斯学派也反对把革命仅局限于政治领域,他们更加强调日常生活的人道化。赫勒认为,现代社会的日常生活是由各种异质的行为类型构成的。对日常生活的不满,反映的是一种对个体生活准则和人的直接关系的诉求。"只要我们作为革命的马克思主义者,坚持把创造一个非异化的社会作为我们的目标,我们应该倡导的就不是废除日常生活,而是要创造非异化的日常生活。"③东欧新马克思主义强调,社会变革无法仅仅从宏观尺度上得以实现,人的微观尺度的改变也是所有变革的内在组成部分。弗兰尼茨基曾指出,"当代人的日常生活中的异化只是他们其他一切异化形式的基础和根源。"④赫

---

① 米哈伊洛·马尔科维奇:《从富裕到实践》,曲跃厚译,黑龙江大学出版社 2012 年版,第 174 页。
② 衣俊卿:《东欧新马克思主义精神史研究》,黑龙江大学出版社 2015 年版,第 527 页。
③ 安德拉什·赫格居什等:《社会主义的人道主义——布达佩斯学派论文集》,衣俊卿等译,黑龙江大学出版社 2014 年版,第 44—45 页。
④ 格尔森·舍尔编:《马克思主义的人道主义与实践——实践派论文集》,姜海波等译,黑龙江大学出版社 2015 年版,第 45 页。

勒也指出,"日常生活的持续革命化是目标,但是,它也是社会主义能够完成直接的历史使命的先决条件。"①

(五)社会主义本质理论

20世纪50年代南斯拉夫实践派从哲学上对苏式社会主义进行了深刻的哲学反思。

社会主义的本质是什么?实践派认为,社会主义不是一种给定的状态,而是现实的历史过程;社会主义不是特定的社会经济体制,而是自由生产者的联合体,它本质上是人道主义,是人逐步扬弃自我异化,逐步获得更高形态的自由,全面发展和实现其历史的可能性的过程,人道主义生成,即社会主义本质的展现,其主要特征是国家等政治形式消亡,发展民主,建立自治的社会关系,最终实现自由生产者的联合体,这基本上是经典马克思主义高级社会主义的形式。根据上述社会主义的标尺,丈量苏式社会主义,实践派一些学者认为,这种社会主义是"社会主义的国家主义",其主要特征是:实行高度集权的国家—政党的官僚主义体制;推行国有化和单一的指令性计划经济;进行严格的意识形态控制等。当然,"一切取得政权,革命运动就会对生产资料、对生产和全部社会生活的管理进行国有化。可以确定,这种国家社会主义是社会主义的初级形式,是所有社会主义革命都已经历或仍然正在经历的一个阶段。"②但是,"当我们谈到社会主义的国家所有制时,按照最初的马克思主义,我们的意思是指国家代表着并保证了工人阶级与劳动大众的利益;我们在此一直谈论的理论家们有充分的理由把这种观念包含到他们对革命的国家社会主义的定义之中。"③它并不是斯大林主义的体制。因为在斯大林主义的体制中,官僚主义国家是社会的主人。"只有当社会所有制取代国家所有制以及社会自治取代国家管理之时,人们才能谈论成熟的社会主义。"④再次强调,没有人道主义,就不可能有真正的社会主义!实践派提出,造成社会主义的国家主义状况,是与社会本身的总体结构相关的。至今的社会主义革命都是发生在不发达或相对不发达的国家,因此,国家社会主义关系是一种不可避免的历史选择。关键在于选择以后如何

---

① 安德拉什·赫格居什等:《社会主义的人道主义——布达佩斯学派论文集》,衣俊卿等译,黑龙江大学出版社2014年版,第51—52页。
② 格尔森·舍尔编:《马克思主义的人道主义与实践——实践派论文集》,姜海波等译,黑龙江大学出版社2015年版,第60页。
③ 格尔森·舍尔编:《马克思主义的人道主义与实践——实践派论文集》,姜海波等译,黑龙江大学出版社2015年版,第61页。
④ 格尔森·舍尔编:《马克思主义的人道主义与实践——实践派论文集》,姜海波等译,黑龙江大学出版社2015年版,第60页。

确立今后的发展路径,是将其当作理想化的体制,还是不断进行改革完善,避免专制主义、官僚制和腐败等不健全的政治状态出现。

在上述思想基础上,东欧新马克思主义着力思考了两个方面的问题。

第一,自治社会主义。20世纪50年代,南斯拉夫开始自治社会主义进程,南斯拉夫实践派对此持肯定态度,并抱有很大希望。实践派认为,自治原则是对当代资本主义和国家社会主义的现存生活结构和形式的革命化。它开启了摆脱现实矛盾和扬弃异化进程的一种具体的社会形式。实践派哲学家揭示了自治的一个重要内涵:人创造的社会产品不与人分裂,劳动者既要把控自己的生产,也要支配自己的产品,也就是人自己掌握自己的历史命运。可见,自治标志着历史上对人性的一种最深刻的理解。实践派哲学家还从不同侧面阐述了自治的基本特征,前面已提到,不再赘述。

第二,社会主义的民主化。民主化问题是与社会主义的深远历史使命息息相关。匈牙利学者卢卡奇曾揭示了社会主义民主化的理论依据。首先,社会主义社会在解决了阶级矛盾和阶级斗争之后,民主的问题就突出出来。民主的深化并不完全表现于社会的平均分配之中,更多的是反映在社会各个人、阶层和集团的合理协议之中。市民社会是人类日常生活直接而顺当的表达,政治是一切市民社会生活所必需的职能。巴黎公社或苏维埃一类的制度,就是这种市民社会政治化的合适制度。它使上下直接沟通并且在实践中互相适应,避免了资本主义社会代议制民主或议会结构的形式主义。其次,社会主义不是把商品丰富而是把民主放在首位。社会主义是保证实现比较充分的民主的唯一途径。社会主义的民主化是一个进程。这就是要充分发挥人的自觉能动性,发挥劳动者在政治、经济生活和日常生活中的积极参与作用。面向国际社会主义实践,卢卡奇认为出现在各社会主义国家中的经济压力,带来了一个重新建设的时期,因而把社会主义民主招入生活的再探索时期也到来了。①

马克思主义和人道主义的关系在相当长的时期内成为马克思主义阵营中争论的重大问题之一。捷克斯洛伐克学者斯维塔克曾指出:"人道主义的理论问题已经在马克思主义哲学中被个人崇拜所忽略和扭曲了。"②东欧新马克思主义学者以高度的理性自觉对马克思主义哲学进行深刻的探讨。他们继承马克思主义人道主义的思想,其哲学的阐释路径可以归纳为:以实现人的自由和全面发展为诉求,以实践哲学为本体论、认识论和价值观的基础,以批判和改造当代社会为途径,以实现民主的、人道的社会主义为旨归。东欧新马克思主义的人道主义与抽象的人道主义不同,它更注重"社会的

---

① 参见张翼星:《卢卡奇晚年论马克思主义的革新和社会主义的民主化》,载《马克思主义与现实》1998年第2期。

② 伊凡·斯维塔克:《人和他的世界》,员俊雅译,黑龙江大学出版社2015年版,第154页。

人",更强调社会条件下的相对自由;东欧新马克思主义的人道主义与纸上谈兵的书斋主义或讲坛主义也不同,它更强调以实践人道主义超越理论人道主义,它是一种批判的或辩证的人类学,是"现代批判的社会哲学"。

从总体上看,东欧新马克思主义具有不寻常的思想和观念,这是一种前所未有的哲学反思,在苏式社会主义国家引起了强烈的震撼,也引起了西方各国的广泛关注,在马克思主义哲学发展史上写下了重要的一笔。

三、如何看待东欧新马克思主义的哲学反思

哲学可以超验,但是政治非常残酷,社会有其特定的演变和发展规律,它不会因为人们的美好愿望和强烈要求随意识而转移。东欧四国的改革,包括我国的改革再次验证了这一最基本和熟知的常识。苏式社会主义存在弊端,那么采取什么样的替代方案呢?这是一个值得认真讨论的问题。因此。我们必须对东欧新马克思主义哲学反思再反思。

透视东欧新马克思主义,主要不是看它如何超越苏联教条主义,而是看它直接接触现实,在对现实的接触中"重新发现真实的历史和真实的对象",并且提出怎样的批判性的替代方案。

(一) 哲学反思的总评价

从历史和现实的角度看,尽管捷克斯洛伐克的工业水平比苏联要高,但是,东欧四国面临着一个比自己发达得多的西方社会。因此,在其实际的政治、经济活动状态及发展障碍与这种发展本身所固有的高期望值之间存在着一种紧张关系。[1]

在南斯拉夫改革的过程中,实践派哲学家已经看到了这种前所未有的社会自治,应该说是社会自治初始时期,或社会体制转型过程中所存在的问题。如自治与国家以及与地方官僚倾向之间的矛盾;实际上还是掌控在国家手中的所谓社会所有制与实际上还存在的雇佣劳动关系之间的矛盾;自治与商品生产或市场经济强化之间的矛盾;市场经济引起的资本关系和衍生的各种拜物教同社会的计划调节之间的矛盾;财政金融力量同生产组织之间的矛盾;自治中的各种非平衡关系之间的矛盾……除此之外,政治还处在自治体制之外,等等。这一系列问题都十分棘手,它反映了改革的理想性和可操作

---

[1] 参见亚历山大·格申克龙:《经济落后的历史透视》,张风林译,商务印书馆 2017 年版,"译者前言"第 2 页。

性、原则和实在之间的不可回避的冲突。

实际上,"战时共产主义政策结束后",列宁也曾面对一些挑战性的问题,迫使他实行"新经济政策":国家有计划地利用市场经济、商品货币关系,发展多层次的经济结构,允许小农自由贸易、利用国家资本主义、国营企业实行经济核算,同时发展新型民主,等等,赢得了经济一定程度的发展。但是,"这个新经济政策所采取的每一个步骤都包含着许许多多的危险",包括"资本主义关系的发展。"①如一部分人钻政策的空子,利用市场,投机倒把,发财暴富,大部分人的经济状况没有得到应有的改善;党内和国家机关官僚主义盛行,甚至出现贪污、受贿和腐败,等等。②

东欧四国原本想通过现存社会主义的改革进入社会主义的理想状态,但由于没有解决和处理好改革开放中出现的问题,最终倒向西方世界。苏联的情况正好相反。列宁曾认真思考了如何在俄国这样落后的国家,建设社会主义的问题。列宁指出:"我们的文明程度也还够不上直接向社会主义过渡"。③因此,"实有"的社会主义只能是在新经济政策的基础上,进一步实现农民的合作化,逐步过渡到整个社会的"合作制",使俄国超过现有水平。他强调,"必须善于克服新经济政策的一切消极面,使之缩小到最低限度。"④同时加强人民监督和执政党的自身制度改革,实行法治,大力发展文化,建立新型文明。列宁逝世后,为了满足当时环境下落后的苏联的某些本质的需要,最后苏联确立了斯大林式的社会主义。

每个哲学家都有自己立论的基础。因此,这里的总评价还是由东欧新马克思主义者自己来作。马尔科维奇的《理论与历史实践》是说明这个问题的很好的文献。他指出,的确,哲学家的当代的和具有未来视域的批判理论,可能是思辨的和形而上学的,甚至可能是乌托邦的,但是,它对历史潜能与人的需要的细致研究却是对信念和希望的表述。虽然,这种理想不是现实中已经完成的或接近实现的,而是未出现的、待创造的,然而,它不是没有价值的。历史中的一些重要突破几乎不可能没有历史创举的理念来发动。"如果哲学能够自觉地承担对现实历史进程的批判研究的义务,建立起一种时代的批判的自我意识,就会使其更具历史性。"⑤当然,要捍卫革命,不能实施由一个抽象原则构成的体系。"根据书本争论社会主义纲领的时代也已经过去了,今天只能根据

① 《列宁全集》第42卷,人民出版社2017年版,第242页。
② 参见黄小寒:《从马克思学说到国外马克思主义——一种人类思想的产生、演变与实践》,载《中外人文精神》第十一辑,人民出版社2018年版,第12—13页。
③ 《列宁选集》第4卷,人民出版社2012年版,第796页。
④ 《列宁选集》第4卷,人民出版社2012年版,第737页。
⑤ 格尔森·舍尔编:《马克思主义的人道主义与实践——实践派论文集》,姜海波等译,黑龙江大学出版社2015年版,第24—25页。

经验来谈论社会主义"。① "只有当我们确定这种历史可能性以及废除这些体制并用其他一些保证了更合理和更人道的社会关系体制代替它们的路径时,我们的革命观念才可能成为足够清晰的和具体的。"②可见,东欧新马克思主义者的著述,显示了一种与东欧自身条件相对而言的高度超前意识。他们的哲学理论是前瞻式的。但对当下的困难和解决问题的策略思考不足。

(二)哲学反思的思维方式

东欧新马克思主义者具有比较坚实的马克思思想传统,对马克思思想有很强的悟性和理解力。但是,如何理解实践和现存的历史现实的关系,把马克思主义的基本原理同各国具体实践相结合是一个重要问题。东欧新马克思主义者的哲学反思,主要作了两方面的工作:一方面是对斯大林的苏式社会主义的批判;另一方面是对马克思的异化理论和人道主义思想的当代阐述。他们哲学反思的主要依据是马克思恩格斯社会主义的经典思想以及批判的哲学人类学的价值体系。因此,在思维方式上存在一定的张力。归纳起来,正如他们自己所说:一是反对教条主义。在东欧斯大林化时期,苏式社会主义被尊为是对马克思主义的最新发展,是唯一正确的社会主义模式。随着斯大林化的进程,"斯大林式的马克思主义"以及苏式社会主义模式严重束缚和制约了东欧的思想创新和社会发展。东欧四国的新马克思主义者从 50 年代初期开始对斯大林主义进行批判,从苏联的马克思主义教科书体系中解放出来,这对东欧新马克思主义的哲学发展具有重要的价值,也为当时社会主义阵营的思想僵化打开了一个缺口。南斯拉夫哲学家彼得洛维奇曾经指出:"我不认为斯大林和斯大林主义式彻底的'否定性的'历史现象。但是,不管历史最终将如何评价斯大林在政治上的'功过是非',有一点是毫无疑问的:斯大林的马克思主义理解在本质上不同于马克思、恩格斯和列宁的思想。从斯大林回到马克思、恩格斯和列宁,不是从一个完整的哲学教条体系回到另一个教条体系,而是重新发现被斯大林主义所歪曲和抛弃的许多重要观点,同时又要重新开启被斯大林主义封杀的许多问题。"③二是反对新的教条主义。东欧新马克思主义意识到,斯大林把恩格斯和列宁著作中所包含的哲学观点简单化和僵化,为了恢复真正的马克思主义,这就不仅是一次"原教旨主义"式的返回。我们不能停留在马克思已经说明的问题上,而必须尝试去回答他遗留的尚未解决的问题。例如今天社会主义实践中被遗忘了

---

① 《列宁全集》第 34 卷,人民出版 2017 年版,第 466 页。
② 米哈伊洛·马尔科维奇:《从富裕到实践》,曲跃厚译,黑龙江大学出版社 2012 年版,第 174 页。
③ 彼得洛维奇:《二十世纪中叶的马克思主义——一位南斯拉夫哲学家重释卡尔·马克思的著作》,姜海波译,黑龙江大学出版社 2015 年版,第 4—5 页。

的马克思关于人和人道主义的思想以及各种新类型的异化问题。东欧新马克思主义认为:"这些发现对于我们有关世界的认识以及认识在实践上影响世界的方式极其重要。"①东欧新马克思主义对马克思观点的创新与修正是与"现实逻辑"紧密相关。三是具有一定的教条主义。东欧新马克思主义认为,"依赖于对现实的历史可能性的评价"就意味着争论现存历史条件中的什么东西,至少在一段时间内实际上可能被超越。"所有可能性既不是开放的,也不会全都被排除。"这一点是不会通过一定历史状况中的某些社会规律的活动被改变的。"革命的义务试图实现的不是那些最可能的可能性,而是那些最人道的和最合理的可能性,即使它们几乎接近不可能性的界限。"②"它探求的是也许可取的可能性,但是这种可能性在既定的状态中明显是不可行的。"③东欧新马克思主义就是秉持这样一种观念。

(三) 哲学反思的具体理论问题

东欧新马克思主义理论家是东欧社会主义改革和历史冲突的亲历者,他们对社会主义的理论和实践,对社会主义改革的历史和命运的哲学反思,在他们的理论体系中不仅占有重要的地位,也最具特色。

第一,东欧新马克思主义实践派的实践理论是一种朝向未来的实践观。马尔科维奇的实践是 Praxis,而不是实践 practice,也不是一般的生产劳动。Practice 只是简单地指改变客体的主体活动,这一活动有可能异化。马克思早在《1844 年经济学哲学手稿》中就揭示,在资本主义条件下,实践异化的存在以及存在的形式。Praxis 则是一个规范性概念,它是指一种理想的,特别是指一种自我完善的人类活动。在马克思的理论中,马克思强调"社会生活在本质上是实践的",④过去的哲学家们"只是用不同的方式解释世界,问题在于改变世界。"⑤"对实践的唯物主义者即共产主义者来说,全部问题都在于使现存世界革命化,实际地反对并改变现存的事物。"⑥在现实世界中,实践发展本身具有一定的规律。要想达到实践的预期目的,必须遵循主观与客观相统一的原则。完全否定经验事实,可能导致背离现实;不加批判地接受经验事实,则意味着停留在现

---

① 沙夫:《马克思与人类个体》,杜红艳译,黑龙江大学出版社 2015 年版,"导论"第 2 页。
② 米哈伊洛·马尔科维奇:《从富裕到实践》,曲跃厚译,黑龙江大学出版社 2012 年版,第 177—178 页。
③ 格尔森·舍尔编:《马克思主义的人道主义与实践——实践派论文集》,姜海波等译,黑龙江大学出版社 2015 年版,第 25 页。
④ 《马克思恩格斯选集》第 1 卷,人民出版社 2012 年版,第 139 页。
⑤ 《马克思恩格斯选集》第 1 卷,人民出版社 2012 年版,第 550 页。
⑥ 《马克思恩格斯选集》第 1 卷,人民出版社 2012 年版,第 155 页。

存事务的局限中,并放弃可能超越那些局限的革命行动。①

第二,东欧新马克思主义的异化理论第一次涉及现存社会主义的异化问题。东欧新马克思主义者亲历社会主义建立及其改革历程。他们在对西方资本主义世界异化批判的同时,特别关注社会主义的异化问题。他们提出"人的哲学"和"哲学人类学",关注人的创造、人的自由以及人的困境。沙夫认为,在现代哲学思潮中,实证主义忽视人的问题,存在主义正确地提出了人的问题,但不能合理地解决这个问题。马克思的思想更具有吸引力。所谓社会主义的定义,其核心思想,即人是社会主义的出发点和最终目的。因此"必须推翻使人成为被侮辱、被奴役、被遗弃和被蔑视的当下的一切关系。"②这一思想在当时社会主义阵营的背景下,具有特殊的历史价值。布达佩斯学派的马尔库什深入阐发了马克思人的本质的基本思想,把人作为自然、社会和有意识的存在物;强调人的本质的生成性与历史的开放性,将人的自由和自主性作为马克思人的本质思想的核心。东欧新马克思主义正是在上述思想的基础上,提出马克思一生一直坚持异化理论所持有的批判人道主义立场,深刻揭示不同领域的异化现象。人类历史的经验教训表明,人正是在一种不断克服异化的过程中逐渐进步。现存的社会主义社会也没有超越异化现象,也是以一定的异化形式登上历史舞台,只不过具有其独特的特征,因此同样要注意对异化问题的警惕和批判。

第三,东欧新马克思主义对需要理论的探讨意味着"希望这个世界是人类的家园"③。布达佩斯学派对需要问题的研究主要涉及对人的需要结构的历史分析和对基本需要的革命的构想。他们的目的是要通过对人的需要结构的改造,达到激进需要的满足(新的需要结构的生成),促进人的个性丰富以及个体与类的统一。布达佩斯学派的人类需要理论为我们对需要的研究提供了某种借鉴。但是这一理论还有很多问题有待深入阐发。一方面,关于需要生成的条件、需要的特性、需要的种类、需要的层次、需要的满足与再生产等有关需要本身的问题有必要继续讨论;另一方面,关于需要与物质生产和精神生产、需要与机制等关系问题也有必要进一步追问。④

第四,东欧新马克思主义也在追问,在社会主义条件下,马克思的革命观是否还有价值。依据东欧新马克思主义的思想,社会主义社会仍然存在继续革命的问题。弗兰尼茨基曾著有《作为不断革命的自治》一书。这种革命并不比其他类型的革命来得轻松、容易。原因在于:一方面,这种社会主义的革命与以往夺取政权的革命不同,它是包

---

① 参见米哈伊洛·马尔科维奇:《从富裕到实践》,曲跃厚译,黑龙江大学出版社2012年版,第178页。
② 《马克思恩格斯选集》第1卷,人民出版社2012年版,第10页。
③ 赫勒:《激进哲学》,赵司空、孙建茵译,黑龙江大学出版社2011年版,第119页。
④ 参见衣俊卿:《衣俊卿集》,黑龙江教育出版社1995年版,第291页。

括对改革者自身思想观念和物质利益的革命。另一方面,这种革命是社会主义的自我完善、自我修正和自我更新,是关涉到社会主义命运和前途的自我拯救。它是一种创造性的革命。它要求改革者不仅能够提出合理的"社会主义"的改革方案,而且还要坚持社会主义的"未来观"。① 从东欧四国改革演变的历程看,20世纪40年代末到60年代的生活水平大大低于80年代末,但是那时的改革者还是抱有兴趣与热情。然而到了80年代,改革者却提供不出可靠的走出经济、社会和环境危机的"社会主义"方法,甚至"市场社会主义"的名声也秋风落叶。匈牙利、南斯拉夫的相关改革试验遇到了困难,遭受西方世界新自由主义的兴起与冲击,改革者的许多折中方法不再为人们接纳。最终,改革者们放弃了探寻困扰东欧社会主义国家危机的"社会主义"解决方案,进而导致了"1989年的革命",并延续到1991年。可见,东欧新马克思主义对革命的新阐释,对于认识社会主义改革的必要性、复杂性和艰巨性具有重要的意义。

第五,东欧新马克思主义对现存社会主义和改革道路作出了独特的分析。东欧新马克思主义者布达佩斯学派的瓦伊达曾提出,关于苏式社会主义或"现存社会主义"有三种定位:一是"从资本主义到真正社会主义或共产主义直接的一个过渡社会";二是"从一种研究实现的社会主义向资本主义的退化";三是"国家资本主义"。但是这三种假设都是站不住脚的。这主要是从所有制和仍然存在的压迫和剥削现象来思考。因此,不得不承认,这种"现存社会主义"代表一种新的社会形态。② 它还不是马克思的经典社会主义或向真正的社会主义的过渡。

在南斯拉夫改革过程中,实践派就曾提出,在实行社会主义自治的情况下,如何建立起真正的社会主义市场经济和有效的自治社会计划体制? 国家或中央的计划经济方式如果继续存在,它与自治方式是一种什么关系? 在社会所有制中,如何保证经济活动、发展政策以及经济分配的合理性,个人如何承担经济责任? 在生产组织和调节组织(金融机构)之间,如何防止形成一种不平等的依附关系。由于竞争条件的存在,如何防止产生新的富有的管理者阶级,工人的地位和权利受到限制和损害,工会自治组织失去作用等需要解决的问题。

东欧四国的改革,其经济体制转型,行为模式和机制都发生极大的变化,由于缺乏经验和应对相关困难和关键环节的能力,势必要付出代价。在经济体制改革的问题上,固然会有各种不同的观点,什么样的改革是可行的,没有唯一的判断。但是有一点是必须明确的:无论起点如何,改革必须坚定、持续!

---

① 参见罗伯特·拜德勒克斯、伊恩·杰弗里斯:《东欧史》(下),韩炯等译,庞卓恒校,东方出版中心2018年版,第853页。
② 参见衣俊卿:《衣俊卿集》,黑龙江教育出版社1995年版,第493页。

直到晚年,卢卡奇都在强调社会主义民主。他提出,资产阶级民主不是社会主义的改革的正确选项。① 但是,从马克思主义的经典著作中,我们找不到如何开展社会主义民主,怎样使它成为社会主义社会的有机组成部分的现成答案;历史上的革命经验已经不再适用。我们还没有形成走向社会主义民主的指导路线或清晰的纲领。社会主义民主还是一个新的、尚未说明的领域。

东欧剧变后,后社会主义的政治转型——"民主转型"和"民主巩固"也暴露出很多问题:"形势的发展很快证明,如果没有充足的资本和高度发达的资产阶级,创造繁荣的自由和充满活力的自由资本主义,几乎与以前没有充足的资本和高度发达的工业无产阶级的情况一样困难。"②离开社会和文化背景孤立地去分析政治体制和制度,必将低估它们受到结构性的、社会经济和文化上的制约和限制的程度。英国历史学家罗伯特·拜德勒克斯和伊恩·杰弗里斯曾指出,原东欧国家特别要警惕关于"民主转型"和"民主巩固"中形成的一种新形式的唯意志论。"这些唯意志论促使人们普遍预期和相信,(自由)民主和高度市场化的经济体制可以'从上面'(也就是通过新的和已经被改造的统治精英)迅速移植进来并得到巩固,即使这些国家的居民并没有积极地为这些体制做好准备并对之形成习惯,即使他们并没有继承现成的基础设施与自由制度、法治、'水平'与'垂直'责任制的实践……"③同时,这些历史学家也指出:"出于各种原因,我们绝不能认定西方形式的;'自由民主制度'已经或将成为整个世界的'典范',也不能认定它们在西方将一直保持下去……"④

社会主义形态诞生一百多年来,历史还在前行,探索的道路还未走完。

---

① 参见卢卡奇:《民主化的进程》,寇鸿顺译,广东人民出版社 2013 年版,第 123 页。
② 罗伯特·拜德勒克斯、伊恩·杰弗里斯:《东欧史》(下),韩炯等译,庞卓恒校,东方出版中心 2018 年版,第 869 页。
③ 罗伯特·拜德勒克斯、伊恩·杰弗里斯:《东欧史》(下),韩炯等译,庞卓恒校,东方出版中心 2018 年版,第 879 页。
④ 罗伯特·拜德勒克斯、伊恩·杰弗里斯:《东欧史》(下),韩炯等译,庞卓恒校,东方出版中心 2018 年版,第 877 页。

社会视野

参与式治理中的公民性
——消费安全的讨论

缪　青[1]

一、公民践行：知行合一过程中的公民性表达

当我们指出公民论说不仅是一种知识和价值体系（参见笔者在《中外人文精神研究》前辑的文章《为什么研究公民文化？意义、难点和理论创新》《公民知识的文化谱系：概念梳理与东西方对话》等）[2]，而且也是解决社会问题的一种机制，这至少有两方面的含义：其一是在新构架下看到社会结构的扁平化促进了公民话语权的兴起；其二是公民论说和新知识作用于社会过程的关键环节不外是公民践行，广泛地践行有助于参与氛围的形成，而新风气作为良俗则能推进诸多社会问题的解决。老子倡导的"圣人不言而民自正"和无为而治，在很大程度上指向了良俗的作用。

在前辑的文章中笔者还凸显了人文主义视角下的公民意涵，公民指具有公共精神和权责意识并能自我治理的人。比照那些单纯强调权利、角色的定义来说，新定义所谈论的公民不仅只是呈现为一堆有关权利或者美德的清单（如果缺乏边界约束这些权利诉求时有冲突，它们在人文论框架下可以得到相当的舒解，更多的讨论将另文撰述），而且关注公民介入公共生活的选择和能力。由此可见，新说看到了公民身份是在人与体制、人与传统中不断被建构的过程，而强调人在变革社会过程中的公民性表达，意味着新价值和角色的实现需要借助主体能动来改变社会关系和资源配置。正是在这里，中国传统中"践行"以及"知行合一"等理念很好地阐发了新知识作用于社会的过程，本文第四节收录了笔者多篇有关参与增进消费安全的观察与思考，很好地说明了上述过程。

在中国文化释义中，"践"就是践履和实行的意思，践行包括"尽性"和"力行"两个

---

①　作者系北京市社会科学院社会学所研究员

②　缪青：《为什么研究公民文化？意义、难点和理论创新》，杜丽燕主编《中外人文精神研究　第八辑》，人民出版社 2014 年版，第 179—203 页；缪青：《公民知识的文化谱系：概念梳理与东西方对话》，杜丽燕主编：《中外人文精神研究第八辑》，人民出版社 2015 年版，第 310—318 页。

方面。"尽性"意味着在深究万物原理和明察心性的基础上发挥能动性并能不断反思，"力行"意味着运用知识来变革社会和解决问题的过程，强调主体介入公共生活和实施社会干预。还应当看到，在"尽性"的同时"力行"不是被动的，人在力行的过程中会不断反思并对知识构架有所调整。在这个意义上，践行活动的持续进行表达了结构变迁与公民性的"相互建构性"。实际上，在本书理论篇、变迁篇讨论这一建构性的议题时，已经涵盖了公民性建构的两方面活动，一是社会环境作用于人，二是人变革环境以满足新需求。很明显，当我们关注"相互构建性"并强调解决问题的过程也是公民性表达的过程，很自然地嵌入了"知行合一"的理论来展示践行的丰富性。

强调"知行合一"是中国传统，"以生活实践为基础，行是知之始，亦是知之终"。[①]这一合知行的取向看重人的价值取向和道德理念能够转化成为实践活动，人生的成就有赖于践行的程度，并以此来衡量人生境界的高低。当然，这种境界的实现不是在宗教的彼岸世界，而是在人的现实生活世界中，形成一种认识与实践、知与行的循环。

从研究策略来看，关注公民践行凸显了解决问题的行动逻辑，这与"问题导向——行动研究"的取向是契合的，用传统的话语来说也即"经世致用"。沿着这一路径前行不难看到，新知的获取势必直面公共生活中的各种问题并讨论解决方案，例如本篇中所讨论的消费安全过程中的公民参与。此外，行动研究的提法也涵容了研究者本身也是参与者，以及透过变革社会结构来考察社会及更新知识等内容。

二、践行与行动研究的策略以及行动社会学

（一）文明对话与研究策略的选择

在结合问题的解决来阐发公民文化的重要性之前，有必要从文明之间互鉴的视野来检示一下研究策略。之所以提出这一问题，不仅是要通过文明对话来拓展对践行理念的理解，而且也是在说明对公民文化的解读有不同方法论视角。例如，按照哈贝马斯的看法，不同的研究策略与人的认知旨趣是有关联的。在《认识与兴趣》（1968 年）一书中，哈贝马斯谈到了三种认知旨趣以及与之对应的不同类型的社会科学知识：第一，技术的认知旨趣对应于经验—分析的知识；第二，实践的认知旨趣对应于历史—解释的知识；第三，解放的认知旨趣对应于批评—反思的知识。这些认知旨趣和知识都是科学的并且可以互补。

---

① 张岱年：《中国哲学大纲》，中国社会科学出版社 1985 年版，第 367 页。

从研究策略来看,重视践行显然与实践的认知旨趣有更多的契合,因为两者都关注理论作用于社会过程,呈现出问题导向—行动研究的理路。循着实践旨趣的理路前行,就不难看到马克思的实践理念以及韦伯的社会行动理念的影响,两者都关注人的主观能动性及其超越现存条件的各种行动,尽管他们对经济和文化在发展的作用上各有看法。在马克思那里,实践将理论和现实生活连接起来,"人应该在实践中证明自己思维的真理性,即自己思维的现实性和力量"。① 在韦伯看来,人是有目的和不断选择的社会行动者,其行为驱动受到价值理性、工具理性和传统的影响。

一旦对认知旨趣有所了解,就不难看到"问题导向—行动研究"的策略有别于"方法中心—功能研究"的策略。后者更多的带有技术的认知旨趣或者说实证旨趣,以便在了解社会时更多地使用统计测量、变量控制、假设、样本选择、推论总体等。例如,笔者在《新老社区居民公共参与意识的变化》一文②就使用了统计测量、变量控制的方法,用以说明社会变迁或者说结构扁平化对公民话语兴盛的影响。还应当看到,单纯依靠实证旨趣的研究策略来解读社会现象,也有"方法中心"层面的局限。对此,美国学者马斯洛有过中肯的批评,"方法中心就是认为科学的本质在于它的仪器、技术、程序、设备以及方法,而并非它的疑难、问题、功能或者目的。……在思考的最高层次上,方法中心体现为将科学与科学方法混为一谈"。马斯洛认为,有作为的研究者当然需要关心方法,但前提必须是它们能够帮助解决重要的问题。正是在这里,前述有关践行和行动研究的讨论提供了观照社会的另一维度,通过学科知识的干预来变革社会和解决问题,并增进对社会的了解。

(二) 行动研究:关注社会干预和改善社会情境

尽管对于何为行动研究学界有着多种理解,但在下述方面还是有共识的,例如理论知识必须作用于社会过程、研究者作为社会行动者也是参与者以及通过干预改善社会情景等。

20 世纪后半段,对于行动研究的方法论分析在教育学领域有相当的进展。例如,约翰·埃利奥特认为"行动研究是在社会情境中进行的旨在改善社会情境中的行动质量的研究",强调行动研究必须走出书斋而进入实际的社会情境。凯米斯认为,行动研究是由社会情境(包括教育情境)的参加者,为提高对所从事的社会或教育实践的理性

---

① 《马克思恩格斯选集》第 1 卷,人民出版社 2012 年版,第 134 页。
② 参见缪青:《新老社区居民公共参与意识的变化》,戴建中主编:《2007 年:中国首都社会发展报告》,社会科学文献出版社 2007 年版。

认识,为加深对实践活动及其依赖的背景的理解,而进行的反思研究。[1] 还有论者认为行动研究是指在自然、真实的教育环境中,实务工作者按照一定的程序,综合运用多种研究方法与技术,以解决实际问题为首要的研究模式。

另外,有关行动研究与定性研究的联系和区别也受到了关注。例如,尽管定性研究包括"人种学研究""扎根理论"[2]等与行动研究都关注归纳法,但定性研究只是观察和解释自然情境中人的活动,并不试图干预情境和推动变革。又例如,定性研究不强调"问题解决",而行动研究者则针对问题解决往往有若干假设。由此看来,在了解社会以及运用社会研究的方法上,采用静态观察还是动态干预的方式,有关结构社会学和行动社会学的讨论可以使我们看到更多的东西。

(三)社会变革时期会凸显行动社会学的议题

从学理上看,有关社会学的议题设置常常是成对出现的,例如社会功能与社会冲突、社会结构和社会行动等。一般说来看重功能论的社会学者比较关注社会结构、规范和制度等对人的支配作用,强调"结构"对"行动"的制约性。沿着这一"结构社会学"的理路前行,人们会去探究看似自由的行动背后的结构影响,探究制度和规范如何经由各种途径而被"内化"为人的行为动机。所谓"制度是如何思维的"形象地点出了功能论的理论叙事,与此相关联的是有关"社会化""社会结构"和"社会规范"等观念的流行。

相比之下,看重历史主动性的学者会关注人的能动干预、变革活动乃至新知对社会变迁的影响。在这方面除了前面提到的马克思和韦伯外,法国学者图海纳谈论的"行动社会学"值得一提。有别于结构功能论将"社会"看成一系列规则、技术和顺应环境的反应方式,行动社会学首先是对"社会"的理解不同,把"社会行动"理解为"社会自身的某种历史质"(historicity)的体现,"历史质"也即社会根据其文化模式,经由冲突和社会运动来构建其自身实践的能力。其次是对"研究方法"的理解不同,图海纳认为社会学家不是社会生活的外在旁观者,而是社会运动的积极参与者。再次是对"社会学知识"的理解不同,有别于结构社会学强调顺应环境和社会化,行动社会学重视"社会学干预"的方法,认为新知是在社会学家与众多行动者的互动中生产出来的,从而改变了知识的生产方式。

---

[1]　转引自刘良华:《行动研究的史与思》,华东师范大学博士学位论文,2001年。
[2]　扎根理论(Grounded Theory)是一种定性研究的方式,其主旨是不预做假设,从原始资料中归纳出经验概括,寻找反映现象本质的核心概念尔后上升到理论。在哲学方法论上,扎根理论是基于后实证主义的范式,强调对已经建构的理论进行证伪。

由以上讨论可见,对于社会研究中的不同知识旨趣,一些学者偏好"结构",而另一些则看重"行动",看来并非单纯出于个人兴趣。正如有学者指出的,在社会架构相对稳定的时期,一些研究者会比较看重"结构"对"行动"的支配作用。而在下述情况下,社会研究会关注"行动"的作用:其一是即便社会架构较为稳定,如果社会运动频发,社会研究会强调"行动"的作用。其二是在社会转型期,人们力求改变基本的社会结构,制度变革成为新的需求,这时的社会学自然会更多地关注"行动"的意义和作用。①

三、公民践行:行动研究视野下的公民性建构

(一) 行动研究有助于纠正结构功能论/静态论说的偏颇

以上从践行到行动研究的讨论拓展了眼界,说明关注素质提升和公民文化的生长不仅仅在于列举一堆美德和权利的条文,公民作为有目的的社会行动者,其身份和角色应在变革社会和解决问题的过程中加深理解。也正是通过践行与知行合一的讨论,可以清楚地看到在结构功能构架下谈论公民性的长处和短处。当我们说公民性表现为一组值得鼓励的行为和角色,诸如平等、权利、责任和自由等,在宽泛的意义上其主旨无非是强调这些素养在现代化社会不可或缺的,是助力科技工商社会运行的软力量。对此,无论是美国学者英克尔斯谈论的人的现代性对发展的作用,还是五四文化强调文化更新用以推动现代化,该视角更多的是在强调公民性"知"的一面,也即新角色是顺应结构变迁或者说是社会化的产物。然而,"知"的一面如果不能同"行"的一面结合起来,就容易陷入静态说教的偏颇:一种颇为流行的论说公民意识的做法是,开列一张包含各种美德的清单要人们恪守,诸如礼让、诚信、平等、权利、责任等,但却缺乏在践行的视角下如何使这些美德有效实现以及规避权利冲突的讨论。

此外,在知行合一视野下审视上述静态论说,不难看到这一取向有可能带来应然与实然之间的脱节。例如,在当下社会人们对教科书中所列举的平等、权利、责任和自由等条文并不陌生,然而,面对公共生活中出现的各种问题和利益纷争,仅靠背诵美德和权利的条文是远远不够的,需要通过法与道德的协同以及协商和妥协等途径来达致利益均衡和公正。在这里,公民作为一个社会行动者,其能动的选择、利益博弈、知识运用和创造新结构的努力都是不可或缺的。也正是在这个"动态"的意义上,我们说公民素

---

① 参见沈原:《"强干预"与"弱干预":社会学干预方法的两条途径》,《社会学研究》2005 年第 5 期。

养在解决问题的过程中得到了提升,也即践行意味着解决问题过程中的公民性表达。

不仅如此,合知行的取向还有助于揭示静态论说叠加西方中心论所带来的误区:例如看不到公民学说的本土资源,认定它是一种纯粹的舶来品。其结果是公民议题的设置似乎成了西方专利以及对西方历史成就的脚注,公民教育往往成了好看的"说教"却不能解渴的"远水"。这一切在嵌入了"知行合一"的理论构架之后,强调公民性是在变革社会和解决问题的过程中彰显的,人的素养是在解决问题和纷争中提升的,局面便会大为改观。

(二) 行动研究的流程:分析构架、干预过程、改善及反思

上述从践行到行动研究的讨论也为展开公民语用的丰富性提供了宽阔视野。还应当看到,尽管行动研究强调社会解决,但并不是一种"随意性问题解决"的方法。这是因为,面对不同的问题研究者仍须进行相当的文献收集和梳理,确定问题的分析构架并形成某些设定,包括使用从文化分析到统计分析等多种方法。有鉴于此,虽然有关消费安全的讨论涉猎了多专业的问题,但在行文论述中有关行动研究的流程还是清晰可见的。

步骤 1 问题导向和理论框架

直面日常公共生活中的各种社会问题,例如消费安全中的食品安全问题、厨具安全问题,相关问题的解决方案是在公民文化构架下讨论的,凸显了"民治才能民有"的价值观。当然,强调"民治"并不是意味着每个人都要去当官才能参与治理,而是看重在公共生活中参与氛围的生成以及制度化参与的作用。

步骤 2 着眼于社会干预和解决方案,关注践行的研究者也是参与者

行动研究关注积极干预并提出解决方案,例如消费者投诉、举报和政策建议等制度化参与的办法,倡导政府和公民的合作治理来及时修补消费安全中的"破窗"①,防止后续不法。有关公民践行的讨论还指出,从传统角色向公民消费者的转变是一个习俗转换的过程。鉴于新风气的形成并非一蹴而就,文章透过问题分析、记者观察和社会影响等多层面来揭示了参与氛围形成的条件。此外,在行动研究构架下讨论问题解决,研究者自然不是置身事外的旁观者,而是致力于变革的参与者。

步骤 3 改善情境、增长新知和反思

(1)倡导践行和行动研究自然会重视社会情境的改善,包括提供解决问题的思路。

---

① "破窗效应"源自一项心理学试验,说明被打破的窗子如果不能及时修复,就会给越轨行为以强烈地暗示性纵容,进而招致更多的不法。这意味着环境中的不良现象如果得不到及时制止就会带来暗示性鼓励,诱使人们争相仿效。

例如在有关食品安全的讨论中提出多方参与以及形成治理链等举措。由此看来,践行本身也是一种公民教育,有助于提升公民素养。

（2）鉴于问题境况的改善也是在加深了解社会,因而就知识增长而言,行动研究一贯主张研究和行动是互渗的,行动的过程也是建构知识和检验知识的过程。这一取向显然与知行合一的公民论说相契合,一方面说明在变革社会的过程中公民意识和素养能够得到提升;另一方面说明正是在践行和解决问题中"民治"才能落实,包括推进人人起来负责的参与氛围。

（3）还应看到,在日常公共生活中参与氛围的形成（也即社会资本的积累）,不仅有助于解决问题,而且也是推进民主的软力量。谈到民主,引人注目的往往是政治维度的程序性活动,诸如权力制衡、票决选举和政党轮替等,这一解读的眼界尚不够开阔。道理很明显,民主政治的稳定运行有赖于诸多条件,其中直接的和基础性的要素是公众素养和参与氛围,也即公众能否在关注平等和权利的同时,能够理性地、负责任地和有妥协地介入到公共治理中去,而其水平高低又与社会文化和经济发展相关联。这实际上提出了民主运行的社会条件问题,也即社会维度的民主推进问题。这既包括在城市和社区公共生活中的大量微治理问题,也包括社会习俗和文化对制度的影响。正如有学者谈到的:社群主义认为民主政治只是个架子,它本身不能培养社群意识,这样民主政治是不会稳固的。社会还是需要有一些基本的共识,而这种共识只能从文化中来,这时儒家就可以发挥它的作用。对于社会维度的民主之推进及其对政治民主稳定运行的重要性等问题,延伸阅读参见前辑文章《为什么研究公民文化？意义、难点和理论创新》《公民文化在 21 世纪中国社会的凸显》。①

（4）对于研究结论的可靠性与有效性,行动研究作为科学的认知旨趣之一,与前述功能研究的实证旨趣同样关注。所不同的是,由于行动研究更为强调知识的建构（反思）与检验（行动）之间是不可分的,因而践行者可以通过行动与反思之间的互动,通过实践感知理论中存在的偏误,从而使令人满意的行动策略被识别并得到发展。在这个意义上,行动研究对研究可靠性的检验更多地带有"动态"的色彩。

相比之下,实证旨趣的研究通常使用"效度"和"信度"来说明研究工具的可靠性。"效度"是指研究工具反映所要测量的概念的真实程度,"信度"是指分析工具能否稳定地测量到所测事项的程度。鉴于功能的和实证的研究更多是通过量化的数据来描述和理解社会现象,其可靠性的检验更多地带有"静态"的色彩。

---

① 参见缪青:《公民文化在 21 世纪中国社会的凸显》,载杜丽燕主编:《中外人文精神研究第六辑》,人民出版社 2013 年版。

四、讨论消费安全的多篇论文之说明

本节收录了笔者多篇有关参与增进消费安全的观察与思考。读者在研读论文时不难看到,在有关消费安全的讨论中,凸显了解决问题过程中的公民性表达包括素质提升乃至高水平参与的重要性。直面问题的讨论还展示了人对公民身份和角色的理性自觉是一个多因素互动的过程,它有演化的一面,历经了人与体制变革、人与社会结构变迁的互动;它还有教化的一面,例如从公民践行、行动研究的视角来看待参与氛围的形成,在讨论社会干预的同时自然会关注公民文化的本土资源,包括传统与现代的对接以及新旧习俗的转换等。

既然对公民角色和身份的认同是一个动态过程,那么对于"公民是什么"的认知以及公民教育的展开,仅仅从权利或美德条文出发的静态讨论是远远不够的。由此看来,在新构架下所看到的公民教育是多层面的,涉及制度变革、习俗转换、参与技术和专业化、有序的民主参与以及传统与现代对接等,并非仅限于道德宣示和个体修身的传统视域。

需要强调指出的是,以往有关公民践行的叙事大多留意微治理层面的活动,诸如基层组织、社区活动、消费者维权等小群体交往等。那么,这些参与和微创新及其汇聚对于宏观变迁有着怎样的影响?或者说对中国的现代化有着怎样的影响?本节透过多篇文章的讨论展示了参与氛围的形成条件,从微观—宏观互动的视角讨论了参与对社会公共生活乃至民主推进的重要影响。这一眼界既涵容了传统"修齐治平"的德育资源,也关注人的思想和素养提升对社会治理的推动作用,同时又超越了"修齐治平"的传统视域(不仅看到道德诉求还看到了治理链条其他环节的互动)。这样一来,在参与式治理中的公民就能够从"独善其身"走向维权监督、制度关怀和社会创新,从而在广阔的公共生活参与平台上来实现"兼济天下"。在这个意义上可以说,古之君子"达则兼济天下,穷则独善其身",而今日公民,进则参与治理,退则维权监督,这样的讨论有助于深化对参与的理解。

(一) 推进食品安全诚信建设应理顺政府、企业和公民的合作治理

本文作者缪青参加了光明日报有关推进食品安全诚信建设的讨论,文章刊发在《光明日报》2011年8月3日第2版。编者给出了提要:"无论是强调法与道德的协同还是关注政府与公民的合作,其综合绩效无非是规范市场行为,确立一个公平竞争、规则透明和利益分享的秩序以推进诚信建设。诚信资本的增值不仅表现在降低交易成

本,更重要的是让遵守法规的企业和君子不断获利,这样就能使社会风气向君子看齐。"

1.要使食品安全领域的不诚信付出高成本,政府、企业和公民的合作治理是基础性环节。"红心鸭蛋""毒奶粉"的记忆尚未抹去,"牛肉膏""染色馒头""瘦肉精"等食品安全事件又使人们的神经紧绷起来。尽管不乏舆论抨击和道德规劝,食品安全法也出台了,但问题仍然层出不穷,于是有关食品安全靠什么的讨论很自然地使人想到诚信问题。

我们看到了现代治理推进诚信建设的重要线索,不诚信行为必须为其违规付出高成本。反之,如果处罚很轻或是由于制度和技术漏洞少有法律制裁,就会造成"破窗效应":给后续的越轨以强烈的暗示性纵容,带来更多的不法。很明显,在市场趋利和陌生人交往的环境下讨论诚信,仅仅照搬古训"吾日三省吾身"是不够的。如果不断违规的小人能够发财,社会风气就会向小人看齐,而遵守规则的君子反倒成了傻瓜。这样一来,道德底线被频频突破就毫不奇怪了。

要使食品安全领域的不诚信付出高成本,处理好法律、技术和道德的协同,特别是政府、企业和公民的合作治理是基础性的环节。尽管食品安全法已经明确生产者、销售者作为第一责任人,但是政府监管的职责、媒体的责任和广大消费者参与治理也同样重要。正是在这个意义上,我们说搞好食品安全人人有责,下述制度创新和社会创新应当有利于诚信增值。

2.遇到食品安全有疑问和争议,政府应帮助消费者实现便捷和低成本的质量检验。就政府而言,如何理顺食品安全分段管理的体制、确立信用体系以及开发多种快速检测技术等都是十分重要的。例如,没有几个醉驾者愿意承认自己饮酒过量,但酒精检测仪会毫不客气地指出醉酒的程度。由此看来,开发多种快速检测技术有助于推进食品安全领域的诚信建设。

此外,一个重要的制度创新是一旦遇到食品安全有疑问和争议,政府应帮助消费者实现便捷和低成本的质量检验。以杜绝"地沟油"为例,有官员称要到2020年才能解决。如果有了快速检测的试纸方便消费者使用,显然可以大大加快进程。所以说,在帮助消费者获得低成本的食品检验方面花些钱是一本万利的事,这不仅有助于及时发现问题、敦促商家负起责任和增进政府诚信,而且可以大大降低由于大规模的商品下架和公众恐慌所产生的高昂费用。因此,那些为推进食品诚信而创新制度和技术的人也应当成为感动中国之人。这也说明,有赖于一系列制度和技术的跟进,道德宣示才不至于陷入空谈。

3.需要消费者的参与治理,包括投诉、举报和政策建议等,以便及时修补"破窗",

防止后续不法。就消费者而言,形成人人负责的氛围包括媒体参与也是食品安全的重要保证。撇开地方保护和官僚惰性不谈,单靠工商质检部门的有限人员去应对成千上万种商品的质量检验,其成本和精力确实勉为其难。这就需要消费者的参与治理,包括投诉、举报和政策建议等,以便及时修补"破窗",防止后续不法。正是从这个层面,我们说制度如果没有参与的支撑就容易陷于空转,《食品安全法》有赖于从内心尊重它的人和持续的公民教育才能有效运行。

倡导参与以及公民教育也有助于营造对不法行为的普遍抵抗氛围。例如,一些人痛骂不法商家见利忘义,可一旦有利可图,自己就毫不犹豫地投入到制假贩假的活动中去,其责任意识仅限于告知熟人不消费此类商品。所谓"做什么的不吃什么"就是指此类现象,扭转这一风气只有靠公民教育、舆论监督和法律约束。

4. 诚信资本的增值不仅表现在降低交易成本,更重要的是让遵守法规的企业和君子不断获利,这样就能使社会风气向君子看齐。无论是强调法与道德的协同还是关注政府与公民的合作,其综合绩效无非是规范市场行为,确立一个公平竞争、规则透明和利益分享的秩序以推进诚信建设。诚信资本的增值不仅表现在降低交易成本,更重要的是让遵守法规的企业和君子不断获利,这样就能使社会风气向君子看齐,编织起一个遏制欺诈的主动防御网络。

在合作治理的视野下推进食品安全领域的诚信建设,下述社会创新和制度创新也有利于诚信增值。例如,应当表彰那些对食品安全的制度、政策、技术创新做出贡献的专业人士和普通公民,表彰那些理性应对食品安全危机,善于协商和妥协、解决冲突的人员。一个典型的例子是,当非法添加剂事件频频曝光时,专业人士对合法添加剂与非法添加剂的区分及说明可以有效帮助公众理性面对食品添加剂问题,避免因噎废食。

由以上讨论可以清楚地看到,如果说现代社会讲求诚信超越了传统社会,那么,这种超越主要的不是表现在道德宣示上比传统更高调,而是表现在一旦遭遇不诚信能够找到更多的办法来应对,从而在问题的解决中增值诚信。当我们不仅指出德育传统在推进诚信建设中的重要性,而且也指出它的局限性;不仅探讨在市场环境中使诚信增值的宽广路径,而且不懈地创新制度和技术来推进诚信,搞好政府、企业和公民的合作治理,也就在传统和现代的交汇上实现了超越。

值得一提的是,对于如何让遵守规则的君子获利并通过社会创新来推进诚信建设,中国传统文化并非没有资源。2000多年前,改革者商鞅设计了立木为信的奖励办法来昭告世人有法必行的道理,引得司马迁把此事载入史册。当然,在运用制度创新和社会创新来推进社会诚信建设方面,今人理应做得更好,这是因为我们眼界开阔而且选择更多。

（二）无烟锅的安全性讨论与公民参与

本文作者缪青建言并参与了《健康报》有关无烟锅的讨论,文章刊发在《健康报》2006 年 12 月 18 日第 2 版。很有意思的是,在文章刊发后不久,2007 年 3 月中央电视台《生活》栏目播出"无烟锅里的秘密",曝光了"锅王胡师傅"无油烟锅所做广告为虚假广告,而且产品本身也有质量问题,各地工商部门随即查封了该产品。很多媒体报道了这一消息,例如北京晨报的题目是《"胡师傅"实为铝锅惹无烟锅行业销量锐减》(参见人民网 2007 年 3 月 30 日,http://homea.people.com.cn/GB/5543038.html)。

初看起来,谈论公民参与或者说公民文化与无油烟锅的安全性似乎有些不搭界。不过,一旦我们了解公民参与最重要的表达是在日常生活中,例如对消费领域商品质量和安全性的监督,两者的内在联系就显露出来了。

例如,在《健康报》刊发无烟锅的讨论之时,有关无油烟锅的电视广告和商场推销方兴未艾。然而,仅仅依据广告和推销员的信息,消费者仍然无法判断无油烟锅是否安全。面对这种状况,消费者的选择可以是多样的:一个是问问朋友和熟人,如果得不到明确的答案,不买就是了;另一个是找质量技术监督部门询问。笔者就是找质检部门询问的,不过没有得到明确回答。印象中质检方面的回答颇为谨慎,这可以理解,因为质检的信息对商品销售有着很大的影响,同时也令人遗憾,从质检部门答复来看,此事似乎和他们关系不大,因为民不举官不究。

在这里,有必要结合无油烟锅的案例讨论一下普通消费者和具有良好公民素养的消费者,也即公民消费者的区别。作为普通的消费者,对商品安全性的关注很可能属于被动参与类型,对无油烟锅的关注仅限于与自己有关的范围,至于他人的安全则与己无关,并将这类问题完全看成是政府部门的事。这两种选择都没有看到消费者参与对于商品质量和安全性的重要性,自然也不会提及制度化参与的问题。

公民消费者对商品安全性的关注则不同,属于主动参与的类型。他们不仅能够清醒地意识到无油烟锅的安全性检测与自身利益相关,而且会从社会公益的视角去看待这一问题,关注该事件与消费者群体乃至社会发展的相关性,并进一步着眼于制度化的公共参与,积极地介入公共事务(在本文中表现为无油烟锅的安全性问题),寻求由公民、媒体、消费者组织和政府的合作。

笔者在向质检部门咨询无果的情境下转诉诸媒体和消费者组织,就是要清晰地表达这样的信息:每个消费者同时作为一个公民,有责任在推动有关无油烟锅的质量检测、市场准入体制等方面发挥自己的参与作用。道理很简单,商品质量和安全不仅是政府的事情,也是千千万万消费者自己的事情,消费者的主动参与是保障商品安全性的基础性环节,政府、媒体和消费者组织应当为这种参与提供良好的平台。

对无油烟锅的讨论结果会怎样我们还不得而知,不过有一点可以肯定,造就好商品(质量和安全性)不是别人,而是具有良好公民意识的广大消费者自己。

1. 链接　有关无烟锅安全性的背景叙事:M 博士买锅

下面的实录来自健康报记者陈飞、余运西的报道,刊发在《健康报》2006 年 12 月 18 日 02 版。

M 博士,每天在电视前受着"无烟锅、不粘锅"广告的耳濡目染,终于动心了。按广告的说法,厨房油烟脏兮兮不说,万一患了"油烟综合征",再引起"慢性角膜炎、咽炎、鼻炎、气管炎、脱发、心脑血管疾病、肺癌、乳腺癌",可就不值当了。

于是,M 博士特意跑老远到一家大型超市购买"无油烟锅",可一走进厨具区他感到无所适从,各种品牌、各个价位的"无油烟锅"摆满了货架,远比电视广告宣传的多。为什么能无烟呢? 各种锅说法基本一致:油温达到 240℃(有的说 260℃)就会气化生成油烟,而烹炒食物所需的温度是 180℃以上,"无油烟锅"通过特殊材料的导热特性将油温控制在 180℃~240℃之间,既保证了烹饪需要又控制了油烟生成,同时还节能、不破坏食物营养。

真能一点油烟都没有么? 细问之下导购员说其实也不是,锅的说明书中一般还提醒消费者,最好使用中小火烹饪。很明显,火太大了再特殊的材料也无法保证温度不超过 240℃,所以"无油烟锅"并不是真的一点油烟也没有。对此 M 博士觉得从物理、化学角度也说得过去。

为什么炒菜不粘锅呢? 大部分锅的说明书说,锅内表面有精雕微螺纹、军工数据螺纹、微气垫热缓导螺纹等设计,可以实现"物理不粘",还有部分语焉不详。仔细研究说明书大概意思是有一层不粘涂层,且声称不含"特富龙"等物质,绝对无害。一个品牌的导购说,我们这种好,无涂层的,那些有涂层的容易掉,还有毒。M 博士又到有涂层的一家问,导购说别人家我不敢说,但我们这个牌子的锅绝对无毒无害,买的人很多。M 博士虽然听不太懂,就当是吧。

买哪家的锅呢? 从材料上看,有锰钛合金、黑金砂、陶瓷晶体、纳米材料、复合不锈钢、航天工业合成材料、航天磁化陶瓷合金超导材料等,还声称整合了传导、对流、辐射等原理。什么材料好? 研究社会学的 M 博士搞不清楚,开始犯"晕"。好在几种锅货架前都有导购人员,M 博士进一步咨询,各说各的好。但光听他们说不行,还要看看有没有相关政府部门的质量认证吧。这一看 M 博士就不敢买了,翻了好几种"无油烟锅"的说明书,只看到各种貌似认证印章的"德国品质超群""绿色环保""十年质量保证"等标志。好容易找到一家有"权威认证"的牌子,写的是"日内瓦国际专利技术成果博览会金质奖""FDA(美国食品药物管理局)认证""欧共体食品级84/500认证""中国健康膳食用品生产企业荣誉称号""影响中国家电未来发展趋势十大创新产品",就是没有看到我国质量监督部门的认证和相关的技术标准。

虽然货架前很多人和M博士一样糊里糊涂,但还是不断有人购买。M博士最终也买了一口自己觉得差不多的"无油烟锅"回家,但他是作为开始多方求证其安全性的证据,并把这个事件作为自己"公民文化"研究的一个案例。"要是真的安全好用,那就是一场影响十几亿人生活健康的技术革命,当然应该推广,如果是虚假广告,这么多人买回去用,就会后患无穷。"M博士说,这是跟广大消费者密切相关的公共事务,每个消费者作为公民都有权利和义务参与。

他给北京市工商局12315打电话,询问怎么鉴别"无油烟锅"是不是合格安全,工商局说这个事情要问质监局。他给北京市质监局12365打电话,质监局把电话转到轻工产品质检所,对方说目前"无油烟锅"没有质量标准,因为没有接到过投诉,他们也没有做过相关检测。M博士问能不能推荐相关专家提供咨询,质监部门说"不知道"。

"感觉各方对这个事情都很冷漠。"M博士说,"这个关系食品安全和每个人身体健康的产品,市场上广告铺天盖地,很多不知所以然的消费者趋之若鹜,有关政府部门却因为'没有投诉'而无动于衷,难道又要像'红心鸭蛋'那样吃了几年才有人想起来?恐怕谁也不希望再出现这样的局面——当众多家庭购买'无油烟锅'并使用了相当长的时间之后,突然被告知这些产品可能存在不安全因素。"

在加拿大留学多年、一直研究"公民参与"理论与实践的M博士,较起了真儿——要推动包括消费者、厂家、科学家、社会团体以及政府部门在内的各方,参与到"无油烟锅"到底是否安全的讨论中。他认为,作为公民的消费者要有意识地联合起来主动维护个人和群体的利益,通过自下而上的运动来推进生活环境的改善和社会的进步。目前消费者缺少公民意识和公民文化氛围,光靠政府有限的精力不可能解决分散的食品安全问题,而公民主动参与是改善食品安全的基本环节之一。

2. 链接 "无油烟锅"目前尚无标准

针对M博士的疑惑,记者进行了采访。国家日用金属制品质量监督检验中心的相关专家表示,产品的标准包括国家标准、行业标准、地方标准和企业标准等,而"无油烟锅"目前还没有强制性的国家标准。记者了解到,国内"无油烟锅"的相关企业已经开始就"无油烟锅"的标准制定原则、标准主题框架和主要技术指标进行探讨,"无油烟锅"的行业标准有望出台。

然而,有了行业标准并不意味着消费者可以"高枕无忧"。中国农业大学食品科学与营养工程学院副教授何计国说,标准的制定,一般是经过动物实验和人群流行病学资料进行综合评估,而许多新化学物质由于使用期限较短,还不能进行人群流行病学评估,只能得到动物的最大无作用剂量,这个数据除以100后再应用到人体。因而,追求食品中绝对不含有害物质不现实,但食品中的化学物质在标准下应该是安全的。何计国认为,从制度上完全杜绝食品安全事件的发生似乎不太可能,但是通过良好的管理措施来减少化学物质的使用,杜绝违禁化学物质流入食品生产领域是可以做到的。

(三) 消费者权益与消费过程的民主参与

为了深入解读公民践行与行动研究的意义,将笔者1988年的文章《消费者权益与消费过程的民主参与》[①]与2007—2011年期间的文章做一比较,从作者开始倡导消费安全的公民参与,到20年后自觉地运用公民文化构架来深化有关消费安全的讨论,不仅能够看到日益丰富的参与链条拓展,而且能够看到公民文化理论的发展脉络。不仅如此,对两个时段的研究文献做比较,也是行动研究检验可靠性的一个步骤。这是因为"践行者可以通过行动与反思之间的互动,通过实践感知理论中存在的偏误,从而使令人满意的行动策略被识别并得到发展。"

值得一提的是,1988年的文章成稿之际正值中国社会刚刚迈向市场经济之时,随着市场上的商品开始增多,商品质量问题也开始增多,如何加强消费者维权和参与监督问题开始提上日程。因而,那时的论说尽管预见性地提出了参与作为保护消费者权益、提升商品质量的重要环节,但还是偏重学理上强调参与的意义以及监督环节的搭建,包括探讨形成有序参与的社会条件,阐发"消费者群体的力量"与消费过程的参与作为推进民主的环节等。很明显,上述论说无论在治理链条的细化方面还是在理论层级方面尚有大的提升空间。对此,本文第五节还会展开讨论。

1. 在商品生产条件下社会的每一个成员虽然不一定直接参与商品的生产和销售过程,但必定参与商品的消费过程,必定是消费者。现代社会商品经济愈是发达,商品的功能和品种类别愈是丰富,商品进入人们生活领域的范围就愈加广泛,对人们行为和需要的影响也就愈加深远。与此同时,随着大量满足人们各种需求的商品进入消费领域,各种形式的社会监督管理,诸如进行商业企业的职业道德教育,开展生产和流通过程的质量管理,加强工商管理、商品检验、物价监督、食品卫生部门的职能,制定保护消费者的法规,用以维护广大消费者的切身权益,就成为人们普遍关注和日益重要的问题。

---

① 缪青:《消费者权益与消费过程的民主参与》,《北京社会科学》1988年第1期。

商品经济发展实践中消费者权益问题的提出并不是偶然的,它的影响所及也绝非仅限于消费者个人生活。如果在商品流通和消费过程中,各种形式的社会管理、监督和反馈手段不能及时健全和不断完善,那么随着商品生产规模的不断扩大,不能适合消费者需要的商品、劣质商品进入消费领域的可能性就会增大,人们在了解、选购安全适用的产品,避免劣质商品的消费活动方面就会处于被动状态,无法使自己的消费行为成为帮助商品生产和销售部门改进和增加行销对路产品的积极因素。这种情况,处在经济体制变革和发展时期,有时是比较容易出现的。如果处理的不及时,不仅会直接影响广大消费者的切身利益,而且会使人们对发展商品经济产生种种误解和疑虑,从而影响改革开放的进一步深入进行。因此,如何积极地卓有成效地维护消费者权益,就不能不提到深化改革、促进商品经济健康发展的战略高度来认识。

消费者权益的问题之所以为人们所关注和探讨,并日益受到社会广泛重视,就意味着消费者的需求没有得到满足以及购买不适用、不合格商品状况的存在。那么,当一个消费者由于种种主客观原因购买了劣质商品,他应当怎样行为,怎样处理才算是正当地维护自己的权益呢? 对于这样一个理论问题,我们可以结合日常消费生活的实践来展开讨论。

2. 当消费者在一家商店买了不合格商品,回家后发现物品有问题拿回去退换时,如果商店声称商品一旦拿出柜台,就概不退换。此时,这位消费者应当如何处理这一事件呢? 他至少可以做出下列选择:

(1)把劣质商品扔掉或搁置起来,自认倒霉。下次选购商品时多加小心。

(2)与售货员争吵,甚至试图用暴力解决问题。实际经验告诉我们,这样做的结果多半也无济于事,而且还会带来不确定的后果包括刑事责任。

(3)冷静地说理,寻求第三方进行干预,由有关部门或团体出面调解和仲裁,分清事件中各方的责任,根据具体情况处理责任者。或者由双方分摊损失,或者退换商品,必要时诉诸法律。

对于消费者来说,购买劣质商品不仅造成了物质上的损失,而且意味着消费者在市场上用货币实现了不利于己方的不等价交换;同时也造成了消费者精神心理上的损失,他的高质量的辛勤劳动(如果该消费者是一个称职的劳动者的话)所交换来的是劣质的粗糙劳动。而消费者处理劣质商品的前两种抉择实质上没有解决任何问题。很明显,他在消费过程中所蒙受的物质和精神方面的损失丝毫没能得到适当的补偿。前两种选择也不能对劣质商品的销售者产生任何约束,防止类似事件的再度发生。

更为糟糕的是,如果我们从商品再生产的动态过程来看待这一事件,生产和销售者出售劣质商品的成功和消费者拒绝劣质商品的失败,会继续对双方后续行为产生影响。

作为消费者一方,当退换劣质商品的要求未能如愿,而购进劣质商品的事件又间或发生时,他的挫折感和不满情绪还可能由于未得到及时的调解和疏导而累积起来,以至会影响到他的生活和劳动态度。此外,作为商品生产和销售者一方,如果他出售劣质商品的行为没有受到及时的制裁,不仅会给生产者带来市场需求的虚假信息,不能促其改进商品质量,加强质量管理活动,而且还会助长不法销售行为的滋生蔓延。由此可见,在商品经济从不发达到发达的时期,如何处理劣质商品,维护消费者权益问题,就不单单是消费者个人的事情。维护消费者的正当权益实质上也是在保护商品生产和流通的健康发展的内在环节。

对于广大消费者来说,在仲裁商品质量的争执中,如果第三方能够给予指导和干预,调解买卖双方的关系,使双方的责任得到明确,这无疑可以弱化和泄除消费者的不愉快情绪。同时,仲裁的过程对商品生产销售一方而言,也是一种遵纪守法的教育,有利于增强职业道德规范的约束,实际上这也就是前述的第三种解决方案。

人常常有所缺时才想到有所需,然而消费者如何争取实现第三种选择,不仅仅取决于他的一时需要和主观愿望,还必须具备一定的客观条件。因此,处理劣质商品的讨论还需要进一步拓展。

3. 当消费者购买了劣质商品而又被拒绝退换时,他需要哪些条件才能找到一个公平的仲裁者呢? 显然,这需要:

(1)存在着若干为消费者服务的组织和团体。一旦发生问题,能够向消费者提供足够的信息,找寻相应的机构和人员来处理。这些部门包括:工商管理、物价和商品检验、食品卫生以及大众新闻媒介等能够为消费者提供服务的组织。

(2)提供上述信息和第三方干预的服务要能够方便及时,如果在北京东郊某商店买了几元钱的劣质商品,却要到西郊去处理和仲裁,消费者能否花费这样的时间和精力去奉陪呢? 显然不太可能。

(3)为消费者服务的机构和团体,处在干预和仲裁者的地位,它必须能够及时、公正地调解和裁决买卖双方的争执,并拥有各种有效的手段和法权,为维护消费者的正当权益,对生产销售者和消费者双方的行为都具有一定的处理和裁定的权威。

一般说来,在碰到商品质量和商品消费过程中的问题时,人们常常首先希冀于工商管理、物价检验、新闻报刊部门。而且,这些部门和人员在维护广大消费者利益方面也的确做了大量的工作。然而大量的实践表明,对于兴趣爱好和消费需求千差万别的庞大消费者群体来说,仅仅依靠上述渠道是远远不够的。

第一,工商管理、物价检验部门的活动范围及人员数量是相当有限的。像北京这样拥有数千万人口和数百万流动人口的特大城市,每日发生的购物行为是不计其数的。

要求工商管理人员对不同地点时间发生的争执都能随时随地予以处理,显然是非常困难的。第二,工商、物价管理部门的职权范围和行政干预权限也是有限的,特别是在为消费者提供商品信息、购物选择以及品类繁多的消费指导方面更是难以顾及。第三,上述各政府职权部门的活动本身也需要评价和监督。个别公职人员的失职和官僚主义惰性也有可能造成仲裁的不公正。

由上可见,当消费者权益受到侵害时,由于缺乏信息渠道、商品选择知识、不能方便及时地找到工商管理人员,以及个别公职人员的失职等复杂因素,仍然存在着问题不能马上解决的可能性。那么,这是否就没有解决办法了呢?如果从传统的消费行为方面看,恐怕也就到了山穷水尽的地步。"忍着点吧""算了算了""没办法"之类的话大抵就是这种消极消费行为的反映。

4. 面对日益发达和复杂的商品生产销售网络,单个消费者获取商品信息,选择商品的能力是有限的,但消费者群体的力量却是广泛、强有力的。如果存在这样的机构和组织,它能够为消费者提供多种多样的商品知识、商品选择信息、及时指导消费行为,在消费者不慎购买了劣质商品时,帮助他找到相应的商品管理和检验部门,公平地调解和仲裁消费者与生产销售者之间的矛盾,充当联系消费者与生产销售部门、消费者与工商管理部门之间的桥梁,这无疑是广大消费者所欢迎和期待的。

那么,谁能够担当这样一个能满足千百万消费者需求多样、标准各异的社会角色呢?说到底,它只能是广大消费者自己。而他们参与管理、监督商品流通和消费中问题的权利则是由国家法律所赋予的。以《中华人民共和国食品卫生法》为例,总则第三条明确宣布:"凡在中华人民共和国领域内从事食品生产经营,都必须遵守本法。对违反本法的行为,任何人都有权检举和控告"。从实质上说,法律赋予了消费者参与监督商品流通和消费的民主权利,即商品流通和消费过程中的管理参与权。

谈到民主,许多人往往只注重国家政体和决策事务、公民选举制等方面的民主参与。这种看法似乎过于狭隘。实际上,现代民主的涉猎范围要广泛得多。《中华人民共和国宪法》总纲第二条规定:"人民依照法律规定,通过各种途径和形式,管理国家事务、管理经济和文化事业、管理社会事务。"党的十二大报告中指出:"社会主义民主要扩展到政治生活、经济生活、文化生活和社会生活的各个方面"。总之,现代社会在经济、文化、政治方面的发展,为人的发展开辟了比以往时代远为广泛丰富的活动领域。伴随着主体活动每一新领域的开放,同时也就意味着人需要承担起新的义务和权利,需要相应的决策管理和民主参与。在这个维度上,民主不外是社会组织或群体为维护公众及个体的正当权益,依照制度的和协商的程序来指导人们活动的管理决策过程。

因此,消费过程的民主参与,意味着人们在购买商品充当消费者的同时,还必须能够依照一定的程序,参与对商品生产销售的管理和监督过程。如果人们在商品消费活动中,仅满足于依靠工商部门、质检部门的管理,或者对侵害消费者利益的追责仅停留在舆论和道德指责上,指望这样做就能杜绝一切违章和不法行为,而不是主动采取措施,组织广大消费者参与商品消费过程的管理,这实质上就等于放弃自己享有的参与消费过程的民主权利。其结果势必出现:一方面人员和工作范围有限的工商管理部门负担过重,管不胜管;另一方面广大消费者在碰到违章行为、劣质商品时,由于缺乏公正的仲裁,只能限于消极的抱怨,对如何处置却无能为力。这种消极退避行为,在一定条件下甚至会鼓励和助长一些不法商贩侥幸捞一把的心理。

笔者认为,在商品经济较为发达、文化程度较高的区域,应当在群众自愿和需要的基础上,在城乡基层更加广泛地建立,或者在原有的城乡群众自治的单位、企事业单位的基础上分离出维护消费者权益的群众组织,其功能应当包括:

(1)为本地区居民和广大消费者提供商品选择知识、消费咨询、帮助投诉、指导合理消费。

(2)在消费者利益受到侵害或者买卖双方发生争执时,能够给予调解、仲裁,帮助消费者寻求商品管理、检验部门。

(3)与工商管理、食品卫生、法律和大众新闻媒介建立广泛的横向联系,协助企业进行市场调查,成为沟通商品消费者、生产销售者与政府管理者之间的桥梁。

(4)积极搞好维护消费者权益宣传,不断提高广大消费者参与消费过程管理的民主意识,倡导现代消费行为模式与价值观。

置身在消费过程的民主参与活动中,广大消费者形成了保护自身权益的相互沟通的网络,就会积极地创造性地参与到商品的生产销售过程。这一参与不仅会限制商品经济发展所带来的某些不良因素,同时也有助于人们在生活中习惯于运用民主与法制的方法自己管理自己,不断实践和创造社会主义民主的生动形式,推动改革开放的进一步发展。这就在消费行为和价值观念上彻底超越了传统小生产看待和处理商品经济发展的狭隘视野。

所谓"无商不奸",商人总是"见利忘义"等传统观念,虽然一方面看到了发展商品经济的过程中会出现一些投机取巧、弄虚作假、以次充好等违规的不法行为,但在另一方面也反映了小生产由于自身的局限,看不到也不可能找到运用民主与法制的现代手段来亲身参与商品消费的监督管理。其结果不能不导致自觉地或不自觉地赞同和附和因噎废食的封闭性抑商政策。这或许是我国古代商品经济最终未能发达起来的一个重要原因。

五、从知行合一/行动研究的视角看公民践行

上述有关公民践行的讨论及文献呈现清楚地说明,公民论说不仅是一种知识而且也是解决社会问题的一种机制。不仅如此,在知行合一的视野下谈论践行并延伸到"问题导向—行动研究"的分析,一方面使我们看到了行动过程不仅是一个检验知识的过程,而且也是一个建构知识的过程,看到了在解决问题过程中的素质提升以及善治生态链上的诸多环节(参见前述有关食品安全及无烟锅安全的讨论);另一方面也增进了我们对社会的了解以及对公民知识演进的认识。鉴于问题境况的改善也是在加深了解社会,因而就知识增长而言,行动研究一贯主张研究和行动是互渗的,体现了认识与实践、知与行的循环。

此外,在文献比较中还可以清晰地看到公民文化的理论进展,其脉络可以透过行动研究的流程展示出来。这一呈现也有助于更多的研究者检视、参与和反思。

(一) 问题导向和分析框架

检视两个时段的文献后不难发现,其共同点在于重视日常公共生活的公民参与,强调商品质量的监督除了生产者、政府的责任外,消费者也有主动参与的责任。而且,笔者早在 1988 年的文章中就已谈到,日常公共生活的参与及其水平提升作为社会维度民主推进,将为民主政治的推进提供良好氛围。从知识增长来看,2007—2011 年的文章中已经自觉地运用公民文化的构架来讨论参与氛围的形成,透过法与道德的协同、习俗转换,以及制度的和技术的创新等,来提升参与水平(形象地说即提升水位)用以实现对商品质量的管控。

(二) 研究者也是参与者,深入讨论干预过程的环节

1988 年的文章区分了传统和现代消费行为,探讨了理性维权、公正的仲裁以及促进参与的社会条件等议题。2007—2011 年的文章则在参与式治理的视野下,展开了治理链上多种环节的协同包括传统与现代交融等议题的讨论。例如,在前述食品安全的诚信建设的建言中,笔者指出法与道德的协同不可或缺,其目的是"规范市场,确立一个公平竞争、规则透明和利益分享的秩序。而诚信资本的增值不仅表现在降低交易成本,更重要的是让遵守法规的企业和君子不断获利,这样就能使社会风气向君子看齐。"又例如,前述讨论还阐发了参与氛围的生成是一个习俗转换的过程,从传统熟人文化迈向公民文化,水位(也即素养)的提升是增进消费安全的重要环节,"在商品消费

157

的过程中每个消费者都面临着一个博弈:如果人人对可能出现的商品质量和安全性问题都认为是别人的事,这种对公共事务冷漠的代价很可能会导致一种相互指责的恶性循环。一方面消费者指责职能部门不作为;另一方面官员则报怨公民素养低下,而消费者仍然会不断地为类似'红心鸭蛋'的事件所困扰。"此外,文章还强调了在日常公共生活包括消费领域中公民教育的重要性,这种和知行的教育既包括消费者的参与意识提升也包括介入多样化的商品质量监督活动,例如,央视每年举办的315维护消费者权益晚会,以及从消费者协会到工商质监部门等多种帮助消费者维权的服务热线。

(三) 改善情境、增长新知和反思

1988年的文章谈论"消费过程的民主参与"作为当时的新说,更多地是在学理上阐发参与的重要性,笔者面对市场初级发展所难以避免的诸多治理空缺,期许"消费者群体的力量"能组织起来,帮助解决监管上的漏洞并由此丰富有关参与式民主的诸多内容。而2007—2011年的文章的叙事则是在社会迈入市场多年以后,无论是理论上还是实践上对参与式治理的论说已有了很大提升。例如,强调不诚信行为必须为其违规付出高成本,须诉诸一种层叠覆盖的监督,也即"政府、企业和公民的合作治理是基础性的环节",包括推进食品安全在制度、政策、技术等多方面的创新。在这里,一个很好的例证是有关"地沟油"的查处(参见前述笔者在《光明日报》上有关食品安全诚信建设的建言),文章专门谈到了快速检测技术问题,"遇到食品安全有疑问和争议,政府应帮助消费者实现便捷和低成本的质量检验。……一个重要的制度创新是一旦遇到食品安全有疑问和争议,政府应帮助消费者实现便捷和低成本的质量检验。以杜绝'地沟油'为例,有官员称要到2020年才能解决。如果有了快速检测的试纸方便消费者使用,显然可以大大加快进程。……那些为推进食品诚信而创新制度和技术的人,也应当成为感动中国之人。"[1]鉴于"地沟油"的来源多样、成分复杂,找到一种快速且低成本的检测方法并非易事。2011年12月卫生部向社会广泛公开征集"地沟油"检测方法,据人民网记者报道,此次征集共收到762份关于检验方法或检验指标的建议,初步确定了4个仪器法和3个可现场使用的快速法,并正在进一步验证和完善。[2] 到了2016年检测技术有了重要进展,山西警员任飞创新的辣椒碱快速检测技术,从315项"地沟油"检测方法中脱颖而出,被确定为四种地沟油检测方法之一,并向公安部、质检和工商总局等

---

① 缪青:《推进食品安全诚信建设:理顺政府、企业和公民的合作治理》,《光明日报》2011年8月3日。
② 参见杨文彦:《卫生部初定3个地沟油快速检测方法》,网易新闻:http://news.163.com/12/0522/ 15/ 824B7AD 300014JB6.html。

国家十一部委推广使用。①

以上事例放在公民文化的构架下来讨论,不外是要说明推进消费安全的持续进展需要来自公众参与的大量微创新与精细化管理,这一提法与经济学者倡导管理创新的看法是一致的:"管理革命并不是'疾风暴雨'式的大变革,而是在不同产业、不同生产环节、不同流通领域、不同行政阶层的'和风细雨'的创新。……魔鬼都在细节里面,而管理的要害就是抓细节。"②很明显,在未来的发展中无论是在日常公共生活领域还是在市场领域,如果借助质量较好的服务、产品创新管理者和参与治理者就能赢得口碑、社会好评和利润,也即依靠服务质量和信誉来赢得竞争,而不是像初级发展那样依靠低廉价格(或面子工程)来创造市场和赢取市场竞争,那么,迈向发达的进程显然是可持续的。

而上述公共理性和秩序的形成不仅有赖于管理者的贤能,更有赖于人人起来负责的参与氛围,也即合知行公民教育所谈论的素养是在解决社会问题的过程中提升的,或者说"依靠国民更加主动的合作与法律和契约的自我实施"③,这既是民主政治的稳定运行基础性的要素,也是无为而治的精要所在。由此看来,在日常公共生活中有关公民践行的讨论所涉及的领域是相当广泛的,期待着更多的社会研究者和实务工作者的思考、行动和创新。

---

① 参见左燕东:《民警任飞:"一剑封喉"地沟油》,《山西日报》2016 年 12 月 5 日。
② 文一:《伟大的中国工业革命—"发展政治经济学"一般原理批判纲要》,http://www.docin.com/p-1444795475.html,2016 年 6 月 1 日。
③ 帕特南:《使民主运转起来》,王列、赖海榕译,江西人民出版社 2001 年版,第 130、207 页。

大数据背景下人际
交往与信任修复和积累

刘　东① 丁　青②

　　无论在物质生活还是在精神生活中,人们之间的相互信任都是极为重要的平衡力量。从社会心理上看,信任感既是一种连接机制,也是一种简化机制,并且构成了许多社会行为的源动力,它既可以表现为一种过程,也可以代表人们对未来的积极预期。在当今互联网、大数据、人工智能和实体经济深度融合以及自媒体运用日益广泛的情况下,信息传播更加碎片化,价值观念也更加多样化,诚信危机问题正在日益凸显。而只有人际间维系普遍的信任关系,社会才可能构建起一种长远的秩序,社会成员才可能形成较高水平的正向价值认同,才可能经受社会变迁所带来的巨大冲击。也正因如此,现代性研究的一个重要方面就是要关注人际层面对社会制度层面信任机制的维系和支撑。

一、信任链断裂是人际交往中的负资产

　　社会信任反映了民众对社会、国家、政府以及他人的一种信赖程度,社会信任水平与一个国家的文明发展程度息息相关。因此,有关世界价值观调查、欧洲社会调查和中国社会综合状况调查(CSS)等均对社会信任问题进行过调查。信任感是社会心理的重要内容,其关系到人们对现实世界的情感体验、习惯看法、思维倾向和信念理念等,是社会舆论的内在根源,也是社会行为的重要动力。长期以来存在一个较为普遍的问题就是,在经济社会快速发展过程中相关部门对民众心理建设关注不够,忽视了社会心理既可以向顺应和有利于社会控制的方向发展,也可以向抵触和不利于社会控制的方向发展。特别是目前中国正经历着一个深刻而复杂的社会转型期,人们更加注重个性需求,网络生活方式更加普及,信息来源更加杂乱,社会舆论环境中不同意见的表达和情绪复

---

① 作者于北京市社会科学院从事文化哲学、环境哲学研究工作。
② 作者于北京行政学院从事历史哲学、政治学研究和教学工作。

杂多变,常常呈现出失序的状态。现实中各种失信现象不胜枚举,使得人们的盲目感和不信任情绪在一些事件的后续效应中不断扩散和发酵。而信任链的断裂,不仅造成人与人之间的隔阂,也制造了群体之间的排斥感和疏离感。

在今天,互联网交流已成为人们日常生活中的重要组成部分,与此同时,系统信任即特指对匿名者组成的制度系统的信任更显得尤为重要。社会心理学认为,当人具有某一需要而又渴望获得满足时,就会引起内心的紧张状态,这种内心的紧张导致心理的不平衡,从而促使其去寻求满足这种需要的相应行为。如果人的需要得到满足,那么这种紧张与不平衡就会相应消除,不论是兴奋、希望、感激等积极的情绪体验,还是痛苦、惊慌、愤怒、沮丧等消极的情绪体验,都是以人的需要是否得到满足和实现为基础的。值得注意的是,随着社会的转型与分化,一些"熟人社会"的惯性心理遭到挑战,人们原本内在的同质性与凝聚力也随之消解,人与人之间的信任关系受到冲击。在现实中不难发现,一些人在心态上既表现出冷漠又感到自危,而在网络空间这一点更加明显。2013 年 3 月《人民论坛》曾就信任问题发出调查问卷,揭示出"人际关系紧张、信任危机"已超越买房及教育和就业问题,成为受访者最感焦虑的第二大问题。特别是郭美美炫富引发的"红十字会"信任危机以及药家鑫案引发的司法信任危机等,从具体和微观的层面极大地损害了公信力,在本来脆弱的信任关系中形成了新的"信任赤字",更对社会肌体产生了难以消除的负面影响。

在当今大数据背景下,伴随网民人数的迅速增多,在虚拟世界中缺乏自我约束甚至为所欲为的现象日益增多,人与人之间出现了更多的不信任。多年前《小康》杂志进行的"信用小康"调查结果表明,49%的人对政府、人际、公司三类的信用危机表示"都非常担心",37.8%的人则更担心"政府"的信用危机。在"您相信政府公布的各种社会经济调查数据吗"的调查中,认为"仅作参考,掺假的成分很多"或"绝对是假的,从来都不信"的比例高达 91.1%。在现实中可以看到,各种制假贩假、以次充好、逃债骗贷、论文抄袭等现象数不胜数,民众对政府机构、司法部门、食品和药品制造业以及餐饮业和旅游业的信任度低。有学者通过调查指出,人际不信任的影响面广。只有不到一半的人认为社会上大多数人可信,不需要小心提防,但如果这个人是陌生人,那么信任的比例更少到只有 2 到 3 成。对多数人的不信任使得每个人都生活在谨慎和不安的相互提防中。要防止这种相互的不信任固化为我们的社会性格,以至形成一种不信任文化。① 如果一个社会多数人都有不信任情绪,如果放任不信任的集体意识积蓄起来,则会酿成结构性的怨恨心态,会形成一种逆向思维的习惯。人际交往中各种不信任或失信现象

———————————

① 参见《当前社会心态的新变化》,《北京日报·理论周刊》2015 年 11 月 30 日。

之所以增多,原因是复杂的,其中之一就是一些领域存在着边界不清,而道德也无法承担底线的问题。比如媒体曾经屡有报道的搀扶倒地老人遇到碰瓷的问题,就不仅仅说明了道德滑坡,也说明了相关法律的缺失。这些现象在一些发达国家就鲜有发生。在美国和加拿大等国,实施保护善意行为的《好撒玛利亚人法》;在新加坡,也有惩戒讹诈好人的严苛法律。这些法律制度正是惩处"碰瓷"等讹诈行为与褒奖道德行为的基本标准。这也都是值得我们反省和借鉴的。

二、大数据和自媒体面临的问题不容忽视

当今,大数据应用和分析的热潮已经席卷了生物学、语义学、金融学、教育学等诸多学术研究领域,而科技的进步并不必然带来人们信任感和安全感的提升,有时甚至还起到了一些相反的作用。从传统的社会关系延伸到虚拟空间,个体对社会、个体对他人的信任关系都在不断的遭受挑战,一方面社会的信息化水平在提高;另一方面生活中人们仍然依赖传统"熟人社会"的信任模式,而对陌生人的普遍不信任不仅直接导致了人际关系的冷漠,也影响到人们对当前社会信仰和道德观的评价。有学者以微博中的公众表达与社会心态的互动为研究重点,分析指出:当下互联网技术支持下的微博平台为公民的意见表达提供了广阔空间,也对人际交往与信任修复和积累提出了严峻考验。在这种大背景下,公众的心态表现为:反应更加深层化;形态更加复杂化;冲突双向发展;失衡不断放大。[①] 毫无疑问,社会成员之间信任匮乏,会造成社会关系和人际交往的扭曲,也使社会群体以及群体之间的向心力和包容性有所削减。

信任是一种能够反映需求意愿强度的人际预期。一般说来,人的需要作为核心因素,不仅决定了其情绪的产生,而且决定了情绪的两极性特征。应当承认,在社会上传播的评价信息里,负面信息往往比例很高,特别是借助网络平台分享负面信息的人群要比分享正面信息的更多。在社会转型期,社会分化加剧、城乡经济和区域经济发展不平衡、贫富差距拉大,人们在将自己的利益得失与他人进行比较时,通常更容易产生不满情绪,产生"相对剥夺感"。由于社会比较心理是一种向上的社会比较,所以"相对剥夺感"的存在是绝对的,这一点在规则和制度不能保证足够的发展空间时表现的更加明显。而在不断推进国家治理体系和治理能力现代化的过程中,必须坚决破除一切不合时宜的思想观念和体制机制弊端,突破利益固化的藩篱,必须不断解放思想,实事求是,具体问题具体分析。在看待信任缺失问题时,也必须考虑历史因素和环境因素,必须认

---

① 参见《微博中的公众表达与社会心态的互动分析》,《东南传播》2012 年第 5 期。

真查找人们产生不信任感和不安全感的复杂原因,而对信任修复和积累问题的解决切忌不可操之过急。

诚信是社会发展之基,低社会信任度则会加大社会转型的成本。目前我们面临的现实是,市场经济越是离不开诚信,越是应该讲诚信,却越是感觉一些人在丧失诚信,而一些弄虚作假的现象甚至达到了登峰造极的地步。这样一种理想与现实相悖的状况,使人不免产生深深的忧虑。不可否认的是,当今中国无论在经济领域和政治领域都面临着更加复杂的局面,在大数据和自媒体越来越得到广泛应用的今天,各类群体性事件和突发性事件也比以往有所增多。笔者于 2016 年在北京市部分党员干部中发放调查问卷,其中有一个问题是"你认为面对原因不明的突发事件人们是比较相信负面信息和推论吗",有 10% 的人回答"同意";39% 的人回答"比较同意"。这就是说有五成左右的被访者认可"面对原因不明的突发事件人们是比较相信负面信息和推论"的,这一调查结果值得引起重视。有学者曾对群体性事件的原因做出过如下分析,认为一是由严重的社会不公平、不公正所导致的失衡心态。二是基于阶层分化的社会冲突意识和对立情绪。三是因政府部门公信力下降而产生的社会信任缺失。[1] 这就是说,许多群体性事件"是因政府部门公信力下降而产生的社会信任缺失"造成的,而同样可以推论,"面对原因不明的突发事件人们是比较相信负面信息和推论",也是源自同一原因。在现实中可以看到,许多时候由于政府部门在面对一些社会热点事件,尤其是涉及群众利益的公众事件时,没能做到积极主动回应,一些真相甚至还被有意遮蔽,造成谣言满天飞,人们莫衷一是、疑虑重重,以至于当相关部门开始公开真相的时候,公众却再也不相信了。由此看来,如果真相一旦需要靠谣言来倒逼的话,那么付出的社会代价将会是非常惨重的,而这时候的信任修复也将会是难上加难。

三、加强信用信息标准和平台建设与有效利用大数据

没有可靠的信任机制和信息技术的保障,实现包容共享、公平正义的价值目标是非常不现实的。随着大数据方式在社会生活中发挥的作用越来越大,人们终于找到了一种统计学意义上较为可靠的途径,即以海量网络数据为支撑的大数据样本可以通过某种结点计算出不同人和群体的信任半径和信任强度的具体数值,这在不信任情绪逐渐成为常态的情况下,使得观察和预测网络空间条件下人际信任问题成为一种可能。同时,大数据方式以其全面性、准确性、时效性和直观性的特点,为不断修复受损的信任关

---

[1] 参见《从群体性事件看转型期社会心态》,《中国海洋大学学报》(社会科学版)2012 年第 6 期。

系,提升社会总体信任水平,进一步夯实社会信任的基础,提供了更为有利的条件。

毋庸置疑,基于海量数据资源和多元化数据分析的大数据手段,虽然具有明显的优势,但也不是万能的。从简单意义上讲,大数据是指数据量的大小超过了传统意义上的规模,但是实际上在目前情况下任何人、任何机构所获得的数据都是有限的,并不是所谓的真正的全样本数据。从人为的因素看,分析问题时选择某些数据样本或采用不同的评估手段将导致不同的评价结论。还有不容忽视的问题是,与之相应的信用信息标准和平台建设也严重滞后。有学者指出:在我国,在信用信息标准建设上,由于国家尚未制定统一的信用信息采集、归集和分类管理标准,由各地区、各部门先行建设信用平台和出台相关标准,导致各地区、各行业的信用信息采集和信用平台建设标准各不相同,给地区间、行业间信用信息共享,以及国家信用平台归集地方信用信息带来很大困难。在信用平台建设上,信息的采集、整理、储存等方面,行业分割、区域分割十分严重。既有平台滞后带来的"不足"问题,也有部门利益导致的"不愿"问题,既有法规欠缺带来的"不能"问题,也有边界模糊导致的"不清"问题。其存在的主要核心问题是完整统一的社会服务需求和数据分散、行业垄断和地方割据的供给格局之间的矛盾。另外,信用服务市场和机构发展缓慢。主要表现为:缺少高质量的数据,制约信用服务市场的发展;信用服务机构结构失衡,政府相关征信机构势力强大,商业征信机构发展落后;信用服务产品单一,数量较少,且主要是一些低端产品,没有一个增值的信用产品体系,信用产品的认可度和信用度也比较低,认可度不高。① 这些现象都不利于大数据的收集与有效利用。

在《社会心态蓝皮书:中国社会心态研究报告(2016)》中指出,伴随着大量的语言出现在微博、微信朋友圈等社交媒体上,社交媒体上的文本信息作为一种新的社会文化的载体,是理解当前社会心态的一个非常好的途径。每年的网络热点事件涉及社会现实的多个层面,参与人群多样,是一段时间内的社会现实和大众心态的集中反映。② 公平正义是一个健康社会所倡导的重要价值,是否具有公平感是影响社会生活中人际互动、信任程度以及社会归属感的重要标准。而社会成员是否真正获得了公平的待遇,是否具有普遍的信任感,也是一个社会是否具有可持续发展动力和发展优势的问题。正因为如此,当前我国已经启动社会信用体系建设工程,征信系统作为制度性社会信用的主要建设工作正处于建立和完善过程中。可以看到,自1992年党的十四大确定市场经济体制改革目标以来,健全社会信用体系的相关工作被多次强调。1994年,我国制定

---

① 参见《光明日报》,2015年11月23日。
② 参见中国社会科学网,2016年12月12日。

《中华人民共和国电子签名法》;2001 年,中国互联网协会成立并开始制定行业规范;2014 年 6 月,国务院印发《社会信用体系建设规划纲要(2014—2020)》,强调要加快推进社会信用体系建设。而在大数据背景下,网络社交媒体也要强化社会责任,要加大诚实守信的宣传教育力度,培育全社会的信用意识。要注意加强对各类信息平台的监测和信息渠道的清理,降低人们对负面信息、虚假信息的易感性,增强人们的精神免疫力。要有效利用大数据,引导公众对事件真相有理智清醒的认识。必须明确,真正做到网络社会存在的问题不积累、不激化、不蔓延、不升级、不恶化,才能在公共信息的源头上逐步探索出一条良性互动的新路,才能有效提高人际交往中的相互信任,才能积极化解负面情绪,真正修复和积累信任关系。

知耻还是知罪？
——从"耻感文化"谈日本认罪问题

孙　彬^①

孙　彬[①]

一、引　言

　　距日本战败投降已经过去七十多年，但在战争责任等问题上，日本依然不能正视历史、深刻反省、真诚谢罪。其国内弥漫着一股歪曲历史、美化侵略的不良风气，日本历任首相公然参拜祭奠第二次世界大战甲级战犯的靖国神社，日本政府则肆意篡改历史教科书，企图推卸战争责任，这极大地伤害了亚洲被侵略国家人民的感情。

　　学界关于日本谢罪方面有诸多研究，提供了有价值的参考，本文从"耻感文化"的角度出发，试图从其传统文化深层揭开日本不反省不谢罪之谜题。

二、"罪感文化"与"耻感文化"

　　所谓耻感文化，指的是重视他者的内在情绪和想法并以此为自身行为规范的文化范式。该定义在美国文化人类学家鲁思·本尼迪克特（1887—1948）的著作《菊与刀》一书得到了充分的解释。在该书中，本尼迪克特将人类文化区分耻感文化和罪感文化两种范式。在以基督教原罪论为理论基础的罪感文化中，道德准则与行为规范来自于绝对的超越性的神灵，人们可以通过良心的发现与忏悔进行赎罪。"提倡建立道德的绝对标准并且依靠它发展人的良心，这种社会可以定义为罪感文化。"[②]1970 年 12 月 7日，西德总理维利·勃兰特来到华沙犹太人死难者纪念碑下，在敬献花圈之后下跪并祈祷。这一跪不仅让世界人民看到西德对曾经罪行的认错，也体现了西方罪感文化中忏悔的特征。由于罪感文化具有原罪属性，因此即使恶行不被人发现自己也会受到良心的谴责，尽管这种恶行可以通过忏悔得到一定程度的解脱，但因违背绝对道德而遭受的

[①]　孙彬，清华大学外文系副教授；郭心悦，清华大学外文系硕士研究生；梁颖华，清华大学外文系硕士研究生；钱伟铖，清华大学汽车系硕士研究生。

[②]　鲁思·本尼迪克特：《菊与刀》，吕万和合译，商务印书馆 2012 年版，第 201 页。

心理上的折磨不会因此消失。

与此相反，在以基于地缘性结合集团主义为背景的耻感文化下，人们的道德准则与行为规范并非来自于绝对的超然的神灵，而来自于他人的注视与所属集团内部规范，真正的耻感文化是依靠外部的强制力来做善行①。

耻感文化的特质之一是不知则无罪。中村雄二郎指出："在耻感文化中，即使自己所做的是恶劣的行为，只要不为'他人所知'，就没有任何担心害怕的必要。因此在耻感文化中，并没有忏悔坦白的习惯，对神明也是如此。"②由此可见，只要不良行为没有暴露就不必感到不安，忏悔也只是自寻烦恼。日本人认为认错的耻辱会使他们从此再无法抬头，而恶行一旦败露也可通过一死而一了百了，不会再被追究。特质之二是在耻感文化下，人们存在于相对的基准之中，即人们无法遵循一个绝对的道德准则。这是指人们常常服从于群体内部的绝对力量，寻求内部的行为准则，甚至忽视自我，走向非善非恶的价值判断。具体表现为在群体内部对错的界限变得模糊，但是对外的态度需要保持一致性③。

三、"性非善非恶论"影响下的对内"惩罚机制的缺失"和对外的"恃强凌弱"

如果说罪感文化带给西方世界的是"性恶观"，那么耻感文化带给日本的则是"性非善非恶观"。罪感文化认为人生而有罪，"人人皆有罪过，恶性面前，人人平等"④，其主导思想是"原罪理论"。由于日本的耻感文化的道德准则与行为规范在于他人的目光及其所隶属的集团之规范，因此如何与集团及他人保持一致是其主导思想，善与恶本身并不是问题的关键。"日本人所划分的生活'世界'是不包括'恶的世界'的。这并不是说日本人不承认有坏的行为，而是他们不把人生看成是善恶力量进行争斗的舞台。……如果每个人都能遵循真正的本能，那么每个人都是善良的"⑤。日本人没有一种现成的普遍适用的道德作为善行的试金石⑥。

"性非善非恶观"最早可以上溯到日本创世纪神话，《古事记》中记载了一个为民除害的大英雄——须佐之男命，其身份为日本皇室祖先神天照大神之弟。在降临人间成

① 鲁思·本尼迪克特：《菊与刀》，吕万和合译，商务印书馆 2012 年版，第 202 页。
② 中村雄二郎：《日本文化中的恶与罪》，孙彬译，北京大学出版社 2005 年版，第 7 页。
③ 中村雄二郎：《日本文化中的恶与罪》，孙彬译，北京大学出版社 2005 年版，第 100 页。
④ 王平：《论中西政治传统中的"性恶论"思想》，《南京工业大学学报》2014 年第 13 期。
⑤ 王平：《论中西政治传统中的"性恶论"思想》，《南京工业大学学报》2014 年第 13 期，第 178 页。
⑥ 王平：《论中西政治传统中的"性恶论"思想》，《南京工业大学学报》2014 年第 13 期，第 193 页。

为大英雄之前,此神在天上却做尽恶事,众神恐避之而不及。然而在日本创世纪神话的安排下,此神却在降临人间之后,痛改前非,为民除害,最终成为地上国之祖先。另外,日本江户时代国学家本居宣长也曾提出"恶乃恶神之所为,乃污秽"的说法,意指人之所以作恶与人性无关,只是恶神附体之缘故,而非人所为;作为处世法则,他提出"人应尊人情本能所向,当悲则悲当喜则喜"①的说法,认为人应遵循本能,而非儒者所倡导的三纲五常等。日本近代著名哲学家西田几多郎也认为"所谓善就是满足自我的内在要求……所以满足这种要求、即所谓人格的实现,对我们就是绝对的善"。② 这里的"自我的内在要求"可以理解为本能,人只有遵从本能才能获得最大的自由,"意志的发展完成,立即成为自我的发展完成,因而可以说善就是自我的发展完成(self realization)……竹就是竹,松就是松,正像它们各自充分发挥其天赋性能一样,人发挥人的天性自然就是人的善"③。上述说法与本居宣长如出一辙,皆为"性非善非恶论"。

在"性非善非恶观"模糊认知的影响下,日本人的道德观念十分薄弱,统一的道德衡量标准并不完善,在这样的情况下,民众很难对一种行为作出"善"与"恶"的评判,从而导致社会内部呈现出惩罚机制缺失的状态。

日本作家远藤周作在其基于历史原型④创作的《海与毒药》这部小说中,借对战俘做完活体解剖的主人公之口提出"所谓的惩罚无非是人世间的惩罚"⑤,"即便是惩罚到来的那天,他们也只是恐惧世人和社会的惩罚而已,对于自己的良心却毫无敬畏"⑥。在耻感文化的影响下,他人目光的作用要高于自身道德反省。而在当时的军国主义大背景与"性非善非恶观"的影响下,日本民众对此种行为并不持批判态度,缺乏相应的内部惩罚机制,而这种内部惩罚机制的缺失使得深受耻文化影响的日本人对"罪"的认知愈发模糊而更加难以反省。

"非善非恶论"对外则表现为恃强凌弱。日本依靠美国的庇护而无视战时受到侵略的亚洲人民的情感。在东京审判时,美国有意将审判着眼点引向与美国相关的战犯,而诸如在中国犯下滔天罪行的731部队的头目等战犯则免于责任的追究。另外,在美

① 参见本居宣长:《玉くしげ》,《本居宣长全集》第8卷,筑摩书房1972年版,第316页。原文"これぞ真実の性情にして、世の人も、かならず左様になくてはなはぬ道理なり"。
② 西田几多郎:《善的研究》,何倩译,商务印书馆2009年版,第134页。
③ 同上书,第135页。
④ 事件原型:第二次世界大战末期,日本九州帝国大学医学部的教授石山福次郎等人,曾经利用美军战俘进行过活体解剖。远藤周作在《成名作的时候》中这样说道,"重点在另外一个层面的小说却被理解为事件本身的作品,事件的当事人给我寄来了抗议信,我也受到一些信件声称认识小说中的医生,这些让我非常苦恼。"参见史军:《冲突、和解、融合》,光明日报出版社2013年版,第72页。
⑤ 远藤周作:《海与毒药》,黄真译,人民文学出版社2015年版,第175—176页。
⑥ 同上书,第131页。

国的庇护下,日本的天皇制度依然得以维持。美国为了防止苏联参加进攻而分享胜利果实,违背《开罗宣言》的无条件投降的立场,以维护日本天皇制的前提换取日本投降①。日本依靠美国的庇护而不顾亚洲人民情感,纵容战犯、维持天皇制度。同时,日本右翼经济势力的基础也由于美国在日本推行的不彻底的改革而依然存在。虽然战后美国在日本推行的一系列改革在名义上解散了那些积极支持战争的财阀,但只是改变了日本财阀的纵向统治方式,这些财阀企业又通过"横"的结合方式重新组织起来,成为日本右翼经济势力的经济基础②。对战后的日本来说,美国是国际社会上唯一的对其有约束力的国家,而美国的"纵容"使得日本得以将认罪态度模糊化并恃强凌弱。

四、"一亿总忏悔"与"群体无意识"

对内惩罚机制的缺失具体表现在日本战后著名的"一亿总忏悔"理论上。第二次世界大战战败后,在国内外追究战争责任的背景下,当时日本首相东久迩提出了"一亿总忏悔"理论。该论调指出军、官、民等国民全体都必须彻底反省和忏悔,其全体国民的总忏悔是日本再建和国内团结的第一步。该理论的目的是为天皇开脱责任,主张将战争失败的原因归结为国民道义的颓废,从而将责任转嫁至百姓身上。然而,推卸天皇的战争责任,让一亿民众共同承担不应承担的责任,实质上是否认日本国家战争责任问题③。

东久迩内阁提出"一亿总忏悔"理论除了为天皇解脱战争责任,根本目的则在于偷换"战争责任"与"战败责任"概念,使其界限模糊化,这一做法导致日本民众战争责任意识的极度混乱。而作为当时政府主要传播渠道的日本媒体亦紧跟这一说法,并对此大肆进行宣传。

所谓的"责任"并非是日本违反国际法和人道主义给中国和其他国家带来战争灾难而需承担的责任,而是指日本没能打赢"大东亚战争"而落到"悲惨命运"的责任。……"战争责任"和"战败责任"的混淆导致对责任的追究也发生扭曲和异变,其针对的并非是对日本发动侵略战争进行的忏悔,而是对因战争政策错误、战争推行不力而导致的日本战败责任进行忏悔④。

---

① 参见张卫军:《日本投降前后美国的对日政策与战后日本军国主义的复活》,《河南师范大学学报》2003年第30期。
② 参见金明善:《战后日本垄断资本的变化及其特点》,《日本研究》1985年第3期。
③ 参见王希亮:《评"一亿总忏悔"与"天皇退位论"》,《抗日战争研究》2003年第1期。
④ 参见孙继强:《战后初期日本报界的战争责任观》,《世界历史》2016年第3期。

事实上,"一亿总忏悔"理论导致绝大多数民众皆不悔罪的结果,在行为规范与道德准则外在于自身而依赖于他人目光的日本,人人皆有罪意味着人人皆无罪。法国著名社会心理学家勒庞在分析参与法国大革命的群众的行为、心理特征时曾提出了一个著名的"群体无意识"概念①。"群体无意识"即群体性的盲从行为,其特点是理性缺乏、推理能力低下、少有深思熟虑而混沌懵懂、崇尚权威②。"群体无意识"为社会群体共有但又很少被察觉,具有冲动性、盲从性、自发性和广泛性的特点,受其影响的群众往往极端轻信,目光短浅,不可理喻,失去个体的有意识的个性,容易做出违反社会规范的事情来③。另外,由于群体无意识具有隐匿性和松散性的特点,当人们处在群体当中,会觉得责任被分担出去,获得了一定程度的"匿名性",在理性懈怠的情况,受群体无意识的支配做出平时很少做或不敢做的事情。而那些平时就道德败坏的人,会更加地肆无忌惮,更加地忽视法律法规、风俗习惯、道德规范,最终个体受到道德规范约束的本能欲望、潜意识会宣泄出来④。日本民众就在"群体无意识"的状态下成为了残酷的战争行为的实施者与战争责任的逃避者。

日本的"群体无意识"现象有其民族独特性,由于耻感文化所带来的"非善非恶论"的影响,日本人内心缺乏是非善恶等道德准则,同时缺乏理性、盲从权威。当上级下达违背基本人道的命令的时候,人们倾向于不加思考的服从命令而毫不怀疑命令的正确性,类似事件在《战争罪责》一书中有记载⑤。犯下战争罪行时不自知,而一旦被问起责任的时候又以"群体"为借口逃避责任。经过对很多参与侵华战争的原日军军官走访调研发现,"不过是奉天皇之命"的思想代表着当时多数日本人的心态,即犯下战争罪责的是一些统治阶级,而自己只不过是听从命令执行了任务,因而无需接受处罚⑥。对于将自己的罪责推托给自己从属的群体从而表明自己无罪的观点,哲学家汉娜·阿伦特通过分析纳粹党卫军艾希曼在耶路撒冷的审判指出,法律和道德责任关切的是个人而不是集体,因而不论从属于集体与否,只要是犯下了罪行就应当承担法律和道德责任。此外,一个人只要是集体的成员,就必须承担此共同体的一切作为,承担"集体责任"。而对通过遁世来保持道德的完整性和避免违反法律的人,因其逃避了应该承担

---

① 参见吉斯塔夫·勒庞:《乌合之众——大众心理研究》,中央编译出版社 2005 年版。

② 参见吴茂华:《被压倒的理性——读〈乌合之众——大众心理研究〉》《法西斯群众心理学》,《书屋》2004 年第 9 期。

③ 参见吴宁:《论群体无意识在社会历史发展中的作用》,《华中理工大学学报》1995 年第 1 期。

④ 参见刘春兰:《群体无意识对个体道德的影响研究》,《学理论》2013 年第 10 期。

⑤ 参见野田正彰:《战争罪责》,广西师范大学出版社 2000 年版,第 158—169 页。记述了一群日本学生在军人的指使下随意虐杀中国难民而在精神和心理上没有任何负罪感的事例。

⑥ 参见野田正彰:《战争罪责》,广西师范大学出版社 2000 年版,第 158—169 页。记述了一群日本学生在军人的指使下随意虐杀中国难民而在精神和心理上没有任何负罪感的事例。

的政治责任而应得到批判①。

"一亿总忏悔"造成的后果是战争发动者与执行者的道德责任被稀释而浑水摸鱼，不认罪不反省；而那些直接、间接参与战争并曾为"大东亚共荣圈"顺利扩张而摇旗呐喊的普通民众亦隐匿于参与总忏悔的"一亿"之庞大人群中，并没有为自己国家所犯下的侵略罪行与自身曾无视人道主义为直接或间接参与侵略战争而感到丝毫悔意。通过"一亿总忏悔"理论日本人顺利地偷换了"战争责任"与"战败责任"地概念，使得"一亿总忏悔"在事实上变成了"一亿不忏悔"。

五、"靖国神社""遗族会"与"自民党"

耻感文化的特质之一为在群体内部寻求道德准则与行为规范以及对于荣誉感的过度渲染，靖国神社在某些意义上就是其荣誉的最高所在。

作为国家神道主义的代表，可以说靖国神社②连接遗属情感与日本对战争问题认识的桥梁。靖国神社的前身是京都灵山护国神社，1869 年 5 月 10 日，明治政府在掌权后创立该神社，祭奠为国事而死的诸人，以感激他们舍弃亲子间之恩爱、世袭之俸禄，使得皇运挽回、倒幕成功。自侵略战争以来，右翼势力通过合祀战亡者等活动，不断压制遗属的悲伤情感、进而彰显阵亡者为国献身的光荣这样的情感基调来团结着遗属的力量。参拜靖国神社的主体力量可大致分为两类：日本遗族会和通过靖国神社来谋求政治利益的自民党。

日本遗族会③成功将阵亡者遗族情感寄托于靖国神社，是影响日本对战争问题进行认识与反省的重要因素。高桥哲哉曾提及，2001 年小泉纯一郎上任后首次参拜了靖国神社，当时 600 余名日本人和韩国人提起诉讼，要求法院判定小泉的参拜行为违反宪法并停止参拜。但一位遗族会成员提交法院一份说明，其中提及自己为"靖国之妻"的说法，并有"靖国神社受到玷污，这比我自己受到玷污还要耻辱几亿倍"④的说法。虽然遗属感情的基本基调无可非议，但此后，遗族将家人为国而死的事实与靖国神社的精神

---

① 参见汉娜·阿伦特：《反抗"平庸之恶"》，上海人民出版社 2014 年版，第 154—155 页。

② 明治政府迁都，在东京建立了东京招魂社，来祭祀所有阵亡者，后更名靖国神社。参见 http://www.gokoku.or.jp/index.html，京都灵山护国神社官网。

③ 参见田中仲上：《战后日本遗族透析》，陈俊英合译，学苑出版社 2000 年版，第 189 页。战后日本百废待兴，1947 年遗属们联合起来，成立了日本遗族厚生联盟，1953 年正式成为财团法人，其现任会长水落敏荣是参议院议员，会长在第三代会长安井诚一郎以后历届会长都是由众议院议员担任，并且会长一职并非必须是遗族成员，如此后的贺屋兴宣、村上勇、长谷川峻、桥本龙太郎都不是阵亡者遗族。

④ 高桥哲哉：《靖国问题》，黄东兰译，生活·读书·新知三联书店 2007 年版，第 2—3 页。

联系在一起却逐渐演变成日本遗族会情感的特殊之处。靖国神社将所祭之神称之为英灵。英灵的"慰灵彰显",即慰藉死者的灵魂、让后世知晓其功绩也是靖国神社的重要目的①。日本遗族会的普通遗属要求参拜靖国神社多出于情感因素,即如果靖国神社失去了国家神社的地位以及政府首脑的参拜,便昭示了战争的侵略性,同时间接证明了合祀之人为可耻的侵略者,这对于生活在耻感文化之中的人来说是极力规避的。有学者指出,遗族的感情难以逾越根深蒂固的靖国思想,难以脱离战争时期灌输给人们的"英灵"与"慰灵"的认识,难以摆脱靖国神社这一精神枷锁,所以成为支持靖国神社活动的主力②。并且,日本遗族会不希望当权者对战争进行道歉的心理被右翼分子利用,进一步企图通过恢复靖国神社的国家地位、支持首相公式参拜这样的行为来复辟军国主义。

日本遗族会作为一个财团法人,之所以能够有足够力量开展参拜活动、维系靖国神社的日常运作,是因为其背后有政治力量提供强大保障。战后自吉田茂起15位日本首相都曾参拜靖国神社,尤其自三木武夫起开启了投降日参拜的先河,前述的小泉案例仅是其一。自1952年日本恢复主权,自民党一直是以绝对优势把控政权,并在靖国神社的问题上扮演了重要角色,如下图所示:

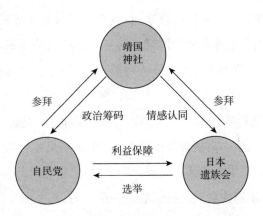

日本遗族会与自民党由靖国神社问题而连接,形成了"互惠互利"的政治范式。长久以来,日本遗族会作为大票田确保自民党党员当选国会议员。在当选后,自民党议员通过提案进一步为日本遗族会谋利。所以,在大选前以参拜靖国神社作为政治筹码取悦日本遗族成为自民党的惯用手段。在当选后,自民党议员通常从两个方面为日本遗

---

① 参见赤澤史朗:《靖国神社》,岩波书店2005年版,第9页。原文为"靖国神社は、祭神を「英霊」と呼ひ、英霊の「慰霊顕彰」を唯一の目的としている。この英霊の「慰霊顕彰」か意味するところは、死者の霊魂を慰め(慰霊)、その功績を世に知らしめる(顕彰)ことにある。"中文为笔者所译。
② 参见步平:《靖国神社与日本军国主义》,黑龙江人民出版社2011年版,第79页。

族会提供利益保障,一是进行公式参拜靖国神社,给日本遗族会以情感、舆论支持;二是通过厚生省,给日本遗族会以经济支持,确保他们进一步开展活动、扩大势力。如此一来,靖国神社的参拜已经成为自民党保住现有地位的重要政治筹码。如安倍在第二次当选之前也公开表示,第一次当选首相时未能参拜十分后悔,如若再次当选则一定参拜。有学者曾指出,在日本遗族会的背后有将近800万人的势力,这使得日本遗族会在政治影响力、军人福利的增加以及靖国神社运动上成为不可忽视的力量①。

在日本遗族会、靖国神社和自民党三者错综复杂的关系中,互惠互利的利益纽带将其捆绑在一起,成为日本当代政治利益链中难以瓦解的部分。日本遗族会的遗族情感在一定程度上形成了群体内部的荣誉规范,作为其情感寄托的靖国神社发挥了该情感宣泄的实体作用,并进一步与政治相关联。这表现在日本对战争的态度中就是不能正视历史、反省战争责任。

六、耻感文化与"江河流水史观"

从"性非善非恶论"的观点来看,"恶乃恶神之所为,乃污秽"②;因而日本人会将战争恶行当成是污秽。而对于罪恶和污秽,日本人会借助传统仪式"禊（みそぎ）"进行祛除③。"禊"的起源可以追溯到公元7世纪的《日本书纪》和《古事记》。"记纪"中都记述过创世神伊邪那岐在从黄泉国归来时清洗身体的神话传说。可以看出,早在古代就存在除去身上的污秽而举行"祓禊"仪式的习惯,而这种习惯经由神社参拜等习俗而流传了下来,对日本人产生了影响。日本人认为,自身不会拘泥于过去发生的事情,多会采取让它随水流走④的方式。

这种处世之道逐渐发展出日本独特的历史观。竹内靖雄在《日本人の行動文法》一书中写道,日本人将历史视为江河中的流水⑤,并且对于过去的历史,只需忘记即可⑥。

---

① 参见木村卓滋:《『近現代日本史』講義における靖国神社問題》,《駿河台大学教職論集》2015年。原文为"日本遺族会の背後には戦没者800万が控えていると言われ、その組織の集票力を背景にした日本遺族会の政治的影響力は、軍人恩給の復活とその後の増額、靖国神社国家護持運動において無視し得ない政治的影響力を持った",中文为笔者所译。
② 本居宣长,前引文献,第319页。原文"世の中のありさまは、万事みな善悪の神の御所為なれば、よくなるもあしくなるも、極意のところは、人力の及ぶことに非ず、神の御はからひのごとく…"。
③ 参见新村出:《广辞苑》,上海外语教育出版社2005年版,第2557页。
④ 作为惯用语日本人喜欢用"水に流す"的说法来表示忘记过去。
⑤ 参见竹内靖雄:《日本人の行動文法:「日本らしさ」の解体新書》,東洋経済新報1995年版,第77页。原文为"日本人は歴史を「川の流れ」のように見ている",中文为笔者所译。
⑥ 参见竹内靖雄:《日本人の行動文法:「日本らしさ」の解体新書》,東洋経済新報1995年版,第79页。原文为"過去は流れ去って忘れ去れられたものにほかならない",中文为笔者所译。

也有部分日本人认为,人类是几十万世代的生存竞争中幸存下来的末裔,人类和其他的生物一样,同种族之间的杀戮是经常发生的,因此现存人类的祖先一定是杀害大量同类的"英雄"①。所以在日本人看来,世界之所以是当今的模样,都是由于历史事件的自然发生,而导致各种残暴酷刑的战争也只是自然而然发生的事情,没有必要纠结于其中特定的事件或者改变对其的看法,没有必要把祖先的罪过看成是自己的罪过。

此独特史观导致了日本人"应付局面"的对应手段。"应付局面"的对应手段主要是形式上的道歉而不是内心上的反省与责任承担。众所周知,在日本历届首相中村山富市曾对战争问题做了最深刻的反省,但即便在纪念战后五十周年村山首相谈话中也只是向受难者表示"沉痛的哀悼",提出了"深刻的反省"与"由衷的道歉",但却丝毫没有对战争责任的追究与反省。另外,战后日本虽然对战争受害较深的东亚国家采取了"赔偿·经援外交"与"贷款·经援外交",但是却逃不掉"新的经济殖民主义"嫌疑②。道歉之关键在于形式上展示真挚的情感打动对方,打消对方对自己的敌对情绪,却不一定代表其内心真正认识到了错误从而对其错误行为承担责任。这一方面是由于耻感文化本身导致的道德准则缺乏的特点,另外则是江河流水史观的缘故。因此日本在面对国际上的批判与指责时,不管是道歉也好,辩解也罢,只能视为是一种对应手段而已,并不是内心上的真正反省。

七、结　论

"耻感文化"是从文化深层解读战后日本的认罪问题的关键。"耻感文化"给日本带来的直接影响是"性非善非恶论",而这一缺乏道德层面善恶判断的"性非善非恶论"亦从内外两个方面给日本社会带来了深刻的影响。对内其导致了日本社会内部惩罚机制的缺失以及由"一亿总忏悔"这一口号所导致的战争责任模糊与"群体无意识"所导致的"一亿不忏悔",社会内部惩罚机制缺失使得日本人对罪恶的认知愈发麻木;对外则塑造了日本人恃强凌弱的个性特征及其民族优越论,这种恃强凌弱的特质不仅表现在战前、战时——即国粹主义、皇国思想以及后来的"大东亚共荣圈",战后日本亦因受到美国的强力庇护而恃强凌弱,并未对战争罪责进行深刻反省。

另外,作为耻感文化在当代日本社会的具象形态,靖国神社具有最高荣誉象征。靖

---

① 参见电子文献:《『菊と刀』と日本人》,[EB/OL]. http://www.geocities.jp/sugiiteruo/page/pp18_7.htm. 2016-6-24。
② 参见赵京华:《冷战体制下日本国家软实力的展开及其问题——战后日本的亚洲经援外交》,《上海师范大学学报》2013 年第 3 期。

国神社一方面以祭祀所谓为国捐躯的"英灵"而成为以"遗族会"为代表的普通日本人心目中的至高荣誉殿堂；另一方面由于靖国神社、遗族会与自民党之间有着不可告人的的政治利益纽带，从而导致日本历任多个首相弃亚洲人民情感于不顾不断参拜与大放厥词。而耻感文化所带来的"恶乃污秽"这一传统意识以及作为解决方法的将其付诸东流的"江河流水史观"亦是解读日本对战争问题不认罪不反省的一个方面。